PPP 模式实践与创新系列教材

PPP

项目操作实务 经典案例深度解读

陈青松 主编

中国建筑工业出版社

图书在版编目（CIP）数据

PPP项目操作实务 经典案例深度解读/陈青松主编.
北京：中国建筑工业出版社，2017.3
PPP模式实践与创新系列教材
ISBN 978-7-112-20515-8

Ⅰ.①P… Ⅱ.①陈… Ⅲ.①政府投资－合作－社会
资本－教材 Ⅳ.①F830.59②F014.391

中国版本图书馆CIP数据核字（2017）第048233号

PPP推广方兴未艾。本书精选了数十个PPP模式下重点行业的典型案例。本书着重围绕交通、市政工程、生态建设和环保、能源和水利、医疗和养老、文化、体育和旅游等行业具有影响力和参考意义的案例进行剖析，主要从“项目背景”“基本情况”“合作模式”“案例解读”四个重点方面进行介绍，具有很强的示范性和可操作性。本书对政府决策部门、社会资本、中介机构等各类主体具有重要的借鉴价值。

责任编辑：李 慧 李 阳 李 明 朱首明
版式设计：京点制版
责任校对：王宇枢 焦 乐

PPP模式实践与创新系列教材
PPP项目操作实务 经典案例深度解读
陈青松 主编
*
中国建筑工业出版社出版、发行（北京海淀三里河路9号）
各地新华书店、建筑书店经销
北京京点图文设计有限公司制版
北京云浩印刷有限责任公司印刷
*
开本：787×1092毫米 1/16 印张：18 字数：300千字
2017年6月第一版 2017年6月第一次印刷
定价：45.00元
ISBN 978-7-112-20515-8
（30208）

前　言

PPP是英文Public-Private-Partnership的简称，即公私合作模式。近几年，PPP正在我国公共产品和公共服务供给领域掀起一场新变革。2015年全国两会，“互联网+”和“PPP”模式同时被提升到国家战略的高度。在我国经济进入新常态、新型城镇化加快开展、“十三五规划”正式出台的大背景下，集政府监管优势和社会资本资金、技术与管理优势于一体的PPP模式成为当下我国经济新热点。PPP前景广阔，截至2016的6月末，财政部PPP信息中心全部入库项目9285个，总投资额10.6万亿元，对PPP领域的各类社会资本是巨大的商机。

国家发改委《关于开展政府和社会资本合作的指导意见》（发改投资[2014]2724号）指出：“PPP模式的适用范围主要为政府负有提供责任又适宜市场化运作的公共服务、基础设施类项目。燃气、供电、供水、供热、污水及垃圾处理等市政设施，公路、铁路、机场、城市轨道交通等交通设施，医疗、旅游、教育培训、健康养老等公共服务项目，以及水利、资源环境和生态保护等项目。”而根据国务院办公厅转发的财政部、发改委、人民银行《关于在公共服务领域推广政府和社会资本合作模式的指导意见》（国办发[2015]42号），PPP共包括能源、交通运输、水利建设、生态建设和环境保护、市政工程、片区开发、农业、林业、科技、保障性安居工程、旅游、医疗卫生、养老、教育、文化、体育、社会保障、政府基础设施和其他等19个行业。

近年来，笔者一直在一线实践操作PPP项目，在PPP领域、项目谈判、资本运作、管理和运维等方面都有着丰富的理论和实践经验，并成功操作过多个PPP项目。本书汇集了笔者操作过的多个PPP项目，在此基础上通过长期积累和多方收集各类具有典型性、代表性、示范性、可复制性且具有实用操作价值的典型案例，并经笔者进一步分析解读而成。全书的突出特点是具有突出针对性和应用性，强调案例的实用与工具作用。

本书有选择地介绍了PPP领域当下最热的10多个行业、不同类型的40多个典型案例。这些案例既突出了目前 PPP 行业的推广重点即以交通运输、市政、生态和环境保护等为主，也突出了 PPP 项目操作模式的重点即当下国家倡导的以 BOT 模式为主。同时，本书每个案例都是按照“项目背景”、“基本情况”、“合作模式”、“案例解读”四个方面进行介绍，条理清楚，层次分明，可读性强。

本书抓住了当下我国操作 PPP 模式的行业重点、模式重点、政府和社会资本关心的重点，无论是示范性还是操作性都较强，有利于读者按照不同需要学习使用。本书可以作为相关政府决策部门、社会资本、中介机构等 PPP 模式主体以及研究、操作 PPP 项目的专业人士参考。

在本书编写过程中，特别是在相关资料搜索阶段，笔者得到了众多单位及朋友的大力支持和帮助，在此谨向所有提供过帮助的企事业单位、朋友致以衷心的谢意！

目　录

一

交通领域

交通运输是国民经济的基础性、先导性产业，对我国经济社会的快速发展发挥了至关重要的作用。在我国重点推广的 PPP 领域中，交通运输行业更是占有重要的一席之地。从财政部、国家发改委等推广 PPP 的主要部门发布的 PPP 示范项目来看，交通运输 PPP 项目无论从项目个数还是项目投资总额都位居前列。2016 年 10 月，财政部等部门公布第三批 PPP 示范项目，交通运输类项目投资总额超过 5000 亿元，投资总额占比达 43%，居各行业之首。

（一）科学财务测算保障某高速公路 PPP 项目

1. 项目背景

某省位于我国西南部，周边与多省区毗邻，全省矿产资源、生物资源、水能资源和旅游资源十分丰富。不过，长期以来受交通基础设施落后的制约，资源优势难以转化为经济优势。目前，该省公路交通对外通道不足、通达深度不够、道路等级低、质量差，严重制约了经济社会发展。尤其在该省北部地区，现有公路技术等级偏低。此外，县际之间、镇乡之间以及重要经济区域之间的公路互通网络不健全，货物输送能力较差。

为此，该省决定加大力度规划建设北部地区，在北部地区新建一条高速公路（以下简称“本项目”）。作为该省高速公路网规划中的重要组成部分，本项目是连接两条国家高速公路的连接通道，本项目的实施对促进区域经济发展，并带动沿线地区资源开发和沿线区域产业发展具有重要意义。本项目建成后将进一步完善该省高速公路网布局，加快该省北部地区的建设进程，在北部构建起通往邻省的重要联络通道。同时，本项目的建设弥补了该省北部地区缺乏高等级公路联系的空白，加强北部地区之间的联系，对实现北部地区经济的协调发展具有重要的促进作用。

2. 基本情况

本项目全长约 110km，总投资约 102 亿元。全线设置桥梁 85 座、隧道 22 座；设置主线收费站 2 处、匝道收费站 7 处、管理中心 1 处和必要的交通工程设施。根据交通量预测结果，经高速公路通行能力分析计算，本项目采用四车道高速公路的设计标准。设计速度 80km/h，全封闭，路基宽度 21.5m：其中行车道宽 2m×7.50m，中间带宽 1.0m，两侧硬路肩宽 2m×1.5m，土路肩宽 2m×0.75m。

技术标准执行交通部颁布的《公路工程技术标准》JTG B01—2014 中相应的有关规定（见表 1-1）。本项目的计划建设工期为 3 年。

本项目主要技术标准　　表 1-1

指标名称		单位	指标值
地形类型		—	山岭重丘区
公路等级		—	高速公路
设计速度		km/h	80
路基宽度		m	21.5
行车道宽度		m	4 × 3.75
停车视距		m	110
平曲线	极限最小半径	m	250
	一般最小半径	m	400
	不设超高最小半径	m	2500
	缓和曲线最小长度	m	70
一般最小竖曲线半径	凸	m	4500
	凹	m	3000
最小竖曲线长度		m	70
最大纵坡		%	5
最小坡长		m	200
汽车荷载等级		—	公路 I 级
设计洪水频率		—	1/300
			1/100

3. 合作模式

本项目采用 PPP 模式合作。根据《收费公路管理条例》规定，经营性公路建设项目和收费权转让项目都必须采用招投标的方式选择投资者。该省人民政府决定采用 BOT 模式实施本项目，并委托该省交通运输厅通过邀请招标方式确定投资人。该省交通运输厅依据《中华人民共和国招标投标法》、《中华人民共和国公路法》、《国务院办公厅关于进一步规范招投标活动的若干意见》（国办发[2004]156 号）、《收费公路管理条例》等相关法律法规，对该省高速公路进行了招标，经过竞争，某大型央企中标。双方采取 BOT 模式合作，合作期限 28 年（含 3 年建设期），某大型央企在该省设立项目公司“某高速公路投资建设公司”作为本项目的项目法人，主要负责该省高速公路工程项目的投资、建设和运营管理，具体对项目策划、资金筹措、建设实施、运营管理、养护维修、债务偿还和资产保值增值进行全过程负责，并以车辆通行费获得回报。在资金筹措方面，某大型央企投入 20% 的项目资金，全部以自有资金出资，其余 80% 的建设资金额度通过银行贷款等筹措。

4. 案例解读

本项目建成后，将产生重要的经济效益和社会效益：有利于保持当地经济持续快速发展、提高当地综合运输能力，对区域内旅游资源集约开发、矿产资源运输将发挥重要作用，对推进区域内城市化进程、促进区域经济协调发展将产生积极影响。不仅如此，对该省周边各省区经济发展也将产生积极作用。分析本项目，有以下值得借鉴的地方：

（1）在国家大力推广 PPP 的背景下，该省在交通行业先行先试，积极采用 PPP 模式吸引优质的社会资本投资交通基础设施建设。通过 PPP 模式发挥政府、社会资本各方面的优势，实现了政府、社会资本和社会公众的多方受益。近年来我国交通基础设施建设的投资成本不断增加，以本项目为例，预估每公里造价近 1 亿元，如果按以往的 EPC 模式或 BT 模式操作，投资成本太高，政府财政压力过大。而以 BOT 模式和社会资本合作，既可以缓解政府财政压力，又可以节能建设成本（本案例通过采取先进的技术和严格的管理，比非 BOT 模式下要低近四分之一），还能拉动地方经济增长，具有多方面的意义。

（2）对政府而言，像高速公路这样投资规模大、技术含量要求高的工程项目，选择有资金实力、有先进技术、有丰富经验、综合实力强大的社会资本尤为重要。就本项目而言，高速公路全长约 110km，总投资约 102 亿元。全线设置桥梁 85 座、隧道 22 座。工程桥隧比接近 50%，施工难度很大。而按照施工进度表，本项目计划于 2017 年 12 月底竣工验收，施工工期紧张。因此，该省交通厅通过严格选择，要求社会资本有较强的融资能力，有在山地修建隧道、桥梁的丰富施工经验。

否则一旦项目建设过程中资金出现重大问题或者技术达不到设计要求，将造成严重的经济损失和重大的社会影响。最后经过层层磋商，某大型央企成功中标。在资金实力方面，作为某高速公路 PPP 项目公司的母公司，某大型央企具有雄厚的资金实力和强大的融资能力，拥有良好的银行信誉和多种融资渠道，并可获得银行优惠贷款政策支持，能够保证项目所需资金的持续稳定供应。不仅如此，某大型央企还承诺在项目实施过程中一旦发生资金问题，将给予全力支持。而在技术方面，某大型央企已在国内外修建各种等级公路一万余公里，修建的各类桥梁千余座，其参建工程多次获得中国建筑工程“鲁班奖”、中国土木工程“詹天佑”大奖以及国家优质工程银质奖、中国企业新纪录奖、中国工程建设企业管理现代化成果奖等。

（3）对社会资本而言，科学的财务测算是投资 PPP 项目的前提条件。本项目中，中标社会资本某大型央企通过对项目进行精细化测算，得出科学的结论：

1）本项目估算投资约 102 亿元。资本金为自有资金，资金来源充足，融资结构符合国家有关资本金制度的规定，总投资与资本金的差额由银行贷款解决，项目的经济费用效益分析很好，融资成本较低，融资风险较小。

2）项目建成后，将对当地经济社会发展产生显著影响，有利于繁荣地方经济，扩大就业，促进社会事业发展，提高沿线群众的收入，改善生活环境。项目的建设获得了包括沿线地方政府、居民、企事业单位的广泛支持与认同，具有良好的社会基础。

（二）建筑类企业操作高速公路优势

1. 项目背景

某市位于我国西北部山区，地形条件复杂，交通不便，经济发展较为滞后。总体而言，某市道路设施状况主要表现在：路网结构不合理、路网密度偏低、道路等级低、路面状况差、公路主干道穿越城镇较多、公路街道化现象严重。以公路街道化为例，该市很多路段街道化率在 10% 左右，局部路段车辆混行现象严重，致使车辆行驶速度降低，平均时速低于 50km/h，影响了道路的经济效益和社会效益。表 1-2 为 2013 年某市两条国道典型路段汽车平均行驶速度统计情况。

汽车平均行驶速度观测综合整理报表　　表 1-2

路线	观测路段	代表段长度（km）	交通量（辆 / 日）		观测结果	
			混合交通量（当量数）	其中：汽车（绝对数）	平均行驶时间（min）	平均行驶速度（km/h）
国道线一	A 县 - 某市	10	16268	9600	16	42.9
国道线二	B 县 - 某市	10	11907	8000	19	50.0

注：数据来源于某市公路管理处 2013 年汽车平均行驶速度观测综合整理报表。

近年来，某市经济快速发展，再加上旅游业发展迅速，客运需求日益增长，通道内交通量增长很快，并且货车占有很大比重，尤其是过境的货车，存在较严重的超载现象，对路基路面的损毁较大，但是由于地方财政收入少、基础设施投入不足，致使很多道路得不到及时有效的修缮，造成该地区的公路运输存在很多问题，制约了当地经济和旅游业的发展。

2014 年 5 月，某市决定新建一条高速公路（以下简称“本项目”），本项目建设后，区域内将形成一条纵贯南北的交通要道，在拉动地方经济增长的同时，也为邻近省份游客顺利进入景区提供方便快捷的道路条件，有利于带动沿线旅游

业的快速发展。

2. 基本情况

本项目全长43km，总投资约49亿元，设计时速100km/h，双向四车道，路基宽度26.0m，桥梁长约9km，占路线的21%，隧道长约6km，占路线的14%，全段桥隧比为23%。本项目计划2015年3月开工，2018年3月竣工通车。需要说明的是：

（1）本项目符合国家产业及供地政策。依据《产业结构调整指导目录（2005年版）》中规定，本项目建设属国家产业政策规定重点鼓励发展的公路建设项目，符合国家产业政策。按照《中华人民共和国土地管理法》第54条“国家重点扶持的能源、交通、水利等基础设施用地可以以划拨方式取得”的规定及国家制定的《划拨供地目录》，本项目属于《划拨用地目录》中允许的用地项目，符合国家供地政策。

（2）本项目符合行业发展规划与区域发展规划，是重要的交通枢纽，实现南北向快速、便捷的连接。本项目的建设对于完善某市生态文化旅游圈交通网、加快某市旅游资源开发并使之成为重点旅游地区、拉动某市经济社会快速发展具有十分重要的意义。该项目符合行业发展规划。

3. 合作模式

就本项目的投资、建设和运营模式，某市政府决定采取PPP模式，并按照PPP操作流程进行公开招标[1]，经过激烈的竞争，某路桥建设公司成功中标。2015年1月，经某市政府授权后，某市交通委与在某路桥建设公司在某市设立的PPP项目公司（某路桥建设公司100%控股）签订特许经营协议，特许经营期限为25

[1] 按照财政部2014年11月29日下发的《关于印发政府和社会资本合作模式操作指南（试行）的通知》（财金[2014]113号），规范政府和社会资本合作模式（PPP）项目识别、准备、采购、执行、移交各环节操作流程，并对PPP项目采购方式作出详细规定，应按照《中华人民共和国政府采购法》及相关规章制度执行，采购方式包括公开招标、竞争性谈判、邀请招标、竞争性磋商和单一来源采购。项目实施机构应根据项目采购需求特点，依法选择适当采购方式。

年（含 3 年建设期）。双方采用“BOT+EPC”模式合作，具体内容为：PPP 项目公司负责本项目的投资、建设和运营管理（即 BOT），包括项目的勘察设计、融资安排、工程建设以及运营管理等工作；PPP 项目公司负责本项目的工程总承包（即 EPC）。中标社会资本某路桥建设公司投资回报方面，为了保障某路桥建设公司的投资收益，某市交通委授予 PPP 项目公司排他性的经营管理权利，主要包括两部分：一是车辆通行费收取权，本项目为经营性收费公路，项目建成后 PPP 项目公司开始正式收费，收费标准及调价机制按照适用法律且与某市交通委协调后执行；二是本项目沿线规定区域内的广告经营权和服务设施经营权等。此外，某市交通委还对 PPP 项目公司出具非竞争性承诺，即为了保障本项目的车流量，除招标前某市及上级部门已规划的公路项目外，政府严格控制审批建设与本项目构成车辆实质性分流的高速公路（本项目已达设计通行能力或者由于长期严重堵塞从而影响人们出行和地方经济发展的除外）。当特许经营期限结束后，PPP 项目公司将本项目无偿移交给某市交通委或某市政府指定的其他机构。

4. 案例解读

本项目的成功落地，有着多方面的因素：一是地方经济社会发展的现实需求；二是中标社会资本某路桥建设公司强大的资金、技术和管理实力；三是政府和社会资本双方对 PPP 模式的创新和探索。深入研究发现，通常情况下，政府和社会资本以 PPP 模式合作，或者是 BOT 模式，或者是 TOT 模式，或者是 ROT 模式，或者是 DBFO 模式，而将 BOT 模式和 EPC 模式结合起来的“BOT+EPC”模式，具有多方面的优点：

（1）BOT 模式能够充分发挥社会资本在资金、技术和管理方面的优势，缓解政府财政压力，促进地方经济社会快速发展。

（2）建筑施工类的企业操作 PPP 项目，在其获得经营性公路的投资权以及收费权时，其中隐含的最重要的权益往往是 PPP 项目的施工总承包权，这一点对建筑施工类的社会资本来说尤为重要（许多情况下，如果没有得到施工总承包权，社会资本会放弃投资，否则项目就会流于单纯的财务投资了）。

（3）由 PPP 项目公司做 EPC，能够大大提高 PPP 项目公司的管理效率，有效控制工程建设成本、保障工程建设进度。除接受业主的质量监督外，PPP 项目公司是项目建设的主导者，对项目质量和工程进度拥有足够的自主权和控制权。更为重要的是，作为兼具投资者和建设者双重身份的 PPP 项目公司，其有内在动力（投资越大、风险越大，节约成本能提高资金的回报率），有能力（有先进的技术和丰富的工程建设经验）控制工程建设成本、提高工程建设质量、保障工程建设进度。

事实上，与资本优势突出的社会资本相比，该路桥建设公司这样的社会资本既有资金实力，也有技术实力和管理实力，这样综合实力强大的社会资本正是政府希望合作的优质对象。而资本型的社会资本就涉及二次招标，需要与工程总承包商进行沟通，无论是在项目沟通、工程质量控制还是工程建设进度方面都是一大挑战，这一点与技术类和工程建设类的社会资本是无法相比的。

（三）"BOT+EPC"模式建设高速公路

1. 项目背景

某省矿产资源特别是煤炭资源丰富，是辐射周边地区能源和原材料的基地，与周边地区经济交往非常频繁，但由于交通基础设施薄弱，在很大程度上制约了经济的发展。此外，该省西部地区旅游资源丰富。但目前区域内的公路干线少，技术标准低且路况差，煤车严重超载，道路损害严重，服务水平低，与铁路运输不匹配，联运、集散均不通畅。鉴于此，该省政府决定新建某高速公路（以下简称"本项目"）。本项目位于该省西部地区，是该省高速公路网规划的重要路段，本项目建成后，与铁路站点紧密联系，有利于整合各种运输方式的集约效应，对完善区域高速公路网络及实施西电东送工程、实现全省西部大开发战略目标都具有十分重要的意义。

2. 基本情况

本项目路线全长约 88km。根据交通量预测结果，经高速公路通行能力分析计算，本项目采用四车道高速公路的设计标准。设计速度 80km/h，全封闭，路基宽度 24.5m：其中行车道宽 2m × 7.50m，中间带宽 3.0m，两侧硬路肩宽 2m × 2.5m，土路肩宽 2m × 0.75m。本项目设置互通式立交 7 处，特大、大桥 58 座共约 23000m，中小桥 5 座共约 400m，涵洞 150 道，隧道 25 座共约 26000m。分离式立体交叉、通道、天桥的设置根据现有路网分布状况，并结合沿线城镇及重要工农业生产部门的实际需要和远景规划确定。本项目共设分离立交（含天桥）21 处，通道 55 处。全线采用封闭式收费，设 7 处互通匝道收费站，收费方式推荐采用 IC 卡收费、计算机管理的全自动方式。全线设置服务区 2 处，停车区 3 处。根据道路的使用性质、预测交通量、服务水平，结合沿线的地形条件和相关路网衔接情况，技术标准执行交通运输部颁《公路工程技术标准》（JTG B01—2014）中相应的有关规定（见表 1-3）。本项目总投资约 136 亿元，本项目计划建设工期为 3 年。

本项目主要技术标准 表 1-3

项目		单位	主线（某公路）	支线（某公路）	连接线
等级			高速公路	高速公路	二级公路
设计速度		km/h	80	80	60
路基宽度		m	24.5	21.5	10
停车视距		m	110	110	75
平曲线极限最小半径		m	250	250	125
平曲线一般最小半径		m	400	400	200
最大纵坡		%	5	5	6
最小坡长		m	200	200	150
路基宽度		m	24.5	21.5	10
路基设计洪水频率			1/100	1/100	1/50
桥涵荷载等级			公路Ⅰ级	公路Ⅰ级	公路Ⅱ级
桥涵设计洪水频率	特大桥		1/300	1/300	1/100
	大、中桥		1/100	1/100	1/100
	小桥及涵洞		1/100	1/100	1/50

3. 合作模式

针对本项目，某省政府决定采取 PPP 模式，授权该省交通厅作为项目实施机构按照 PPP 操作流程进行公开招标。招标公告后，国内 10 多家各类社会资本参与竞争，其中不乏建筑类、工程机械类以及金融资本类的大型企业。最后，由某公路工程集团、某交通规划勘察设计研究院股份有限公司以及某交通科学研究院股份有限公司组成的联合体中标。中标后，三家社会资本联合体共同出资成立某高速公路有限公司（即本项目的 PPP 项目公司）。本项目采取“BOT+EPC”模式合作。由该省交通厅与 PPP 项目公司签订特许经营协议，期限 25 年（含 3 年建设期）。PPP 项目公司主要负责本项目的投资、建设和运营管理。PPP 项目公司享有特许经营期内本项目的车辆通行费收费权、区域内广告经营权以及停车服务经营权等主要三项权利。

4. 案例解读

本项目采取“BOT+EPC”模式合作。这种合作模式的特点鲜明，也是当下同类项目的主要合作模式，上文中已作分析，此处不再赘述。需要重点指出的是，本项目一个突出的特点是社会资本组成联合体在项目推进以及落地中的成功运用。与单一社会资本相比较，社会资本组成联合体具有诸多优势：

（1）社会资本有的以资金优势见长，有的以技术优势取胜，有的以管理经验优势突出，通过强强联合组成联合体，可以发挥社会资本各自的优势，比单一社会资本中标后进行二次招标效率和效果都要强，达到 1+1 > 2 的效果，从而从最大程度上优化设计、保证质量、降低成本，有利于项目整体质量水平和效益水平的提高。

本项目中，三家社会资本各有所长：某公路工程集团是国有独资公司，具备住房和城乡建设部核定的公路工程施工总承包一级、市政公用工程施工总承包一级、桥梁工程专业承包一级、隧道工程专业承包一级等资质；某交通规划勘察设计研究院股份有限公司持有国家工程勘察综合类甲级、公路行业（公路、特长隧道、特大桥梁、交通工程）专业甲级、市政行业（桥梁工程、城市隧道工程）专业甲级等；某交通科学研究院股份有限公司是一家登陆资本市场的工程咨询类上市企业，业务领域涉及公路、市政、水工、城市轨道、铁路、航空和建筑、环评等行业，是以规划咨询、勘察设计、科研、试验检测、质量管理咨询及以新材料、新技术和新产品研发为核心业务领域的企业集团。可以说，本项目的承担单位 PPP 项目公司的三家股东在各自领域实力都很强，总体来看，PPP 项目公司具有丰富的高速公路建设及管理经验和勘察设计经验，具备雄厚的经济实力，具有较好的银行资信记录。

（2）从社会资本投标的角度来看，多个社会资本组成联合体投标要强于单个社会资本投标，一是实力更强，二是分散了社会资本的投资风险，三是增加中标的概率。

（3）从政府招标的角度来看，多个社会资本组成联合体后，拥有设计、资金、技术、施工、运营管理的各方社会资本资源整合、业务整合、优势互补，社会资本的综合实力大大增强。社会资本联合体参加投标，可以填补单个社会资本在资金、技术或管理方面的缺口，实际上为政府多增加了一道保险，减少了政府一方的风险，有利于保障政府的利益。

（4）从法律法规的规定来看，社会资本组成投资人联合体具有法律基础，《中华人民共和国招标投标法》第 31 条规定："两个以上法人或者其他组织可以组成一个联合体，以一个投标人的身份共同投标"。《中华人民共和国政府采购法》第 24 条规定："两个以上的自然人、法人或者其他组织可以组成一个联合体，以一个供应商的身份共同参加政府采购"。

总的来说，社会资本组成投资人联合体能够发挥 PPP 模式的优势，是促进 PPP 项目加速落地、提高 PPP 项目的设计、建设和运营质量的一种有效形式，受到 PPP 模式的合作主体政府和社会资本各方的青睐。

（四）客运站 PPP 项目受益专项资金

1. 项目背景

某县位于三省交界处，自然资源丰富、旅游景区众多，拥有得天独厚的区位和资源优势，其下辖 16 镇 38 乡，430 个行政村，总人口 60 余万人。近几年来，某县生产总值快速增长，经济发展后劲十足，年平均增长率超过 30%，人民生活水平大幅度提高。不过，某县现有的汽车客运站始建于 20 世纪 90 年代末，规模较小，设施设备较为破旧，不能满足客运需求。目前，某县汽车客运站场主要存在以下问题：

（1）该县客运站位于城东，十多年前还是城乡结合部。随着城镇化的进程推进，该地段目前已经成为该县的商贸中心。由于客运站所处的特殊位置，人流、物流、车流混杂，高度集中，严重影响道路交通秩序，给城镇居民正常生活带来很大不便，也影响了经济的发展。

（2）该县客运站建设标准低、功能设施差、服务水平低。目前全县拥有客运班线 210 条，营运客车 652 辆，日均客流量 4000 余人次，随着客运线路和车辆的逐渐增加，现有停车泊位已经不能满足需要。

（3）该县现有站场的服务功能比较单一，只能提供售票、安检、问询、商务等低档次服务外，尚不能提供医务和住宿等全方位立体化服务。同时，由于站场内技术设备落后，造成站场与车辆之间信息不畅、不衔接、不配套，只能采用传统的管理方法和手段，致使运输效益差，严重制约了运输组织化程度的提高。

（4）原有规划没有停车场，而近年来私家车保有量快速增长，送车和接车的私家车都集中在客运站附近，更是造成客运站周围道路拥挤不堪。

为了给该县经济社会可持续发展注入新的生机与活力，2013 年 12 月，某县政府决定新建一座汽车客运站（以下简称“本项目”），切实满足该地区旅客的需求。本项目市场定位是为县城与其他周边城市以及各乡镇出行旅客提供到发、中转等一系列服务，同时提供必要的生活辅助服务，将其发展为多功能、现代化的汽车客运站。

2. 基本情况

本项目主要有运输服务、运输组织、中转换乘、通信信息、生产辅助服务等五项功能。本项目设计日发送能力为 22000 人。本项目拟建于该县新城区，周边基础设施齐全，道路宽广，进出县中心城区方便快捷。本项目占地面积 109 亩，项目产出主要分为客运总站基础设施建设和经营期内提供的公共服务两部分。客运总站基础设施建设包含公交客运服务中心、客运站房一栋、汽车保养维修车间 2 栋、加油站、加气站各一座。项目设置长途发车位 35 个，客运停车位 216 个，均位于地面；配套停车位 156 个，为一座智能机械式立体停车库。

本项目总建筑面积 23000m^2，其中：站务楼建筑面积 15000m^2，辅助用房建筑面积 8000m^2。此外，道路广场面积 43600m^2，绿地面积 13800m^2，绿化率 19.66%。本项目拟定于 2015 年 3 月开工建设，2017 年 9 月完工，并于 2017 年 12 月投入使用。本项目总投资估算为 1.31 亿元。

综合分析该县经济社会发展及旅客运输设施改善对客流的影响，结合其他城镇类似的客流转移情况分析以及有关预测模型，本项目公路客运适站量预测见表 1-4。

本项目公路客运适站量❶预测　　表 1-4

指标年份	2018	2023	2028
客运适站量（万人）	156.36	268.19	546.29
日发送旅客量（人 / 日）	4392	7533	15345

按照交通运输部《公路运输站场投资项目可行性研究报告编制办法》的规定，项目的设计年限一般取项目主体工程建成投入使用后的第 10 年。本项目拟

❶ 公路客运场站适站量是指进入公路客运场站进行站务作业的客运发送量，他是公路客运场站组织量的重要组成部分，是确定场站建设规模的重要依据。

于 2015 年 3 月开工建设，2017 年 9 月完工，2017 年 12 月投入使用，设计年限为 10 年，因此拟定设计年度为 2028 年。根据《汽车客运站级别划分和建设要求》，该县的日均发送旅客量在 10000 人次以上，符合建设一级站的标准，因此将其定位为一级站场。

3. 合作模式

本项目采用 PPP 模式下的 BOT 模式运作，由某县政府授权该县交通运输局作为 PPP 项目实施机构与中标单位某交通建设投资公司在某县设立的 PPP 项目公司签订特许经营协议，期限 15 年（不含建设期），自本项目竣工验收通过之日起算。PPP 项目公司具体负责本项目工程的投融资、建设运营和维护工作。PPP 项目公司投资回报采用“可行性缺口补贴”的回报模式，某县交通运输局按照特许经营协议支付可行性缺口补贴费，可行性缺口补贴费 50 万元 / 年。合作期满后，PPP 项目公司将本项目无偿移交给某县交通运输局或者某县人民政府指定的其他机构。

4. 案例解读

本项目是面向全社会服务的公益性站场服务设施，是综合运输发展的基础设施和城市建设的重要组成部分，它建设周期长、投资大，具有较好的社会效益，但自身回收能力较弱，因此为了吸引社会资本积极参与，需要各级政府及主管部门的大力支持。

就本项目的财务评价来看，财务评价项目计算包括项目建设期和生产营运期。项目拟于 2015 年 3 月开工，建设期 2 年半，2017 年 9 月完工，并于 2017 年 12 月投入生产运营，营运期 12 年半，共计 18 年。本项目投资所得税前财务内部收益率为 8.26%，所得税后财务内部收益率为 6.97%，所得税前投资财务净现值为 1788.28 万元，所得税后投资财务净现值 679.89 万元，所得税前投资回收期为 11.99 年，所得税后投资回收期为 13.59 年。鉴于投资回收期过长，收益率较低，投资风险较大，某交通建设投资公司曾一度打过退堂鼓。后经过合作双方多次协商，由某县交通局向上级主管部门申请资金支持。最后，本项目建设共需要资金1.31亿元，由省交通运输厅和社会资本共同筹措，省交通运输厅补助3000万元，占投资规模的22.90%，社会资本自筹10100万元，占投资总规模的77.10%。本项目资金筹措表见表1-5。

本项目资金筹措表 表1-5

资金筹措方式	金额	所占比例
交通运输厅补助	3000	22.90%
企业自筹	10100	77.10%
总投资	13100	100.00%

本项目的成功落地，与政府部门专项资金的支持息息相关。所谓专项资金，是国家或有关部门或上级部门下拨行政事业单位具有专门指定用途或特殊用途的资金。这种资金都会要求进行单独核算，专款专用，不能挪作他用，并需要单独报账结算的资金。在当前各种制度和规定中，专项资金有着不同的名称，如专项支出、项目支出、专款等，并且在包括的具体内容上也有一定的差别。但从总体看，其含义又是基本一致的。为了加速我国PPP项目的落地，国家各部委先后出台政策以专项资金的形式进行支持。如2015年4月9日，财政部、环保部联合印发《关于推进水污染防治领域政府和社会资本合作的实施意见》（财建[2015]90号）（以下简称《意见》）从政策上推动了水务市场全面向社会资本开放，鼓励在水污染防治领域大力推广PPP模式。《意见》提出存量为主、因地制宜、突出重点三大原则。要求水污染防治领域推广运用PPP模式，以费价机制透明合理、现金流支撑能力相对较强的存量项目为主，适当兼顾部分新建项目，充分考虑不同地区、不同流域和湖泊、不同领域项目特点，对纳入国家重点支持江河湖泊动态名录或水污染防治专项资金等相关资金支持的地区，采取差异化的合作模式与推进策略，率先推进PPP模式。2015年9月28日，国家发改委发文，就《政府和社会资本合作项目前期工作专项补助资金管理暂行办法》（以下简称《办法》）向社会公开征求意见，未来合规的PPP项目的前期工作费用将获得国家预算内专项资金支持。根据《办法》，PPP前期工作专项补助资金的推出是为了积极推广PPP模式，进

一步鼓励和吸引社会投资，充分发挥投资在稳增长中的关键作用。根据《办法》，PPP 前期工作专项补助资金为一次性补助资金，采用财政专户管理，专款专用。对不按规定使用前期工作专项补助资金的，经核实后，停止拨付尚未拨付的前期工作专项补助资金，并在下一年度减少或不予安排该地区前期工作专项补助资金。

此外，就客运站的建设，我国部分地方开始出台专项资金支持政策。如 2013 年山东省出台《道路运输客运站场专项资金管理暂行办法》规定，专项资金用于客运站场的新建、迁建、改建、扩建工程。专项资金实行定额一次性补助。对国家公路运输枢纽规划内的综合客运枢纽一级站、二级站项目，按照不超过公共服务设施建设投资的 30% 补助，最多不超过 800 万元、500 万元；市、县普通客运站场项目，按照不超过公共服务设施建设投资的 30% 补助，最多不超过 200 万元；衔接城市公交与其他运输方式的城市换乘枢纽项目，按照不超过公共服务设施建设投资的 30% 补助，最多不超过 500 万元。2016 年，安徽省财政厅、省交通厅修订印发《道路运输客运站场建设专项资金管理办法》提出，站场专项资金实行竞争性分配，在安徽省道路运输站场建设规划内，优先选择基础条件好、综合性强、经济和社会效益好的项目安排专项资金。

（五）某县客运站 PPP 风险分析及对策

1. 项目背景

某县位于华北东部，县域总面积 1000 多 km^2，总人口为 80 多万人，交通十分便利，境内有 1 条高速公路横穿东西，1 条铁路纵贯南北，还有 2 条国道通过，县乡公路四通八达，客货运输顺畅，交通通达性良好。近年来，某县经济快速增长，特色产业发展迅猛，旅游业不断升温，人民生活水平日益提高，大量的商流、人流向该县聚集，客运需求亦不断增加。然而，某县现有汽车客运站用地规模狭小，设施陈旧落后，尤其是在高峰期无法满足车辆的进站作业，不但阻碍了车站正常运行，而且对周边交通造成不良影响。具体来说，某县现有汽车客运站存在的主要问题是：站场选址不合理，不能适应城市发展需要，现有汽车客运站设在县城主要干道，交通高峰期站场载客车辆容易对该路段的正常交通带来影响，同时噪声扰民现象严重，给附近人民群众的生活带来不便；站场规模严重不足，无法满足日益增长的客运需求，整体供给能力远远滞后于客运需求的增长速度，成为制约某县公路客运运输发展的主要障碍；站场服务功能单一，技术设备落后，致使运输效益差，严重制约了运输组织化程度的提高。

总体而言，某县现有汽车客运站已远远不能适应城市发展的需要，急需建设一个以短途与中长途相结合，服务于某县乃至更大区域的高效率的现代综合客运场站，为某县经济的持续、快速、稳定发展奠定坚实的基础。在此背景下，2015 年 9 月，某县政府决定新建一座汽车客运站（以下简称“本项目”）。

2. 基本情况

本项目拟建于某县县城西北部开发区，距离高速公路 1km，距离省道 500m。本项目主要建筑物包括候车厅、售票厅、办公服务用房、检测维修用房等，主要构筑物包括站前广场、停车场、到发车位等。本项目各项建设指标为：占地约 40000m^2，总建筑面积约 12000m^2，站务楼面积约 10000m^2，道路广场面积约 26000m^2，绿地面积约 6000m^2，容积率 0.28，绿化率 16%。本项目设计日发送能力为 13500 人。

本项目拟定于 2016 年 9 月开工建设，2017 年 9 月完工，并于 2017 年 10 月投入使用。本项目的市场定位是为某县及周边城市旅客提供到发、中转等一系列服务，同时提供必要的生活辅助服务，将其发展为该县多功能、现代化的汽车客运站。本项目主要有运输服务功能、运输组织功能、中转、换乘功能、多式联运功能、通信功能、辅助服务功能等六项功能。综合分析经济社会发展及旅客运输设施改善对客流的影响，结合其他城镇类似的客流转移情况，预测本项目适站量（见表 1-6）。

本项目适站量预测 表 1-6

指标年份	2017	2022	2027
客运适站量（万人）	208.05	313.90	492.75
日发送旅客量（人 / 日）	5700	8600	13500

根据本项目旅客发送量的预测结果，到 2027 年本项目的平均日旅客发送量为 13500 人次。根据《汽车客运站级别划分和建设要求》，该县的日均发送旅客量在 10000 人次以上，符合建设一级站的标准，因此将其定位为一级站场。本项目总投资估算约 5700 万元；其中：建筑安装费约 3500 万元，设备购置费约 700 万元，其他费用约 1500 万元（见表 1-7）。

本项目投资估算 表 1-7

序号	费用名称	建设内容	建设规模	投资估算	
			（m^2，亩，台，套或万元）	单价（元 /m^2，台或套或费率）	合计（万元）
1	建安费	站前广场	3000	250	
		站务楼	10200	2400	
		辅助用房	1010	1500	
		到发车位	1800	250	
		道路及停车场地	23090	250	

续表

序号	费用名称	建设内容	建设规模	投资估算	
			（m², 亩, 台, 套或万元）	单价（元/m², 台或套或费率）	合计（万元）
1	建安费	绿化工程	6000	50	
		室外管线及照明	27890	25	
		围墙及大门			
		小计			3500
2	设备费	购票设备	9	22000	
		验票设备	16	16250	
		安检设备	3	433000	
		电瓶行李托运设备	3	10000	
		信息系统设备	1	650000	
		行政办公设备	1	430000	
		车辆安检设备	4	215000	
		消防设备	1	320000	
		供水设备	1	430000	
		采暖或制冷设备			
		候车休息设备			
		清洗卫生设备			
		小计			700
3	其他费用	征地费	60	90000	
		拆迁费			
		前期咨询费			
		市政设施配套费	11210	23	
		建设单位管理费	3506	1.20%	
		工程监理费	3056	2.50%	
		地质勘察费	40000	10	
		工程设计费	3506	3.40%	
		环境评价费			
		招投标代理费	3506	0.35%	
		职工培训费			
		联合试运转费	3506	1.00%	
		小计			1000
4	预备费	预备费	5265	8.00%	
5	铺底流动资金	铺底流动资金	159	33.00%	
总计					5700

3. 合作模式

本项目拟采取 PPP 模式，由某县人民政府授权该县交通运输局作为项目实施机构通过公开招标方式选择社会投资人。经过竞标，某交通建设投资公司中标。双方采取 BOT 合作模式，该县交通运输局与某交通建设投资公司签订特许经营协议，特许经营期限 20 年（含建设期 1 年）。该交通运输建设公司作为社会资本方负责项目的投资、建设和运营，特许经营期内享有本项目的经营权收益。

4. 案例解读

本项目属于投资时间较长、投资收益较差的 PPP 项目，一般社会资本积极性并不高。然而，本项目从招标到正式落地，时间只有七个多月，比起一般的 PPP 项目落地时间足足缩短了半年[1]，从而节省了大量的人力、物力和时间成本。而本项目之所以进展很快，除了合作双方的诚信合作、相互配合外，与社会资本某交通建设投资公司的扎实工作、财务分析和风险对策密切相关。

（1）某交通建设投资公司项目组通过走访现有的某县汽车站，与相关部门座谈，广泛收集了各方面资料并实地踏勘拟建站址，与业主单位就客运站的建设规模、建设标准、建设方案、资金筹措方式等问题交换意见并达成共识。

（2）科学的财务评价。项目评价期按照《公路运输站场投资项目可行性研究报告编制办法》的规定，项目财务内部收益率为 7.90%、财务净现值为 510.9 万元、投资回收期为 12.75 年（见附录一）。

（3）风险分析及对策。本项目从市场风险、工程建设风险、投资风险、融资风险、经营风险、外部环境风险、配套条件风险这七个方面来建立综合评价指标体系（如图 1-1）。

[1] 通常情况下，一个 PPP 项目从开始立项到准备，需要 6 个月或者一年。截至 2016 年 6 月 30 日，财政部两批示范项目 232 个（第一批 30 个，后剔除 4 个，第二批 206 个），总投资额 8025 亿元，其中执行阶段项目 105 个，总投资额 3078 亿元。基于已录入的项目信息，对 53 个示范项目分析表明，平均落地周期为 13.5 个月。

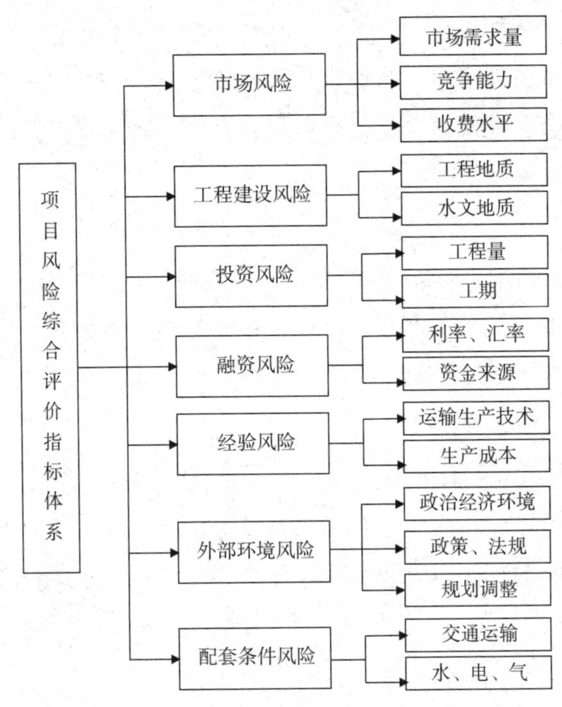

图 1–1　本项目风险评价指标体系

1）本项目风险评价

①市场风险：一般风险

本项目的建设有利于该县的城市建设规划，随着铁路、公路的不断完善，在此中转及来往于此的人数与日俱增，该县的交通区位优势日趋明显，目前该县的交通量呈现增长趋势，因此该项目市场风险一般。

②工程建设风险：一般风险

项目所在区域无复杂地形因素，项目本身无高难度的技术问题，地区内有较充足的条件来实施该类工程，地质、水文等都经过提前考察论证，风险一般。

③投资风险：较大风险

本项目投资风险主要与工程量、设备材料价格和工期有关。尽管客运站项目建设相对比较成熟，设备材料也比较常规，但项目的工程量较大、预计工期较短，可能存在由于工程量预计不足，或设备材料价格上升，或计划不周导致工期拖延等带来的投资增加。因此本项目投资风险较大。

④融资风险：较大风险

本项目的资金主要来自于企业自筹和贷款，资金的及时性会对项目产生一定的影响，如果资金不能及时到位或企业资金周转出现困难等，均可能对项目造成影响。因此项目融资风险较大。

⑤经营风险：较大风险

客运站的经营运作虽已具有长时间的实践经验，在经营技术方面比较成熟。但客运站有“淡季、旺季”之分。一年之中，春运、黄金周、周末等节假日都属于旺季，平时的部分时间属于淡季。在经营成本方面，可能存在成本上升的风险。因此本项目经营风险较大。

⑥外部环境风险：一般风险

影响客运站的外部环境风险有当地的经济状况以及旅游业等第三产业的发展情况。根据该县的经济社会发展的现状及趋势，以及其旅游资源状况和规划，外部环境风险一般。

⑦配套条件风险：一般风险

客运站所在区域基本是空地，目前供水供电、市政管网等配套设施并不完备，但由于政府对这一区域将实施开发，因此市政配套、周边道路方面基本风险一般。

经过以上对项目的风险因素和程度分析，确定本项目风险因素中属于风险一般程度的较多，属于风险较大的因素有几项，没有严重风险和灾难性风险，因此从整体状况来看本项目的风险程度不大。

2）风险防范对策

风险控制是针对可控性风险采取的防止风险发生，减少风险损失的对策。通过对风险因素的分析，能够看出本项目尽管总体风险水平较小，但仍然存在一些风险较大的因素，针对这些风险较大的因素。本项目采用风险控制对策包括：

①市场风险方面

市场需求量：了解当地居民的交通需求，同时通过定期进行市场调查了解中转旅客的交通需求，坚持以人为本设置线路。

竞争能力：从旅客需求出发，提高服务多样化和人性化水平，提高竞争能力。

价格：按照与该县交通运输局签订的《PPP 项目特许经营协议》，实行价格调整机制，同时应与其他客运站场的价格水平变化保持一致。

②工程建设风险

加强地质、水文方面的勘察，参考周边建筑工程的状况。

③投资风险

工程量：可在工程量预计的基础上，设定一个安全边际（如5%），并在资金安排方面，相应留出预备费用。

④融资风险

企业提前制定财务计划，安排投资资金的来源。

⑤经营风险

经营技术：加强客运站内部管理，提高内部效率。

经营成本：加强车站内部成本控制和管理，或通过增加服务项目、提高服务水平以此增加经营收入，来弥补成本对经营收益的影响。

⑥配套条件风险

在周边交通、市政配套设施等方面保持与政府部门紧密联系，争取配套条件与项目的及时衔接。

⑦外部环境风险

加强与政府部门的沟通联系，加强与旅游部门的合作，以及时了解政策走向、抓住产业发展的机遇，提高经营效益。

3）风险转移

设备材料价格：可在项目开始建设的初期，根据设备配置的情况，向有关厂商洽谈商定购买合同，并确定购买价格，将价格上涨的风险转移给厂商。

工期延长：与建筑商签订合同中，加入关于工期的保证条款，如不能按照合同规定的时限完成时的赔偿条款等，将工期延长的风险转移给建筑商。

二

市政工程领域

在我国大力推广的PPP领域中，市政工程主要涉及供水、污水处理、垃圾处理、市政道路等众多重点行业。从各地方政府推出的PPP项目以及财政部公布的三批PPP示范项目来看，市政工程的特点是项目多、投资额大，在PPP领域中占有举足轻重的地位。随着国家一系列支持PPP政策的出台，一大批市政工程PPP项目纷纷落地。对各类社会资本来说，市政工程PPP项目大有可为。

（一）剖析某供水 TOT 项目的成功要素

1. 项目背景

某市有一个淡水湖，湖区面积近 200km²，总库容近 5 亿 m³，水质优良，常年保持在Ⅲ类，是某市及周边重要地表水源地。某市是地区中心城市，经济发展很快，用水量越来越大，但目前仅有一处地面水源地，因此供水量不能满足某市经济社会的发展需求，亟待建设第二水源地。此外，目前市区仅有一个地面水厂且以开采地下水为主，大量开采地下水不仅容易引起地质结构改变，而且严重损害城市的建设安全。为保障某市饮用水安全、满足经济社会快速发展的需要以及保护生态环境安全，2015 年，某市决定以 PPP 项目建设该淡水湖水源地及原水管线项目（以下简称“本项目”）。同时，某市通过市场竞争择优选择合作伙伴，既缓解财政压力，又提升了项目的运营效率，实现了政府、社会资本、公众三方共赢。

2. 基本情况

本项目总建设取水规模 80 万 t/d，项目主要包括取水口及取水管线、取水泵站、加压泵站、地面水厂、管线铺设等建设内容。工程概算投资约 16 亿元，工程已于 2015 年开工建设，计划 2018 年投产运行。

3. 合作模式

根据项目自身为存量项目的特点，某市政府决定采取 PPP 中的 TOT（转让—

运营—移交）[1]运作方式。在激烈的竞争中，社会资本某集团最终脱颖而出，并与政府代表方共同组建 PPP 项目公司。其中，PPP 项目公司边界条件设置为：特许经营期限 25 年；股比设置为某集团占股 70%，政府代表方占股 30%；项目总投资 16 亿元，PPP 项目公司特许经营期限内负责项目融资、运营和维护；政府以购买原水供应服务方式回报 PPP 项目公司，保底水量为 2018 年 30 万 t/d，2 年过渡期，2021 ~ 2030 年增长率 3%，2031 ~ 2043 年增长率 2%；在风险承担方面，政策和法律变更等由政府负责，融资、建设和运营风险由 PPP 项目公司负责，不可抗力风险由政府和 PPP 项目公司共同承担。

为防止 PPP 项目公司产生暴利，对政府财政产生极大的压力，同时造成不良的社会影响，该市政府与 PPP 项目公司约定，从商业运行日起算，每五年进行一次中期评估。PPP 项目公司的收益模式为“成本补偿 + 合理收益”。具体来说，“成本补偿”指该市通过政府财政弥补 PPP 项目公司在经营过程中产生的亏损，而“合理收益”指政府根据 PPP 项目公司的初始投资按年份逐年给予其回报。在经过充分竞争后，社会资本某集团最终中标的投资收益率为 8%。考虑到社会公众对水价的承受能力，某市政府对原水补贴一半，补贴后原水供水价格为 0.61 元 /t。经测算，PPP 项目公司扣除项目还本付息及运营成本 25 年可盈利近 5 亿元。

4. 案例解读

在经过充分竞争后，该市政府择优选择与社会资本某集团合作，最终中标价格 76%，既缓解了该市财政未来 25 年的财政支付压力，又满足了某市快速发展的经济社会发展需要，又发挥了社会资本在资金、技术、管理方面的优势，尤其是案例中的政府招标组织保障、边界条件设置、回报机制、操作方式等为当地未来实施 PPP 项目积累了宝贵的经验，对于推进我国水利水务 PPP 模式运作具有

[1] 目前在我国 PPP 模式主要有 BOT、TOT、ROT、BOO 等。2014 年 11 月 29 日，财政部《关于印发政府和社会资本合作模式操作指南（试行）的通知》（财金［2014］113 号）中指出“项目运作方式主要包括委托运营、管理合同、建设—运营—移交（BOT）、建设—拥有—运营（BOO）、转让—运营—移交（TOT）和改建—运营—移交（ROT）等。”2014 年 12 月 4 日，国家发改委《关于开展政府和社会资本合作的指导意见》（发改投资[2014]2724 号）中指出“经营性项目可以通过政府授予特许经营权，采用 BOT、BOOT 等模式推进；准经营性项目可通过政府授予特许经营权附加部分补贴或直接投资参股等措施，采用 BOT、BOO 等模式推进；非经营性项目可通过政府购买服务，采用 BOO、委托运营等市场化模式推进。”

较强的示范和借鉴意义。

（1）本项目采取TOT运作方式，为充分竞争、择优引入社会资本，科学、有序推进本项目，某市市委、市政府高度重视。

1）成立以市长为组长的PPP工作领导小组，办公室设在该市财政局。为指导PPP规范运作，该市政府专门出台了《关于推进政府与社会资本合作（PPP）模式的实施意见（试行）》。

2）该市通过会议、论坛、网络等各种渠道向社会资本推介本项目，如分别在省、市两级PPP推介会上面向全国的社会资本推介，在业内产生了强烈的反响，吸引了大批水务企业尤其是大型水务集团的高度关注，为该市择优引入社会资本打下了坚实的基础。

3）该市政府和中标的社会资本共同成立PPP项目公司，从而充分发挥政府和社会资本各自的优势。PPP项目公司对该市区原水项目进行统一的运营、维护，待特许经营期结束后按协议约定再将项目整体资产转让给该市政府。

4）鉴于该市政府此前没有PPP项目的操作经验，PPP方面的专业人才亦比较缺乏，此外，国内可资借鉴的类似项目也不多，因此，为慎重起见，该市政府聘请了专业的咨询机构，“花小钱办大事”，借助外部的力量实现，逐步完成项目识别、物有所值评价[1]、财政承受能力论证、编制实施方案，最终项目落地。

（2）本项目成功的关键因素在于边界条件的设置，如政府以购买原水供应服务方式回报PPP项目公司，约定了符合实际情况的保底水量（2018年30万t/d），而且根据某市用水量增长情况对保底水量约定了增长率，这对前期进行了巨量投入的社会资本来说无疑是一种保障，也提高了社会资本参与本PPP项目的积极性。

（3）近年来，部分PPP项目中出现社会资本的暴利（回报率高达15%以上）让政府部门承受巨大的财政压力，受到社会公众的诟病。实际上，根据我国推出PPP模式的初衷以及建立公平的市场经济秩序要求，一味追求暴利既不符合市场公平原则也不会长久，相反对社会资本来说回报风险更大。反过来，如果政府对社会资本的投资回报压得过低，既不利于提高社会资本参与PPP项目的积极性，

[1] 所谓物有所值（Value for Money，VFM），是指一个组织运用其可利用资源所能获得的长期最大利益。VFM评价是国际上普遍采用的一种评价，传统上由政府提供的公共产品和服务是否可运用政府和社会资本合作模式的评估体系，旨在实现公共资源配置利用效率最优化。

对项目本身的运营和维护也不利。因此“盈利不暴利”是PPP模式下社会资本回报的一个原则。通常情况下，PPP项目的投资回报率每年8% ~ 10%。本项目中，社会资本的投资回报率为8%，符合通常情况。需要指出的是，为防止产生暴利，某市政府要求从项目商业运行日起算，每五年进行一次中期评估，而PPP项目公司的收益模式为“成本补偿 + 合理收益”，既满足了社会资本的投资回报，又防止项目产生暴利。

（4）在操作本项目的过程中，政府部门的科学安排和精心布置是保证项目成功的关键所在。在组织安排上，成立以市长为组长的工作领导小组；通过会议、论坛、网络等各种渠道推介本项目；针对政府在操作PPP项目上存在的经验和人才不足，聘请专业的咨询机构，避免了操作上的风险。总之，本项目的落地，为该市未来操作PPP项目积累了丰富的经验,还锻炼了一大批PPP方面的专业人才。

（二）收益权质押为某市政 PPP 项目护航

1. 项目背景

近年来，某县社会经济不断发展，城镇人口达到 20 万，居民生活用水量逐渐加大，工业用水量也不断增加。目前该县供水水源主要取水方式为开采浅层地下水。一方面由于近年来降雨量减少，地表径流量逐年减少，上游没有调蓄工程对径流进行有效调节，枯水期地下水得不到补充，可利用水量日益下降；另一方面，该县水资源在县域地理位置分配上不平衡，因水资源短缺而制约经济发展。此外，该县工矿企业较发达，在水资源短缺的情况下，形成企业用水与人饮用水之间的尖锐矛盾，而过度使用地下水使得水生态环境遭受严重破坏。为解决该县因水资源短缺引发的饮用水紧张、企业用水无保证、水生态环境急剧恶化的问题，该县人民政府决定通过引调水的方式对现有供水水源进行补充。为改善城区水质，满足居民用水要求，该县同时规划扩建一座自来水厂（以下简称“本项目”）。

2. 基本情况

本项目投资 5.2 亿元，管线全长约 100km，供水规模 20 万 m^3/d。工程主要建筑物包括引水工程、一级加压泵站、二级加压泵站、三级加压泵站、四级加压泵站、两座高位蓄水池、两处引水隧洞。工程计划于 2016 年 3 月开工建设，2018 年 9 月主体工程完工，2018 年 10 月试运营供水。某县扩建 3 万 m^3/d 净水厂以及附属设施，工程预算 1.5 亿元，占地 126 亩、日供水 3 万 m^3 的县城自来水厂扩建工程项目，通过小网格混凝、沉淀、翻版过滤、活性炭过滤等先进工艺，出水水质达到纯净水标准。工程计划于 2016 年 8 月开工建设，2019 年 10 月主体工程完工。工程建成后，可解决县城 20 万居民饮水安全问题，保障某县矿业经济区及农业生产用水，打破了水资源瓶颈制约，为该县经济社会可持续发展提

供有力的支撑和保障。

3. 合作模式

经过竞争性磋商[1]，某县人民政府与某环保公司达成合作协议，双方以 BOT 模式合作。具体内容为：某环保公司负责项目的设计、建设、投资、融资和运营，合作期限 20 年。该环保公司投资回报由两部分组成：一是成本补偿，即由某县人民政府弥补某环保公司在经营过程中产生的亏损。某环保公司经营业绩需经该县人民政府和某环保公司双方共同认可的审计机构进行审计；二是该环保公司的投资收益率为每年 6.2%。该环保公司的回报需列入该县人民政府每年度的刚性预算，按季支付。该环保公司向公众用户供水的价格实行政府定价，该环保公司委托第三方运营公司，按照该县人民政府批准的收费标准向其服务范围内的用水户收取费用。该环保公司与第三方运营公司的运营合同，由环保公司与运营公司单独签订。该县政府对某环保公司经营成本进行监管，并对环保公司的经营状况进行评估（见附录二）。

4. 案例解读

用水问题既是经济社会发展的问题，也是生态环境保护问题，更是民生问题，该县人民政府决定上马本项目。不过，我国目前正在大力进行经济转型和产业结构调整，该县工矿企业发达，财政收入受到很大的影响。因此，该县人民政府决定借国家大力推广 PPP 的良机，将本水务项目以 PPP 模式和有实力的社会资本合作。为快速推进项目的落地，该县人民政府成立了 PPP 领导小组，县长为组长、主管副县长为副组长、PPP 领导小组设在县财政局。随后，PPP 领导小组亲自到全国各地推介该水务 PPP 项目，与多家有实力的社会资本洽谈，结合项目具体

[1] 按照财政部 2014 年 12 月下发的《关于印发政府和社会资本合作模式操作指南（试行）的通知》（财金[2014]113 号），规范政府和社会资本合作模式（PPP）项目识别、准备、采购、执行、移交各环节操作流程，并对 PPP 项目采购方式作出详细规定，应按照《中华人民共和国政府采购法》及相关规章制度执行，采购方式包括公开招标、竞争性谈判、邀请招标、竞争性磋商和单一来源采购。项目实施机构应根据项目采购需求特点，依法选择适当采购方式。

情况提出合作条件，最后经过竞争性磋商与国内知名的环保类企业某环保公司达成合作。

本项目的成功落地，除该县人民政府有力的组织保障外，一大亮点是 PPP 项目收益权质押的实施。为安排供水工程项目融资，社会资本某环保公司以其在本合同项下的权利给贷款人提供担保，并且为贷款人的权利和利益在供水工程用地的土地使用权、供水工程设施或供水工程和服务所需的该环保公司的任何其他资产和权利上设置抵押、质押、留置权或担保权益。

一直以来，有关 PPP 项目收益权的质押都是我国 PPP 融资领域的一大难点，也是争议的焦点。

（1）PPP 项目具有投资规模大（动辄数亿、十几亿、几十亿甚至上百亿）、运营周期长（PPP 合作时间最短期限为 10 年，最长期限达 30 年[1]）、回报率不高（约 8% 左右）等特点，为缓解自身资金的不足，社会资本需要借助金融机构的力量才能完成 PPP 项目的建设、运营。研究发现，对于 PPP 项目的贷款，金融机构如银行通常会要求社会资本或者 PPP 项目公司提供抵押、质押、保证等。而社会资本投资某一个 PPP 项目，贷款前 PPP 项目建设尚未形成实际固定资产（如 BOT 项目），无法提供足额的财产抵押和保证，在此情况下，特许经营权收益权的质押便成为社会资本或者 PPP 项目公司融资的重要砝码。

（2）PPP 项目运营周期长，未来收益存在很大的不确定性。金融机构出于风控因素顾虑很大。

（3）目前业内对 PPP 项目收益权质押还存在较大的争议，主要是 PPP 特许经营收益权能否质押以及法律效力问题。

（4）当下对 PPP 项目的资产所有权也有较大的争议，即到底是属于政府还是社会资本所有，业界意见不一。

正是因为重重阻碍，导致社会资本融资困难，进而阻碍 PPP 项目的落地，这样的例子不乏少数。

2015 年 3 月，国家发展改革委和国家开发银行联合发布《关于推进开发性

[1] 国家发改委等发布的《基础设施和公用事业特许经营管理办法》第一章第 6 条规定，“基础设施和公用事业特许经营期限应当根据行业特点、所提供公共产品或服务需求、项目生命周期、投资回收期等综合因素确定，最长不超过 30 年。”

金融支持政府和社会资本合作有关工作的通知》(发改投资[2015]445号),《通知》明确，开发银行在监管政策允许范围内，给予PPP项目差异化信贷政策：一是加强信贷规模的统筹调配，优先保障PPP项目的融资需求；二是对符合条件的PPP项目，贷款期限最长可达30年，贷款利率可适当优惠；三是建立绿色通道，加快PPP项目贷款审批；四是贯彻《国务院关于创新重点领域投融资机制鼓励社会投资的指导意见》关于“支持开展排污权、收费权、集体林权、特许经营权、购买服务协议预期收益、集体土地承包经营权质押贷款等担保创新类贷款业务”的要求，积极创新PPP项目的信贷服务。2015年4月，国家发改委、财政部、住建部、交通运输部、水利部、央行等联合发布《基础设施和公用事业特许经营管理办法》，允许对特许经营项目开展预期收益质押贷款，鼓励以设立产业基金等形式入股提供项目资本金，支持项目公司成立私募基金，发行项目收益票据、资产支持票据、企业债、公司债等拓宽融资渠道。

2015年12月，随着最高人民法院发布第11批指导性案例53号“福建海峡银行股份有限公司福州五一支行诉长乐亚新污水处理有限公司、福州市政工程有限公司金融借款合同纠纷案”，该案裁判要点主要为两个方面：第一，特许经营权的收益权可以质押，并可作为应收账款进行出质登记。第二，特许经营权的收益权依其性质不宜折价、拍卖或变卖，质权人主张优先受偿权的，人民法院可以判令出质债权的债务人将收益权的应收账款优先支付质权人。案例对于特许经营权收益权能否质押等司法实践难题作出明确规范，统一了裁判标准，有利于提高诉讼效率。

由此，一直困扰社会资本和金融机构的难题终于破解，这为今后更多的PPP项目通过特许经营收益权质押融资树立了典范，提高社会资本参与PPP的积极性。具体到该县PPP项目，社会资本该环保公司投资规模6.7亿元，需向金融机构融资5亿多元。在提供一定的财产担保外，根据银行需要提供项目特许经营收益权质押，既解决了该环保公司资金的不足，又促进了该PPP项目的落地，具有很强的示范意义。

（三）城市道路 PPP 项目：兼具经济和社会效益

1. 项目背景

某市是座大城市，进入 21 世纪后，该市制定了“东拓、西进、南控、北跨、中疏”的城市空间发展战略和“新区开发、老城提升、两翼展开、整体推进”的基本方针，坚持“高起点规划、高标准建设、高效能管理、高水平经营”的工作思路，实现该市城市建设的新突破。围绕该目标，该市新建、改建了 50 多条主次干道和一批国道、省道干线公路、山区公路，城市交通快速发展，城市面貌明显改观，城市综合服务功能大大提高，构筑起现代化大城市的基本框架。近年来，随着该市经济的快速发展，人口、城市建设用地规模在不断扩大，机动车数量迅速增长，近 5 年小汽车每年以 22% 的高速度增长。该市的城市交通系统面临着越来越严重的挑战，主要表现在道路交通拥堵严重，普通公交形式单一、服务水平较低导致市民出行时间长、公交吸引力下降等，“行路难，出行难”已成为备受广大市民关注的问题。交通是城市的命脉，是实现城市现代化的基础工程。鉴于此，该市决定建设 2 条城市公路（以下简称“本项目”）。项目建设后，将缓解周边交通压力，改善区域环境，提升城市形象，吸引国内外投资聚集，起到促进道路畅通和城市空间联系纽带的作用，经济和社会效益巨大。

2. 基本情况

本项目主要建设内容分为道路工程、排水工程、管线综合工程、照明工程、交通工程、绿化工程。管线综合工程主要包括给水、燃气、热力、中水、强电、通信管线、路灯及交通设施管线等。本项目包括二条城市公路，其中 A 公路为道路等级为城市主干路，设计车速 50km/h，长约 2000m，规划红线宽度 50m，投资约 1.6 亿元；B 公路道路等级为城市次干路，设计车速 40km/h，长约

2800m，规划红线宽度 40m，总投资约 1.9 亿元。2 条公路总投资 3.5 亿元。本项目计划于 2015 年 3 月动工，2016 年 5 月竣工。

3. 合作模式

针对本项目，该市政府采取 PPP 模式下的 BOT 模式。经过多轮竞标和磋商，社会资本某建设工程公司中标。该市政府授予该市国有资产运营有限公司与中标社会资本某建设工程公司设立的 PPP 项目公司签订《某市道路 PPP 特许经营协议》，特许经营期限 16 年（含建设期 1 年）。PPP 项目公司负责本项目的投资、融资、建设和运营。社会资本投资回报方面，由某市政府通过向该建设工程公司支付可用性服务费的方式购买项目可用性（符合验收标准的公共资产），以及支付运维服务费的方式购买某建设工程公司为维持项目可用性所需的运营维护服务（符合运行要求的公共服务），该可用性服务费和运营服务费将纳入跨年度的财政预算，并提请市人大审议通过。本项目合作结构图如图 2-1。

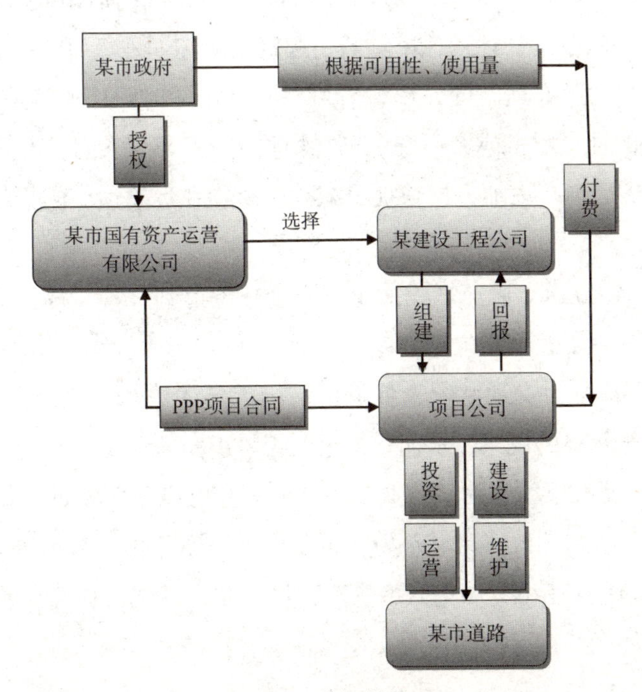

图 2-1　合作结构图

4. 案例解读

（1）对于城市道路工程来说，直接的经济效益主要包括：道路晋级产生的效益；新路里程缩短产生的效益；原有道路减少拥挤产生的效益；货物节约在途时间产生的效益；出行者节约在途时间所产生的效益；货物节约损耗产生的效益以及减少交通事故而节约的费用。本项目的建设，符合该市经济发展的要求，有利于土地资源的优化配置和合理利用，有利于加快某市建设步伐，有利于城市的扩容提质。

（2）本项目属于公益性的项目，作为社会资本，对投资项目的定性和定量分析非常重要。由于本项目位于城市内，投资大、交通量较难预测，不易定量计算，因此对本项目进行了定性分析：

1）本项目的实施改进了运输状况，使得旅客、货物运输成本降低，由此而产生经济效益。本项目建设吸引了部分原行驶于其他相关道路的交通流，使得相关道路交通流减少，降低了原有各相关道路上行驶车辆的运输成本；货物节约在途时间的价值，以及货物运送速度提高引起资金周转期缩短而获得效益属于本项效益；出行者节约了在途时间，出行者可以有更多的时间用于从事再生产活动，由此创造更多的社会财富或者更好地丰富物质文化生活，由此产生了相关的经济效益；区域内货运出行更加方便快捷，减少了货物在运输途中的损耗而产生的经济效益。

2）本项目建成通车后区域交通出行安全环境得到改善，减少了交通事故的发生量，进而减少了经济损失。

3）有效改善某市交通状况，促进区域内人员的快速集散，方便居民出行，提高该区域交通网络的效率，从而整体上改善该市交通环境。

4）项目建设可拉动当地建筑业、建材业等相关产业的发展、促进区域经济的发展。此外，项目还改善区域环境，带动周边经济发展。

5）本项目建设有利于强化城市景观，提升城市品位，提高城市知名度，对改善城市投资环境具有重要的作用。

（四）智能立体车库 PPP 项目创新打包模式

1. 项目背景

随着我国汽车工业和城镇化的快速发展，城市机动车保有量不断增加。截至2015年底，全国机动车保有量达2.79亿辆，其中汽车1.72亿辆。据公安部交管局统计，全国有40个城市的汽车保有量超过百万辆，北京、成都、深圳、上海、重庆、天津、苏州、郑州、杭州、广州、西安11个城市汽车保有量超过200万辆。全国平均每百户家庭拥有31辆私家车，北京、成都、深圳等大城市每百户家庭拥有私家车超过60辆。小汽车保有量增长迅速，停车位缺口却巨大。目前，我国大城市小汽车与停车位的平均比例约为1∶0.8，中小城市约为1∶0.5，而发达国家约为1∶1.3。据估计，我国停车位缺口超过5000万个。

近年来，某市机动车辆保有量增长迅猛，给城区道路和停车场带来了巨大压力，造成了动态交通的严重堵塞。目前，该市停车现状主要表现在四个方面：第一，停车位严重不足，据该市公安交警部门统计，截至2015年11月份，某市小汽车保有量已达到80多万辆，停车位缺口高达27万个以上；第二，用地相对不足，静态交通规划难以适应路面停车需求；第三，非法停车严重，交通拥堵频发，给人们的出行带来很大的不便；第四，停车场散、乱，影响了城市整体形象。为改善该市现有停车状况，提升城市形象，该市多位人大代表提议规划建造一批智能立体停车场[1]。智能立体停车场投资建设不但拉动经济增长，而且促进智慧城市和谐发展。在政策方面，我国“十三五”规划中已明确将立体停车库作为重要的发展项目。2015年8月，发改委发布《关于加强城市停车设施建设的指导意见》。

[1] 资料显示，立体停车起源于20世纪20年代的美国，主要是为了解决大城市内停车难的问题。在日本等国土面积小、汽车数量众多的国家，立体停车库已经占据了70%的市场份额，但这一比例在我国仅为2%～3%。立体停车库在欧美、日本等发达国家和我国北京、上海、深圳等经济发达地区广泛应用，被称为解决城市停车难问题的优选手段。

2015 年 9 月，住房和城乡建设部印发《城市停车设施规划导则》。此外，多地政府出台了很多关于支持立体停车场建设的相关利好政策，包括配套商业建筑的补贴、在税收方面的优惠政策等，其前景良好。鉴于此，该市决定建设一座智能立体停车库项目（以下简称“本项目”）。

2. 基本情况

2015 年 3 月，某市政府府组织规划、城管、住建等部门，专门对某市城区的停车现状进行了长达 2 个月的实地调研，对全市 4 个区的 50 多个镇办进行了细致周密的考察，初步确定第一批立体停车库项目约 70 个，约 1.5 万个停车位，总停车位总投资规模约 7 亿元。

3. 合作模式

2015 年 7 月，某市政府开始面向全国各地招商。经过竞标，某智能立体停车库投资公司中标。双方合作主要有以下几个方面：

（1）双方以 BOT 模式合作，将上述约 70 个项目、7 万个停车位总体打包给某智能立体停车库投资公司设计、投资、融资、建设和运营。该市政府给予该智能立体停车库投资公司特许经营权，期限为 25 年。某智能立体停车库投资公司投资回报采取停车费收取 + 差额补贴的方式。

（2）鉴于 70 个项目中土地性质的复杂性（有国有、有私人所有，还有小区所有），以及现有停车现状千差万别，因此，在某智能立体停车库投资公司实际操作项目之前，政府部门做到“三统一”，即“统一规划、统一建设、统一管理”，保障智能立体停车库投资公司和各类合作主体持续、稳定地投资该市立体停车市场。

（3）该智能立体停车库投资公司重点是投资、建设、运营该市商业区、医院、小区等主要区域的智能立体停车库，为提高投资回报率，重点考虑出租、售卖停车位。

（4）该智能立体停车库投资公司对于 70 个项目本着“分期开发，逐步推进”

的原则进行推进。具体来说要做到“地段有重点，项目有先后”，待建成现代化的智能立体停车库取得社会效益和经济效益后，再逐步扩大投资、建设和运营规模。

4. 案例解读

智能机械立体停车库被称为解决因城市停车难问题的优选手段，也是我国智慧城市建设的重要组成部分。通过大力投资建设智能立体停车场，不但能改变该市现有停车状况，改善该市停车秩序，而且能大大提升该市的城市形象。分析该市智能停车库 PPP 项目成功的原因，智能立体停车库投资公司科学的财务分析是一个重要的因素。

众所周知，智能立体停车库的建设在我国处于起步阶段，还具有较大的风险性和不确定性，如人们的停车习惯、停车费的收取、交通管理的水平等，为保证投资决策的科学性，该智能立体停车库投资公司在国家现行财税制度和市场价格体系下，分析预测了本项目的财务效益与费用，以考察项目的损益和盈利能力，据此判断项目的财务可行性。

（1）财务基准收益率。财务基准收益率是项目财务内部收益率指标的基准和依据，是项目在财务上是否可行的基本要求，也用作计算财务净现值的折现率。根据本项目的特点，并考虑一定的风险溢价，本项目的财务基准收益率取 8%。

（2）税（费）率。本项目财务评价所需计算的税费主要包括增值税、城市维护建设税、教育费附加和企业所得税等。具体税率如下：

1）增值税率 17%；

2）城市维护建设税：以营业税为税基，税率取 7%；

3）教育费附加：费率取 3%；

4）所得税：以企业经营的利润总额抵扣准予扣除项目的余额为税基，按照国家企业所得税法规定，企业所得税税率取 25%。

（3）成本费用估算。本项目总投资为 70355.08 万元人民币，其中固定资产投入 53100 万元。

1）各项支出的单位成本均按市场价计算，数量依具体工作量而定；

2）固定资产折旧按 20 年折旧，取 5% 残值；

3）房屋按 30 年折旧，取 5% 残值，土地在房屋建成后按 30 年折旧，取 5% 残值。

具体内容见表 2-1。

主要财务数据及评价指标表　　表 2-1

序号	名　称	单位	数量
	财务数据		
1	总投资	万元	70355.08
2	固定资产投资	万元	53100.00
3	项目资本金（货币）	万元	5333.00
4	营业收入（经营期平均）	万元	12352.50
5	营业税金及附加（经营期平均）	万元	2262.89
6	总成本费用（经营期平均）	万元	5510.16
7	利润总额（经营期平均）	万元	6714.25
8	所得税（经营期平均）	万元	1009.85
9	税后利润（经营期平均）	万元	5704.40
	财务评价指标		
1	销售利润率	%	25.44%
2	投资利润率	%	12.64%
3	财务内部收益率（所得税后）	%	10.31%
4	财务净现值（所得税后）	万元	17073.21
5	投资回收期（所得税后）	年	11.89

（4）应纳税金估算。具体内容见表 2-2、表 2-3。

利润与利润分配表（单位：万元） 表 2-2

序号	项目	合计	计算期									
			1	2	3	4	5	6	7	8	9—19	20
1	营业收入	107050.00	1600.00	4100.00	7050.00	10300.00	14000.00	14000.00	14000.00	14000.00	14000.00	14000.00
2	税金及附加	1118.76	20.22	46.92	76.86	108.96	144.30	144.30	144.30	144.30	144.30	144.30
3	总成本费用	48116.58	1037.17	2165.17	3352.92	4596.33	5949.17	6203.17	6203.17	6203.17	6203.17	6203.17
4	补贴收入	0.00	0.00	0.00	0.00	0.00	0.00	0.00	0.00	0.00	0.00	0.00
5	利润总额	57814.66	542.61	1887.91	3620.22	5594.71	7906.53	7652.53	7652.53	7652.53	7652.53	7652.53
6	弥补以前年度亏损	0.00	0.00	0.00	0.00	0.00	0.00	0.00	0.00	0.00	0.00	0.00
7	应纳税所得额	57814.66	542.61	1887.91	3620.22	5594.71	7906.53	7652.53	7652.53	7652.53	7652.53	7652.53
8	所得税	8726.46	135.65	283.19	543.03	839.21	1185.98	1147.88	1147.88	1147.88	1147.88	1147.88
9	净利润	49088.20	406.96	1604.73	3077.19	4755.50	6720.55	6504.65	6504.65	6504.65	6504.65	6504.65

项目投资现金流量表（单位：万元） 表 2-3

序号	项目	合计	计算期									
			1	2	3	4	5	6	7	8	9	10
1	现金流入	107050.00	1600.00	4100.00	7050.00	10300.00	14000.00	14000.00	14000.00	14000.00	14000.00	14000.00
1.1	营业收入	107050.00	1600.00	4100.00	7050.00	10300.00	14000.00	14000.00	14000.00	14000.00	14000.00	14000.00
1.2	补贴收入	0.00	0.00	0.00	0.00	0.00	0.00	0.00	0.00	0.00	0.00	0.00
1.3	回收固定资产余值	0.00	0.00	0.00	0.00	0.00	0.00	0.00	0.00	0.00	0.00	0.00

续表

序号	项目	合计	计算期									
			1	2	3	4	5	6	7	8	9	10
1.4	回收流动资金	0.00	0.00	0.00	0.00	0.00	0.00	0.00	0.00	0.00	0.00	0.00
2	现金流出	109669.84	8113.50	12006.12	14944.09	17895.62	22464.02	6849.30	6849.30	6849.30	6849.30	6849.30
2.1	建设投资	53100.00	6600.00	9000.00	10500.00	12000.00	15000.00	0.00	0.00	0.00	0.00	0.00
2.2	流动资金	2255.08	236.28	397.20	476.23	530.66	614.72	0.00	0.00	0.00	0.00	0.00
2.3	经营成本	34550.00	920.00	1780.00	2610.00	3440.00	4300.00	4300.00	4300.00	4300.00	4300.00	4300.00
2.4	税金及附加	19764.76	357.22	828.92	1357.86	1924.96	2549.30	2549.30	2549.30	2549.30	2549.30	2549.30
2.5	利息支出	0.00	0.00	0.00	0.00	0.00	0.00	0.00	0.00	0.00	0.00	0.00
3	所得税前净现金流量（1-2）	-2619.84	-6513.50	-7906.12	-7894.09	-7595.62	-8464.02	7150.70	7150.70	7150.70	7150.70	7150.70
4	累计所得税前净现金流量	-2619.84	-6513.50	-14419.62	-22313.71	-29909.33	-38373.34	-31222.64	-24071.94	-16921.24	-9770.54	-2619.84
5	调整所得税	20197.01	135.65	283.19	543.03	839.21	1185.98	1147.88	1147.88	1147.88	1147.88	1147.88
6	所得税后净现金流量（3-5）	71391.98	-6649.16	-8189.31	-8437.12	-8434.82	-9650.00	6002.82	6002.82	6002.82	6002.82	6002.82
7	累计所得税后净现金流量	4668.17	-6649.16	-14838.46	-23275.58	-31710.41	-41360.40	-35357.58	-29354.76	-23351.94	-17349.12	-11346.30
	计算指标（所得税前）：		项目投资财务内部收益率：13.18%			项目投资财务净现值：28430.80 万元				投资回收期：10.37 年		
	计算指标（所得税后）：		项目投资财务内部收益率：10.31%			项目投资财务净现值：17073.21 万元				投资回收期：11.89 年		

续表

序号	项目	计算期									
		11	12	13	14	15	16	17	18	19	20
1	现金流入	14000.00	14000.00	14000.00	14000.00	14000.00	14000.00	14000.00	14000.00	14000.00	36756.83
1.1	营业收入	14000.00	14000.00	14000.00	14000.00	14000.00	14000.00	14000.00	14000.00	14000.00	14000.00
1.2	补贴收入	0.00	0.00	0.00	0.00	0.00	0.00	0.00	0.00	0.00	0.00
1.3	回收固定资产余值	0.00	0.00	0.00	0.00	0.00	0.00	0.00	0.00	0.00	20501.75
1.4	回收流动资金	0.00	0.00	0.00	0.00	0.00	0.00	0.00	0.00	0.00	2255.08
2	现金流出	6850.30	6851.30	6852.30	6853.30	6854.30	6855.30	6856.30	6857.30	6858.30	6859.30
2.1	建设投资	0.00	0.00	0.00	0.00	0.00	0.00	0.00	0.00	0.00	0.00
2.2	流动资金	0.00	0.00	0.00	0.00	0.00	0.00	0.00	0.00	0.00	0.00
2.3	经营成本	4300.00	4300.00	4300.00	4300.00	4300.00	4300.00	4300.00	4300.00	4300.00	4300.00
2.4	税金及附加	2549.30	2549.30	2549.30	2549.30	2549.30	2549.30	2549.30	2549.30	2549.30	2549.30
2.5	利息支出	0.00	0.00	0.00	0.00	0.00	0.00	0.00	0.00	0.00	0.00
3	所得税前净现金流量（1-2）	7149.70	7148.70	7147.70	7146.70	7145.70	7144.70	7143.70	7142.70	7141.70	29897.53
4	累计所得税前净现金流量	4529.86	11678.56	18826.26	25972.96	33118.66	40263.36	47407.06	54549.76	61691.46	91588.99
5	调整所得税	1147.73	1147.58	1147.43	1147.28	1147.13	1146.98	1146.83	1146.68	1146.53	1146.38
6	所得税后净现金流量（3-5）	6001.97	6001.12	6000.27	5999.42	5998.57	5997.72	5996.87	5996.02	5995.17	28751.15
7	累计所得税后净现金流量	-5344.33	656.79	6657.06	12656.48	18655.05	24652.77	30649.64	36645.66	42640.83	71391.98
	计算指标（所得税前）:	项目投资财务内部收益率：13.18%　项目投资财务净现值：28430.80 万元　投资回收期：10.37 年									
	计算指标(所得税后):	项目投资财务内部收益率：10.31%　项目投资财务净现值：17073.21 万元　投资回收期：11.89 年									

（5）财务评价。通过项目的投资现金流量分析，测算项目盈利能力分析指标见表 2-4。

项目盈利能力分析指标表　　表 2-4

序号	名称	单位	数量
1	销售利润率	%	25.44%
2	投资利润率	%	12.64%
3	财务内部收益率（所得税后）	%	10.31%
4	财务净现值（所得税后）	万元	17073.21
5	投资回收期（所得税后）	年	11.89

项目内部财务收益率大于基准收益率，项目在财务上可以接受且具有一定的盈利能力。

（6）净现值法投资价值分析。本项目所得税后财务净现值为 17073.21 万元，投资回收期为 11.89 年，项目具有较强的盈利性。

（五）科学回报机制促城市道路 PPP 项目落地

1. 项目背景

近年来，某市经济社会快速发展，城市规模不断扩大，与周边地区的经济社会联系日益紧密。不过，由于城市空间有限，城区道路日益拥挤，给人民群众的出行和经济社会的发展带来了不小的阻碍。为完善城市路网框架、改善城市交通环境、满足人民群众出行需要，同时加快城市建设和经济社会的发展，2014 年 3 月，该市人民政府决定实施城市四环路（目前城市规模共有三环）建设工程（以下简称“本项目”），并将本项目列为《政府工作报告》的民生工程之一。作为改善城市外围大交通格局的重点工程，本项目建成后将大大改善城市交通环境、缓解城市拥堵情况、提升城市整体形象，并与周边城市实现互通互联，对促进城市经济增长具有十分重要的意义。

2. 基本情况

本项目是该市中心城区主干路系统的重要组成部分，道路全长约 19.8km，其中桥隧比为 27.79%。规划道路等级为城市主干路，设计速度 60km/h，估算投资约 26.5 亿元，本项目计划于 2014 年底开工建设，2016 年初竣工通车。

3. 合作模式

（1）鉴于本项目投资规模高达 26.5 亿，而该市财政收支有限，再加上“43 号文”[1] 出台，使地方政府融资能力大幅受限，该市政府决定采取 PPP 模式选择优质

---

[1] 2014 年 10 月 2 日，国务院发布《国务院关于加强地方政府性债务管理的意见》（国发 [2014]43 号），明确指出首要目标为治理政府性债务。

社会资本合作。2015 年 1 月，该市政府就本项目对外公开招标。招标公告后，吸引了国内多家社会资本尤其是建设类社会资本的竞争，其中不乏行业龙头企业，最终某城建集团成功中标。经过充分协商，中标社会资本某城建集团与该市城投公司共同组建 PPP 项目公司，股权比例为某城建集团占股 80%，该市城投公司作为 PPP 项目政府方出资代表占股 20%。就具体的合作模式，该市政府与城建集团充分协商，在综合考量社会资本的道路建设技术优势和管理优势、投资收益水平、回报机制以及风险分配等因素后，双方采取 PPP 模式下的 DBFO（设计—建设—融资—经营）模式合作。与 BOT（建设—运营—移交）、TOT（转让—运营—移交）、ROT（改建—运营—移交）等主要的 PPP 模式不同，DBFO 模式从项目设计之初社会资本就开始介入，这种模式的一个突出特点是社会资本拥有先进的技术和设计能力，这一点与其他的社会资本尤其是金融类的社会资本完全不同，也是其能够脱颖而出的优势所在。具体来说，本项目中，中标社会资本某城建集团主要负责项目的设计、投资、融资、建设、运营维护。该市住建局作为项目实施机构代表市政府与项目公司签订 PPP 项目协议。项目合作期限为 18 年（含 2 年建设期）。市住建局负责项目建设、运营的监督和评价，项目结束后无偿移交给该市住建局或市政府指定的其他机构。在投资者回报机制方面，本项目是使用者不需付费的公益类或非经营性质的市政道路，因此采用政府完全付费的回报机制。

（2）PPP 合同是一个法律体系，根据 PPP 项目的合作主体以及设计、投资、融资、建设、运营和维护流程，PPP 合同体系主要由各个基本合同构成，通常包括 PPP 项目合同、股东协议、融资合同和保险合同等基本合同。在本项目中，PPP 项目合同是由代表市政府的项目实施机构住建局与 PPP 项目公司签订的特许经营协议，股东协议是由中标社会资本某城建集团与代表市政府的城投公司，融资合同由 PPP 项目公司与金融机构签订，而保险合同则是由 PPP 项目公司与保险机构之间签署。可以说，一整套法律体系保障了项目的稳健落地。

4. 案例解读

本项目为公益类项目探索 PPP 提供了标杆。本案例中，回报机制是该市政府与中标社会资本某城建集团重点讨论的问题。本案例属于市政道路 PPP，与此

前某城建集团所操作的公路PPP明显的区别，最主要的是回报机制。社会资本投资公路PPP项目，回报方式主要有“使用者付费”或者“使用者付费+政府可行性缺口补助”两种方式，而本案例属于PPP项目回报机制中的公益类项目或非经营性质项目[1]，因此，如何设计一套科学的投资回报机制，无论是对该市政府还是中标社会资本来说都是一种考验。具体来说，本案例中的回报机制具有下列特点：

（1）人大决议打消社会资本和金融机构的顾虑

研究发现，PPP项目投资运营后能否达到预定收益是社会资本重点关心的风险之一，尤其对公益类项目或非经营性质项目更是如此。由于公益类项目或非经营性质项目没有稳定的现金流，社会资本的回报完全依靠政府，社会资本风险较大，因此对合作方政府的信用和履约能力十分看重。事实上，此前部分地方政府为加快当地基础设施建设，在短期利益驱使下，以过高回报、过长特许经营期等方式与社会资本签订脱离实际的PPP合同。但当项目建成后，政府却因为财政困难无法履行合同义务导致产生信用风险，直接危害到社会资本的切身利益。实践中社会资本尤为担心未来地方政府换届或者重大政策调整导致自身权益受到损害。本案例中，该市政府十分注重履约能力，市人大常委会通过决议将政府的付费义务纳入跨年度财政预算，使得社会资本的回报得到保障，也因此打消了社会资本和金融机构的顾虑。实践中，人大决议将政府付费义务纳入跨年度财政预算是社会资本积极参与PPP项目、金融机构更愿意提供资金支持PPP项目的重要因素。

（2）2015年5月22日，国务院办公厅转发财政部、国家发改委、中央银行《关于在公共服务领域推广政府和社会资本合作模式的指导意见》（42号文），指出在公共服务领域推广政府和社会资本合作模式，是转变政府职能、激发市场活力、打造经济新增长点的重要改革举措。《指导意见》明确提出，政府作为监督者和合作者，减少对微观事务的直接参与，加强发展战略制定、社会管理、市场

[1] 从PPP项目收费机制来看，通常情况下PPP项目收费机制包括三类，一是完全市场化的经营性项目，依靠使用者付费，如供水、供电、燃气等项目；二是准公益类项目或准经营性项目，社会资本的投资回报部分来源于使用者付费，不足部分由政府提供可行性缺口补贴，如城市污水处理、垃圾处理、公路建设等项目；三是公益类项目或非经营性项目，社会资本的回报完全由政府支付服务费用，如城市道路、生态环境治理、河道治理等项目。

监管、绩效考核等职责。2016 年 5 月 28 日，财政部和国家发展改革委联合发布《关于进一步共同做好政府和社会资本合作（PPP）有关工作的通知》（财金 [2016]32 号）提出稳妥有序推进 PPP 工作、着力提高 PPP 项目融资效率等七项措施来提高 PPP 项目融资效率，切实推动 PPP 模式持续健康发展。七大举措之一即是“建立完善合理的投资回报机制”。《通知》指出，建立完善合理的投资回报机制，各地要通过合理确定价格和收费标准、运营年限，确保政府补贴适度，防范中长期财政风险。要通过适当的资源配置、合适的融资模式等，降低融资成本，提高资金使用效率。要充分挖掘 PPP 项目后续运营的商业价值，鼓励社会资本创新管理模式，提高运营效率，降低项目成本，提高项目收益。要建立动态可调整的投资回报机制，根据条件、环境等变化及时调整完善，防范政府过度让利。同时指出，要各地要对“强化监督管理”，各地要对 PPP 项目有关执行法律、行政法规、行业标准、产品或服务技术规范等进行有效的监督管理，并依法加强项目合同审核与管理，加强成本监督审查。要杜绝固定回报和变相融资安排，在保障社会资本获得合理收益的同时，实现激励相容。

就本案例而言，该市政府为了实现各方的“多赢”，设计激励相容机制，在保障社会资本投资收益的同时，加强了政府的监管职责，主要体现在为 PPP 项目公司设置可用性绩效考核指标和运营维护期内的绩效考核指标。进一步分析发现：该市政府从项目的质量、工期和安全生产等方面设置可用性绩效指标，确保项目按期保质保量地完成；同时，将项目运营期内的考核结果与政府方支付 PPP 项目公司的运维绩效直接挂钩，也就是说，项目公司运营维护期内的绩效优劣，直接决定了社会资本的投资回报高低。从项目经济效益和社会效益的高度来看，在这种科学的绩效考核架构下，能够反向激励 PPP 项目公司针对项目全生命周期建设和运维统筹考虑项目建设成本和运维成本，激励其在建设期内将项目做成优质工程、精品工程、示范工程，以最大程度上减少运营期内的保养费用，从而获得最大的投资回报。正是这种科学的回报机制，让政府、社会资本和社会公众多方受益。

此外，需要指出的是，本项目从项目启动到招标，再到项目的落地，前后仅仅用了不到一年的时间（2014 年 3 月 ~ 2015 年 2 月），项目推进速度之快，在同等规模的城市道路 PPP 项目中实属罕见。归纳起来，主要得益于政府的组织保障和前期工作到位：为加速创新城市基础设施投融资体制，提升城市基建运营效率，市人民政府在项目启动不久就专门发文批准成立 PPP 项目工作领导小组，市主要领导任领导小组组长，并通过省、市各级 PPP 推介会不遗余力地向全国社会资本推荐。可以说，政府从战略层面高度重视，在具体操作层面组织有保障、有层次、有秩序，共同推进项目的落地。总之，本项目在项目运作过程中进行了创新和探索，对我国未来市政道路甚至公益类项目采取 PPP 模式提供了诸多有益的借鉴。

（六）某道路 PPP 项目着重风险分配

1. 项目背景

某县位于华北地区，周边与三个省十多个市县相邻，地理位置十分优越。县城区面积 $10km^2$，县城人口 18 万人，现已形成以电力、化工、商贸为支柱的产业结构。2014 年全年某县财政总收入 20 多亿元，同比增长 7%；公共财政预算收入完成 7 亿多元，同比增长 4%；规模以上工业增加值完成 50 多亿元，同比年增长 16%；固定资产投资完成 150 多亿元，同比增长 43%。近年来，该县坚持贯彻落实党的十八届三中全会精神，全面深化改革、加快经济转型、加快城镇化建设、进一步加大招商引资力度。在此基础上提出了新城建设，随着新城的启动，需要优先建设主次干道及配套的各种市政管线，为企事业单位及居民区的入驻、出行提供条件。依据该县《县城道路专项规划》，县城道路系统形成以主干路、次干路为主体的方格网道路。因此，该县决定在新城启动某道路工程项目（以下简称“本项目”）。本项目的修建将完善新城道路网系统，促进道路沿线土地开发、提高该区域的道路通行能力，为新城道路交通建设和经济发展提供保障。

2. 基本情况

本项目为道路新建工程，建设内容包括道路路基路面、雨水工程、污水工程、给水工程、照明工程、强弱电工程、绿化工程、道路红线宽度为 24m，道路等级为城市次干路，设计车速 40km/h，道路总长 2100m，总投资估算 0.75 亿人民币。本项目建设周期为 2 年，设计使用年限 15 年，大致分为规划审批、项目建设、运营维保三个阶段，每个阶段完成不同的项目内容。本项目的设计在严格遵守《城市道路工程设计规范》GJ 37—2012 及相关规范的基础上，重视道路修建的可持续发展，以人为本服务新城，合理组织交通，完善基础设施配套，实现交通与景观

并重，将两侧建筑、公用绿地、道路有机地融为一体，形成敞开式整体空间。本项目计划2016年2月动工，2018年竣工并投入使用。本项目主要技术指标见表2-5。

本项目主要技术指标　　表2-5

序号	项目名称		本项目
1	道路等级		次干路
2	设计年限	交通量达到饱和时	15年
		路面结构达到临界状态	15年
3	设计行车速度（km/h）		40km/h
4	缓和曲线最小长度（m）		25
5	不设超高最小半径（m）		150
6	道路最小坡度（%）		0.3
7	道路最大坡度（%）		7
8	最小凸形竖曲线半径（m）		400
9	最小凹形竖曲线半径（m）		400
10	停车视距（m）		30
11	路面结构设计荷载		BZZ-100型标准车

3. 合作模式

本项目属于社会公益性项目，没有财务收益，拟采用PPP模式下的BOT模式操作。经过公开招标，社会资本某建设工程公司中标。在项目物有所值评价报告（见附录二）、财政可承受能力论证（见附录四）通过后，由该县政府和某建设工程公司共同成立PPP项目公司负责本项目的投资、融资、建设、运营和维护。PPP项目公司注册资金2000万元，其中政府投资10%，社会资本方投资90%。该县政府与PPP项目公司签订特许经营协议，双方合作期限10年（不含2年建设期）在投资回报方面，项目完成验收后由政府方按照PPP项目协议根据项目的可用性和运维绩效向社会资本方支付服务费；政府方将服务费的支付纳入跨年度的县级财政预算（见附录五）。

4. 案例解读

（1）本项目是某县实施新城发展规划的重要步骤，项目建成后：一是完善了新城的基础设施条件，为落户企事业单位提供交通以及生产、生活的配套设施，满足企业正常运转的需求；二是有利于周边地块的开发，提高该区域地块价值；三是进一步美化周边环境，改善区域投资环境，从而提高该区域的总体形象。

（2）本项目属于公益类项目，虽然县政府与某建设工程公司在 PPP 特许经营协议中约定了项目的回报方式，但风险分析必不可少。本项目中，社会资本某建设工程公司对风险进行了详细的分析和论证，同时，合作双方对项目风险进行了合理的分担，确保了本项目的加速落地。

1）风险识别与分配。本项目建设周期长、投入大且涉及拆迁工作，牵涉的部门众多，建设这样一个复杂且庞大的工程，必须对可能遇到的各种风险进行认真分析、充分论证，做好相应的准备。

①征地、拆迁风险。征地、拆迁过程中，可能由于各种不可预见的因素造成拆迁进度受阻，以致影响整个工程进度及土地出让计划。因此，从风险影响的程度考虑，应属“较大”。对于征地、拆迁过程中的风险，该县政府建设部门需把县城基础设施建设工程作为构建和谐社会、推进城市建设的具体措施，各部门积极主动配合，保护最大多数群众的根本利益和长远利益。真正做到坚持依法拆迁、规范拆迁、阳光拆迁、和谐拆迁，使项目真正成为一件得民心、顺民意的好事。征地、拆迁过程中的风险可以化解和避免，拆迁过程中的风险可能属于“低”。

②政策风险。政策风险是指由于国家宏观政策（货币政策、财政政策、投资政策、外资政策、行业政策等）及地方政策发生变化，从而导致项目建设出现资金短缺、招商引资困难、无法顺利进展的风险。预防突发性政策风险最重要的就是要把管理层的个人意志上升为集体意志，在项目建设的关键问题上达成一致，并形成正式文件；其次，就是与国家有关部门加强日常沟通，保证项目的健康发展。

③投资风险。本项目建设的投资风险主要有资金风险、利率风险和信贷风险，根据投资收益，本项目完全没有经营性收入，需要政府财政投入，合理安排政府资源和社会资源配置，确保政府财政投入，并积极引进各种社会资源的投入，是

规避投资风险的有效手段。

④工程风险。工程风险指的是工程项目建设过程中出现工期超时、预算超支或质量达不到要求的风险。本项目由 PPP 项目公司投资、建设和运营，具体由某建设工程公司进行建设。由于该建设工程公司具有丰富的行业经验，具有相应的工程建设资质，建设过多条高等级的公路和普通公路，因此本项目工程风险低。

2）分配风险问题。PPP 项目是政府与社会资本之间的长期的合作关系，合作期限长达二三十年。PPP 的核心要义是强调“利益共享，风险共担”。因此，合理的风险防范与分担成为当下政府和社会资本重点考虑的问题。2014 年 11 月 29 日，财政部颁发《关于印发政府和社会资本合作模式操作指南（试行）的通知》（财金 [2014]113 号），规定了风险分配基本框架。按照风险分配优化、风险收益对等和风险可控等原则，综合考虑政府风险管理能力、项目回报机制和市场风险管理能力等要素，在政府和社会资本间合理分配项目风险。原则上，项目设计、建造、财务和运营维护等商业风险由社会资本承担，法律、政策和最低需求等风险由政府承担，不可抗力等风险由政府和社会资本合理共担。本项目按照风险分配优化、风险收益对等和风险可控等原则，综合考虑政府风险管理能力、市场风险管理能力等要素，在政府和社会资本间合理分配项目风险（见表 2-6）。

合理分配项目风险 **表 2-6**

风险类别	某县政府	某建筑工程公司
征地、拆迁风险	×	√
政策风险	√	×
人为风险	√	√
投资风险	×	√
工程风险	×	√
不可抗力风险	√	√

三

生态建设和环保领域

在经过多年的粗放式发展之后，近年来，我国环境污染事件猛增。因此我国开始加大环境污染治理力度，而随着“大气十条”、“水十条”、“土十条”等环境污染防治的措施出台，环保大市场正在形成，仅“十三五”期间，总的社会投资就有望达到17万亿元。面对巨大的市场机会，包括国有、外资、民企和混合所有制企业在内的各类社会资本纷纷以PPP模式进入生态治理与环境保护行业。PPP模式也是环保行业未来的主流商业模式。

（一）河道综合整治 PPP 项目捆绑招商

1. 项目背景

某市区目前有四条主要河流，随着近年来该市经济社会的快速发展、城镇化不断加速，流域内人口大幅度增长、工业企业不断增多，然而该市市政配套设施跟不上，雨污分流不彻底，造成大量污水直接入河，市区四条河流受到不同程度的污染，部分区段甚至成为黑臭水体。此外，河岸周边垃圾成堆、河岸交通受阻，给当地居民生活带来诸多不便；部分河道干涸，周边居民将生活污水直接排入河道，生活垃圾、建筑垃圾等随意堆积在河道周边，使得河道淤泥较多，河道变窄，给城市的防洪、排涝造成很大的隐患。作为市区的主要河流，“四河”事关整个城市的防洪排涝、人居环境和整体形象。2012 年初，该市决定重点推进市区环境治理，“四河”治理作为重中之重，具体是提高城市排水管网截污率、污水处理的达标排放、城市污泥有机废弃物的无害化处置等，项目名称为“四河”治理综合整治（以下简称“本项目”）。

2012 年 3 月，社会资本某环境公司与该市政府对接后，环境公司技术团队进驻该市，并对该市经济、环境发展情况、污水处理、污泥处置以及各河道情况进行了长达 3 个月的实地调研。某环境公司充分利用多年来为中小城市提供环境服务所积累的经验，对该市“四河”治理综合整治提出建议方案，主要包括：污水、污泥及河道概况；污水、污泥及河道面临的问题；污水、污泥及河道综合整治思路；具体项目内容与实施方案；项目投资回收模式工作流程；项目工作流程。

2. 基本情况

本项目包括：第一，“四河”治理项目，包括河道景观工程、截污管网工程、新建污水处理厂、新建污泥处理厂，工程投资估算 7.8 亿元；第二，基础设施

工程，包括城市道路工程、河道及湖面景观工程，工程投资估算 6 亿元；第三，公共服务类建筑工程，包括文化艺术中心、青少年活动中心等，工程投资估算 1.5 亿元。“四河治理”综合整治项目工程总占地面积达 $32km^2$，预计总的投资规模为 15.3 亿元。

3. 合作模式

本项目采取 PPP 模式，自 2012 年 3 月开始，该市人民政府向社会资本公开招标。由于项目规模大且涉及部分商业开发，一时吸引了国内多家环保龙头企业以及金融资本的关注，多家行业巨头表达了与该市人民政府合作的意愿。经过多方竞争，多轮谈判，2013 年 5 月，某环境公司中标，双方采取 PPP 模式下的 BOT 模式合作，特许经营期 30 年。同时，对公共服务类建筑工程，由某环境公司做 EPC[1]（工程总承包）。具体内容为：

（1）某环保公司的主要任务

1）负责本项目的投资、建设和运营，包括污水处理及污泥处置项目的新建和升级改造，改善河岸交通，提高河道防洪、排涝的能力，美化河岸周边环境，提升其商业价值（见表 3-1）。

本项目的任务　　表 3-1

序号	项目名称	规模	方式
1	A 污水处理厂	15 万 t/d	升级改造
2	B 污水处理厂	8 万 t/d	新建
3	C 污水处理厂	6 万 t/d	升级改造
4	D 污水处理站	3 万 t/d	升级改造
5	E 污水处理站	2 万 t/d	升级改造
6	污泥处理厂	100t/d	新建
7	河道景观工程	32ha（32 万 m^2）	新建

[1] EPC（Engineering Procurement Construction）是指公司受业主委托，按照合同约定对工程建设项目的设计、采购、施工、试运行等实行全过程或若干阶段的承包。通常公司在总价合同条件下，对其所承包工程的质量、安全、费用和进度进行负责。

续表

序号	项目名称	规模	方式
8	公园景观工程	86ha（86 万 m^2）	新建
9	截污管网工程	52km	新建
10	市政道路工程	39ha（39 万 m^2）	新建
11	水体工程	300ha（300 万 m^2）	新建

2）建设公共服务类建筑工程，促进该市的经济文化发展，提升城市的整体形象（见表 3-2）。

公共服务类建筑工程 **表 3-2**

序号	项目名称	规模	方式
1	文化艺术中心	3ha（3 万 m^2）	新建
2	青少年活动中心	2ha（2 万 m^2）	新建

（2）某环境公司的投资回报方式

1）该市授予该环境公司四条河治理、污水处理、污泥处置等特许经营权，河道治理、污水处理、污泥处置项目以政府补贴方式支付公司投资、运营费用。

2）建设公共服务类建筑工程如文化艺术中心、青少年活动中心实现收益。

基于此模式，某环境公司投资该市四河综合整治项目的年收益符合 PPP 项目“盈利不暴利”的原则，投资回报率 7.2%。

此外，针对该市河道综合整治 PPP 项目，该市成立专门的领导班子，在与各大社会资本开展广泛、深入接触的同时，还制定了推进计划，严格按工作节点执行，保障了项目的快速落地。其具体计划流程如图 3-1 所示。

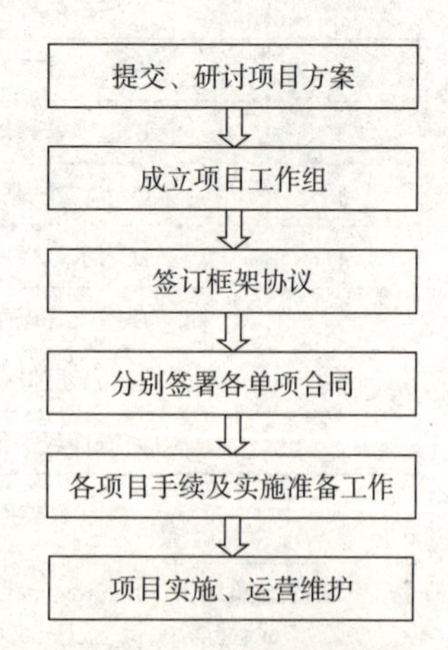

图 3-1 计划流程图

4. 案例解读

分析该市河道综合整治 PPP 项目，其中有两点成功的经验值得借鉴。

（1）在 PPP 模式中，社会资本的回报方式主要有

三种：一是使用者付费，如供水、供电、供暖、燃气等项目，市场化程度高；二是政府补贴缺口，如污水处理、垃圾处理、污泥处置等项目，有一定的盈利，但市场化程度较前者较低；三是政府付费，如河道整治、市政道路等公益类项目。相比较而言，由于河道治理类项目完全依靠政府付费，社会资本面临的风险更高，因此社会资本参与的积极性最低。而如果将纯公共项目与营利性项目联合捆绑打包，则完全可以发挥社会资本在资金、技术和管理方面的优势，如社会资本通过对人力、技术和资本等各种资源进行科学调配，大幅降低建设和运营成本。总的来说，打包模式对社会资本而言既能满足其对投资项目盈利性的要求，也能提高其投资的积极性；对政府而言，既能避免部分投资者挑肥拣瘦，还能实现政府招商的目的。此外，国家政策也支持 PPP 项目打包。2015 年 4 月，财政部和环保部联合发布《关于推进水污染防治领域政府和社会资本合作的实施意见》（财建[2015]90 号），在水污染防治领域将大力推广运用政府和社会资本合作（PPP）模式，逐步将水污染防治领域全面向社会资本开放。针对水污染防治领域项目特点，《意见》提出以饮用水水源地环境综合整治为 PPP 推进的重点领域。鼓励对项目有效整合，打包实施 PPP 模式，提升整体收益能力，扩展外部效益。

就本项目而言，刚开始政府提出分开招商的模式，即河道治理、景观工程和污水处理、污泥处置分别招商，结果污水处理、污泥处置项目引起了各类社会资本的激烈竞争，而河道治理和景观工程却少人问津。为此，该市人民政府果断改变招商思路，对河道环境综合整治工程进行捆绑招商，项目既有河道治理这类公益类项目，也有污水处理、污泥处理这类有一定现金流收入的项目，很快就吸引广大的社会资本，从而加快推进该市环境整治和基础设施建设。

（2）为了更好地吸引各类社会资本，本项目中，某市政府除了以 BOT 模式和某环境公司在河道治理、污水处理、污泥处置、景观工程等项目上合作外，还将公共服务类建筑工程如文化艺术中心、青少年活动中心由某环境公司做 EPC，给予某环境公司部分利润。之所以这么做，有着合作双方的战略考虑：通过 PPP 模式合作河道治理、污水处理和污泥处置等项目，的确能实现政府和社会资本的共赢。不过从长远来看，本项目社会资本投资回报率偏低且风险偏大，不利于其未来长达 30 年特许经营期内的运营、维护，因此政府将公共服务类建筑工程交由社会资本做 EPC，能让其在短时间能实现部分回报。

（二）污水处理 BOT 项目的风险应对

1. 项目背景

目前某县县城面积为 $15km^2$，城区人口 13 万人，2020 年预计将达到 28 万人。此外，该县新建一座工业园，工业园规划 $150km^2$，目前已建成 $43km^2$，有多家工业企业入驻。某县城中心为独立的排污系统，生活污水、工业废水排入现有县城污水处理厂。随着人口的快速增长和工业园区招商引资，大量企业入驻，所产生的生活污水和工业废水远远超出该县污水处理厂的处理能力。此外，该县城中心区扩大后，流域面积的雨水和未能处理的污水直接排入该县城河道，造成河流水质受到严重污染，严重影响了社会公众的身体健康和城市环境。为保证县城经济社会可持续发展，急需新建一个污水处理厂。项目建设后：

（1）可以最大限度减少污水对自然环境及地下水的污染，改善当地生态环境，满足可持续发展战略要求。工程预计污染物每年减排量为：可削减污染负荷 BOD_5[1] 121300t/ 年、COD[2] 137800t/ 年、SS[3] 143650t/ 年、氨氮 721t/ 年、TP[4] 59t/ 年，可使排入区域环境内的污染物显著减少，从而对改善区域环境作出贡献。

---

[1] 生物需氧量 BOD_5（Biochemical Oxygen Demand）是一种用微生物代谢作用所消耗的溶解氧量来间接表示水体被有机物污染程度的一个重要指标。其定义是：第 5 天好氧微生物氧化分解单位体积水中有机物所消耗的游离氧的数量。主要用于监测水体中有机物的污染状况。一般有机物都可以被微生物所分解，但微生物分解水中的有机化合物时需要消耗氧，如果水中的溶解氧不足以供给微生物的需要，水体就处于污染状态。

[2] 化学需氧量 COD（Chemical Oxygen Demand）是以化学方法测量水样中需要被氧化的还原性物质的量。废水、废水处理厂出水和受污染的水中，能被强氧化剂氧化的物质（一般为有机物）的氧当量。在河流污染和工业废水性质的研究以及废水处理厂的运行管理中，它是一个重要的而且能较快测定的有机物污染参数，常以符号 COD 表示。

[3] 悬浮 SS（Suspended Solids）指悬浮在水中的固体物质，包括不溶于水中的无机物、有机物及泥砂、黏土、微生物等。水中悬浮物含量是衡量水污染程度的指标之一。悬浮物是造成水浑浊的主要原因。水体中的有机悬浮物沉淀后易厌氧发酵，使水质恶化。中国污水综合排放标准分 3 级，规定了污水和废水中悬浮物的最高允许排放浓度，中国地下水质量标准和生活饮用水卫生标准对水中悬浮物以浑浊度为指标作了规定。

[4] Total Phosphorus 简称 TP，即总磷，总磷是水样经消解后将各种形态的磷转变成正磷酸盐后测定的结果，以每升水样含磷毫克数计量。数值越大证明水中含有的正磷酸盐越多，过量磷是造成水体污秽异臭，使湖泊发生富营养化和海湾出现赤潮的主要原因。

（2）对现有县城中心区进行改造，规划实施雨、污分流，合理利用雨水这一自然水资源，充分发挥雨水带来的经济和社会效益，节约水资源。

（3）改善城区环境，减少污染物向地面水体排放，对改善县城招商引资的外部环境、促进经济建设、提高县城区的综合能力均会发挥积极作用。

2013 年 9 月，根据该县城市规划以及该县工业园发展的需要，该县人民政府决定在工业园区新建一个污水处理厂（以下简称“本项目”）。

2. 基本情况

本项目地点位于该县工业园，工程总占地 130 亩，工程建设规模 8 万 m^3/d，总投资额约 1.8 亿元，2010 年 3 月开工建设，2012 年 1 月投入运营。项目服务对象为该县生活污水处理和部分处理过的工业废水处理。该县新建污水处理厂技术指标方面，进出水水质参考国内类似项目及《给水排水设计手册》中一般城市污水中常值，结合该县城污水的特点，确定污水处理厂的进水水质及污染物去除率（见表 3-3）。

污水处理厂的进水水质及污染物去除率表　　表 3-3

项目	单位	进水指标	出水指标	去除率（%）
COD	mg/L	350	50	86.6
BOD_5	mg/L	180	10	95.6
SS	mg/L	150	10	93.8
氨氮	mg/L	35	5（8）	77.2 ~ 88.9
TP（以 P 计）	mg/L	3.0	0.5	89.2

3. 合作模式

经过招投标程序，该县人民政府与社会资本某环保公司以 BOT 模式合作，具体为该县国有水务公司代表该县人民政府与该环保公司共同成立 PPP 项目公司，该县国有水务公司占股 20%，某环保公司占股 80%。PPP 项目公司负责项目的设计、投资、融资、建设及运营，县人民政府按照有关法律法规规定授予

PPP 项目公司特许经营权。特许经营期限为 20 年，自特许经营合同签订之日起算。社会资本的回报采取使用者付费加政府补贴模式。2012 年 1 月 ~ 2015 年 1 月，保底水量为 4 万 t。2015 年 2 月 ~ 2020 年 1 月，保底水量增长 3%；2020 年 2 月 ~ 2025 年 1 月，保底水量再增长 2%；2025 年 2 月 ~ 2032 年 1 月，保底水量再增长 1%。

4. 案例解读

本项目成功实施，某环保公司之所以决定与该县人民政府合作，一个重要的因素是社会资本某环保公司对项目所作的科学、准确的风险分析。

众所周知，近几年我国大力推广 PPP，国内掀起 PPP 的热潮，但总的来看，PPP 项目的落地率并不高。财政部 PPP 中心信息显示，截至 2016 年 4 月底，PPP 入库项目落地率[1]为 21.7%。截至 2016 年 6 月末，全部入库项目 9285 个，总投资额 10.6 万亿元，落地率为 23.8%。可以说，PPP 项目落地率不高、落地难是我国目前大力推广 PPP 所面临的现实问题。研究背后的原因发现，社会资本介入 PPP 项目面临诸多的风险，综合起来看主要是法律政策变更风险、政府决策失误风险、公众反对风险、融资风险、市场收益不足风险、不可抗力风险等。本案例中，某环保公司在介入项目后，组成了包括技术、财务、法律、金融、管理等在内的专业团队对项目风险进行了科学的分析，并提出了应对之策：

（1）竞争风险。该县现有一个污水处理厂，建设规模 2 万 m^3/d，于 2007 年建成投产。设计出水标准为《城镇污水处理厂污染物综合排放标准》GB 18918—2002 中的一级 A 排放标准。目前污水处理厂满负荷运行，出水水质稳定达标。如果将来该县政府再建设污水处理厂，本项目存在生产不确定性风险。鉴于此，该环保公司提出在特许经营权范围内（即县城区域），县政府不再建设对某环保公司享有的污水处理特许经营权产生不利影响的污水处理厂，确因污水处理需要新建的，某环保公司具有优先合作建设的权利。

[1] PPP 项目全生命周期管理包括识别、准备、采购、执行和移交 5 个阶段。项目落地率，指执行和移交两个阶段项目数之和与准备、采购、执行、移交 4 个阶段项目数总和的比值。处于识别阶段的项目没有纳入落地率计算，主要考虑在这个阶段的项目尚未完成物有所值评价和财政承受能力论证，只能作为 PPP 备选项目。

（2）成本控制风险。该县污水处理 PPP 项目运营成本主要是能耗，而能耗（如电价）受国家政策调控，药剂必须符合技术要求，项目存在成本控制风险。因此，从技术角度，一是在建设方面控制成本：由于本项目远离县城，厂址地势较低，污水可通过重力流进入污水处理厂，在管网中无需泵站提升，这样可以节省建设成本；二是在运营方面，加强技术研究，采用先进工艺以节省成本。

（3）政策风险。近年来，国家相继出台了一系列支持 PPP 项目的政策和文件[1]，污水处理为 PPP 领域的重点行业。根据 2015 年 1 月国家发改委、财政部、住建部三部委颁发的《关于制定和调整污水处理收费标准等有关问题的通知》（发改价格 [2015]119 号）规定，污水处理收费标准应按照“污染付费、公平负担、补偿成本、合理盈利”的原则，综合考虑本地区水污染防治形势和经济社会承受能力等因素制定和调整。收费标准要补偿污水处理和污泥处置设施的运营成本并合理盈利。2016 年底前，城市污水处理收费标准原则上每吨应调整至居民不低于 0.95 元，非居民不低于 1.4 元；县城、重点建制镇原则上每吨应调整至居民不低于 0.85 元，非居民不低于 1.2 元。已经达到最低收费标准但尚未补偿成本并合理盈利的，应当结合污染防治形势等进一步提高污水处理收费标准。未征收污水处理费的市、县和重点建制镇，最迟应于 2015 年底前开征，并在 3 年内建成污水处理厂投入运行。《通知》还指出，鼓励社会资本投入。可以说，本项目政策风险不大。

（4）项目支付风险。本项目采取使用者付费加政府补贴模式。该县政府和 PPP 项目公司建立污水运营费用保障机制，该县政府在污水处理项目启动同时，按日计算项目运行费用成本，财政将全年的污水运营费用列入本年度预算。考虑到项目合作期长达 20 年，期间存在人工成本、药剂成本、电费以及税率上涨等多方因素，某环保公司提出在运营期内，运营费用实行动态管理，该县政府每月向 PPP 项目公司支付污水处理服务费，主要内容是每隔三年，根据国家物价综合指数的上涨幅度，该县政府和 PPP 项目公司双方共同协商并确定运营费的上

[1] 以国务院办公厅转发的财政部、发改委、人民银行《关于在公共服务领域推广政府和社会资本合作模式的指导意见》（国办发〔2015〕42 号）为基本依据，PPP 共包括能源、交通运输、水利建设、生态建设和环境保护、市政工程、片区开发、农业、林业、科技、保障性安居工程、旅游、医疗卫生、养老、教育、文化、体育、社会保障、政府基础设施和其他等 19 个行业。

调整比例。

（5）污水进水水质超标风险。进水水质不受项目控制，如果进水水质超标，则项目本身在运营中会受到较大的影响，直接影响排污效果，严重情况下可能不达标。为控制相关风险，该县政府与PPP项目进行了约定，主要内容是如果污水进水水质超过双方协议规定的标准致使PPP项目公司不能履行其义务，PPP项目公司应立即通知该县政府，按下列方法处理：

1）如果由于该县政府责任造成进水水质超标，该县政府向PPP项目公司给予适当补偿。如果PPP公司有能力处理，则该县政府应补偿因增加处理负荷所造成的成本增加部分；如果PPP项目公司没有能力处理，并持续15d，由该县政府与PPP项目公司双方共同协商处理办法，制定改造方案，经该县政府同意后实施，改造费用应由该县政府承担。在新的改造方案完成前，豁免由此造成的PPP项目公司的出水水质超标的责任。

2）因执行该县政府要求改变的污水处理出水水质标准，造成运行成本的增加或资本性支出，PPP项目公司获得相应补偿。

（三）污水处理厂 BOT 项目投资收益分析

1. 项目背景

随着某市中心城区的快速发展，居民生活污水和工业废水不断增加，而目前市城区只有一个污水处理厂，处理能力只有 2 万 m^3/d，现有污水处理能力远远无法满足该市经济社会的快速发展要求。该市开发区正在建设，已经入驻了部分工业企业，但污水无法收集处理，由于污水排放后在河流下游将被引入景观及灌溉用水等，给人民生产和健康带来巨大隐患。未来随着开发区大量居民和工厂的出现，其产生的生活污水和生产废水如果不经过处理直接排入河道，水系的水质必将进一步恶化，浅层地下水被污染，生态环境被破坏；该市高铁车站新区 2015 年底将建成投运，该区污水也需要处理；该市第一污水处理厂虽已建成，但其收水范围主要以城中心为主，且污水处理量日益饱和；该市是一个水资源非常匮乏的城市，大量的采集地下水对城市的发展造成严重的影响，地下水的漏斗逐年扩大、地面逐年沉降等。积极发展污水深度处理，将处理后的出水作为再生水回用，能够在一定程度上缓解该市水资源供应紧张的局面，减少新鲜水资源的消耗，促进水资源的循环利用。为满足城市经济社会的可持续发展、改善城市环境、有效消除和减少生活污水和工业废水对水环境的污染、提高人民生活质量、造福子孙后代，可以说，该市建设第二污水处理厂迫在眉睫。2013 年，该市决定上马第二污水处理厂（以下简称“本项目”）。

本项目建成后，由于对污水进行集中处理，将避免生活污水和工业废水排放造成的环境污染，使得城乡地下水得到保护，同时改善区域环境及区域河流的水质。本项目的建设，必将对该市及下游沿线流域经济、生活、环境的提高起到很大的作用，发挥巨大的社会、环境和经济效益，具有非常重要的意义。

2. 基本情况

本项目位于该市开发区，工程预计总投资达 8 亿元，计划于 2015 年 1 月动工，2016 年 2 月投入运营。工程的主要建设内容为污水厂处理设施、中水回用设施以及配套污水收集管网 133 余 km。工程规模为一期规模 8 万 m^3/d，其中中水回用规模为 5 万 m^3/d；远期 2020 年扩建至 10 万 m^3/d。根据污水量的预测分析，该市污水工程设计年限近期为 2015 年，远期为 2020 年，排水管网按远期年限 2020 年布置，分期实施。根据该市总体规划及城市污水工程规划，该市污水处理厂系统近期服务人口 81 万人，远期 121 万人。污水厂进、出水水质见表 3-4。

污水厂进、出水水质表 表 3-4

	进水	出水
BOD_5	250mg/L	≤ 10mg/L
SS	270mg/L	≤ 10mg/L
COD	400mg/L	≤ 50mg/L
TN	60mg/L	≤ 15mg/L
氨氮	40mg/L	≤ 5（8）mg/L
TP	5mg/L	≤ 0.5mg/L

注：括号外数值为水温大于 12℃时的控制指标，括号内数值为水温小于等于 12℃时的控制指标。

3. 合作模式

鉴于本项目投资规模大，达到 8 亿元，且涉及污水处理及中水回用等多项技术，市政府决定采用当下国家重点推广的 PPP 模式与社会资本合作。经过充分竞争，该市政府选择与社会资本某水务集团以 BOT 模式合作，合作期限 26 年（含建设期 1 年），社会资本该水务集团以“污水处理费收取 + 政府补贴”的模式实现投资回报。具体由代表该市政府的市水业集团有限公司与社会资本该水务集团签订特许经营协议。该市水业集团有限公司为国有独资公司，主要负责市区特许经营涉水事宜的统一管理、协助市水资源管理部门对市区公共供水管网内自备井

的关闭和监管工作、负责市区污水处理费的征收、管理和使用、负责市区公共供水管网覆盖范围内的水资源费的代征代缴、负责履行该市供水监理职能等。

4. 案例解读

在介入本项目后，该水务集团重点对项目的投资规模、地理环境、市经济情况及政府信用进行了调研，更重要的是组织专业人员对项目财务进行了测算，最终决定参与本项目的投标。

（1）财务估计

1）基础数据

①经营期。经营期 26 年。自本项目竣工验收之日起开始计算。

②财务基准收益率。财务基准收益率是项目财务内部收益率指标的基准和依据，是项目在财务上是否可行的基本要求，也用作计算财务净现值的折现率。根据本项目的特点，并考虑一定的风险溢价，本项目的财务基准收益率取 10%。

③（费）率

A. 增值税方面：《财政部、国家税务总局关于资源综合利用及其他产品增值税政策的通知》（财税 [2008]156 号）规定，再生水符合《再生水水质标准》有关规定、污水处理劳务符合《城镇污水处理厂污染物排放标准》GB 18918—2002 有关规定的水质标准免征增值税。经当地环保部门审批建立的污水处理单位，通过一定的设备或工艺流程，将污水通过净化，达到排放或另行使用的标准，其向污水排放单位或个人等服务对象收取污水处理费，或者政府委托某企业或某企业与政府签订协议专门从事生产和生活污水的处理，政府从财政上拨付污水处理费给企业，且政府拨付给企业的污水处理费构成企业的主要收入来源，所收取污水处理费免征收增值税。

B. 所得税方面：企业从事符合条件的环境保护、节能节水项目，包括公共污水处理、公共垃圾处理、沼气综合开发利用、节能减排技术改造和海水淡化等，自项目取得第一笔生产经营收入所属纳税年度起，第 1 ~ 3 年免征企业所得税，第 4 ~ 6 年减半征收企业所得税。

C. 其他税收优惠政策：①减计收入总额。税法规定，企业以《资源综合利用企业所得税优惠目录》规定的资源作为主要原材料，生产国家非限制和禁止并符合国家和行业相关标准的产品取得的收入，减按 90% 计入收入总额。②设备投资抵免。《企业所得税法》第 34 条及《企业所得税法实施条例》第 100 条规定，企业购置并实际使用规定范围内的环境保护专用设备，该专用设备投资额的 10% 可以从企业当年的应纳税额中抵免，当年不足抵免的可以在今后 5 年内结转抵免。由于这些优惠政策在实际操作中存在不确定性，在财务估算时未予考虑。

2）项目收入估算

与某市政府商议的污水处理运营费为 0.75 元 /t，该项目污水处理费合计为 1.49 元 /t。政府承诺的保底水量为 4 万 t/d。假设每年水量增长稳定，则换算的年均水量增长率为 15.09%，5 年后即 2021 年达到饱和水量 8 万 t/d。

3）项目成本费用估算

变动成本：①电费按照每吨水 0.25 元估计；②药剂投入主要为聚合氯化铝（0.025 元 /t 水）以及聚丙烯铣胺（0.06 元 /t 水），二者合计 0.085 元 /t 水；③污泥处理费：污泥产出率为 2t/ 万 t 水，单位污泥处理费 0.011 万元 /t，换算得出污泥处理费为 0.022 元 /t 水。各年变动成本水量的变化情况与收入变动相同。

职工薪酬：职工人数为 32 人，薪酬为 5 万元 /（人·年），职工薪酬总额按照每年 3% 的增长率增长。

修理费：年维修率按总投资额的 1% 计算，即 125.6 万 / 年。

折旧费：折旧年限与运营期相同为 26 年，取 5% 残值率。

管理费：污水处理厂运营所需办公费、交通费等管理费用按照上述 4 项费用总和乘以综合费率 5% 预计（年均 65 万左右）。

财务费用：贷款比例按 100% 估计，贷款利率为基准利率上浮 10%，即 6.22%，贷款年限为 15 年，还款方式为等额本金法。

（2）财务评价

1）净现值分析

净现值是指特定项目未来现金流入的现值与未来现金流出的现值之间的差额，它是评价项目是否可行的最重要指标。按照这种方法，所有未来现金流入和流出都要用资本成本折算现值，如果净现值为正数，表明投资报酬率大于资本成本，该项目可以增加股东财富，应予采纳。

在资本成本为10%，项目资金全部为自有资金的前提下，项目财务净现值为3849.43万元，静态投资回收期为9.68年，项目具有较强的盈利性；在资本成本为10%，项目资金全部为贷款的前提下，项目财务净现值为1500.68万元，静态投资回收期为10.96年，项目具有较强的盈利性。

2）内含报酬率分析

内含报酬率是指能够使未来现金流入量现值等于未来现金流出量现值的折现率，或者说是使投资项目净现值为零的折现率。它是根据项目的现金流量计算的，是项目本身的投资报酬率。取项目净现值为0的情况下，计算得出若全部为自有资金该项目的内含报酬率为13.69%，若项目资金全部为贷款则内含报酬率为10.56%。

3）会计报酬率分析

会计报酬率=年平均净收益/原始投资额 ×100%。如果无贷款，可以得出项目年均净收益为1566.89万元，项目会计报酬率为13.78%。如果100%贷款，可以得出项目年均净收益为1358.25万元，项目会计报酬率为12.30%。

4）敏感性分析

敏感性分析是投资项目评价中常用的一种研究不确定性的方法。它在确定性分析的基础上，进一步分析不确定性因素对投资项目的最终经济效果指标影响及影响程度。项目敏感性分析，通常是在假定其他变量不变的情况下，测定该一个变量发生特定的变化时对净现值（或内含报酬率）的影响。

5）最大最小法

该项目的主要不确定性来自于政府所给的单位污水处理运营价格。分析由运营价格产生的营业收入变动影响：令净现值等于零，其他因素不变，求解此时的单位污水处理运营价格，其结果为0.4647元/t。该数据表示，如果政府给出的运营价格为0.4647元/t，即在总投资额及回报率不变的情况下，污水处理总价格低于1.2元/t，净现值变为0，该项目不再具有投资价值。

6）敏感程度法

敏感程度法分析需求得敏感系数，它表示选定变量变化1%时导致目标值变动的百分数，可以反映目标值对于选定变量变化的敏感程度。先计算单位污水处理价格增减5%、10%和20%（其他因素不变）的净现值，以及单位污水处理价格变动净现值的敏感系数。然后按照同样方法，计算初始投资额变动对净现值的影响。

①当污水处理价格降低 20% 就会使该项目失去投资价值，若这种可能性较大就应考虑放弃项目。该变量是引发净现值变化的敏感因素，污水处理价格每减少 1%，项目净现值就损失 5.22%，或者说污水处理价格每增加 1%，净现值就提高 5.22%。

②次要敏感因素是初始投资额，初始投资每增加 1%，净现值就减少 2.86%。

③相对不很敏感的因素是贷款比例，但也具有一定影响，贷款比例每增加 1%，项目净现值减少 0.66%，即使贷款比例达到 100%，该项目内涵报酬率为 12.30%。

（四）审计机构介入让社会资本规避风险

1. 项目背景

华东某县新区人口近 6 万人，工业企业 10 多家。随着新区经济的不断发展和人民生活水平的不断提高，居民生活污水逐渐加大，工业废水也不断增加。而目前新区没有统一的供排水系统，生活污水只能就地泼洒或自行设渗井、渗坑处理，工业废水尚不能实现达标排放，对环境的污染日益严重，因此急需新建污水处理厂。

2015 年 3 月，根据该县城市规划以及县新区发展的需要，决定在县新区建设第二污水处理厂项目，项目前期工作如征地、土建等已由投资该县第一污水处理厂（BOT 模式操作）的某民营污水处理公司介入。就第二污水处理厂的投资、建设和运营，某县政府最初的意愿是继续与投资第一污水处理厂的某民营污水处理公司以 BOT 模式合作。不过，由于第二污水处理厂建设规模大、投资额大，该民营污水处理公司没有资金实力操作此项目。因此，在县政府的推介下，某国有环保公司介入该县第二污水处理厂的项目运作，并拟与某民营污水处理公司共同投资第二污水处理厂。县政府从外管网统一管理、未来水量统一调配、污水处理费统一收取和拨付等长远角度考虑，决定将该县第一污水处理厂与第二污水处理厂合并成一个整体（以下简称“本项目”），由某国有环保公司和某民营污水处理公司共同投资并以 BOT 模式运作。

2. 基本情况

该县已建设的第一污水处理厂地点位于县城区域，程建设规模 3 万 m^3/d，保底水量 2 万 m^3/d。拟建设的第二污水处理厂地点位于某县新区，工程总占地约 100 亩，工程建设规模 8 万 m^3/d，投资额 1.6 亿元，项目服务对象为某县生活污

水处理和部分工业废水处理。

3. 合作模式

本项目采取 PPP 模式合作，其中第一污水处理厂已建设完成并运营，第二污水处理厂待建设、运营。第一污水处理厂建设规模 3 万 m^3/d，第二污水处理厂建设规模 8 万 m^3/d，两个污水处理厂建设总规模 11 万 m^3/d。合作一方主体为该县政府，另一方主体为某国有环保公司和某民营污水处理公司共同成立的合资企业，代表该县政府的水务局与合资企业签订特许经营协议，特许经营期 25 年。合资企业以污水处理费收取 + 政府补贴获得回报，拟 11 年收回投资。

具体来说，合资企业为有限责任公司，由某国有环保公司控股，占股 51%。某民营污水处理公司占股 49%。其中，某国有环保公司以资金入股的方式承担 51% 的权利和义务，某民营污水处理公司以第一污水处理厂现有资产和资金承担 49% 的权利和义务。各方以出资额为限对公司债务承担有限责任，双方达成的初步框架协议主要内容为：双方拟建立 PPP 合作机制，一是发挥各自的优势，二是合理分配项目风险，三是有效保障双方的合法权益；在 PPP 的合作模式中，双方本着合作共赢、兼顾社会效益与经济效益、方式灵活的原则，在风险分担和利益分配方面兼顾公平与效率，在设置合作期限、合作方式和投资回报机制时，统筹考虑双方的合理收益预期、财政承受能力以及使用者的支付能力，防止任何一方因此过分受损或超额获益。

4. 案例解读

与其他比较简单的交易结构（政府与一家社会资本合作或政府与多家社会资本组成的联合体合作）不同的是，本案例中，虽然政府也是与两家社会资本组成的联合体（某国有环保公司和某民营污水处理公司）合作，但是涉及将已建成的 BOT 项目（某县第一污水处理厂）和待建设的 BOT 项目（某县第二污水处理厂）合并，这就涉及已建成的 BOT 项目资产评估问题。某县第一污水处理厂工程建设规模 3 万 m^3/d，保底水量 2 万 m^3/d，某民营污水处理公司称已投资 4300 万元。

按照国家法律法规规定，本案例中某国有环保公司与某民营污水处理公司共同成立合资企业，某民营污水处理公司以其投资、建设、运营的第一污水处理厂资产入股，但此入股资产需经某国有环保公司认可的专业机构进行审计和评估，以防止国有资产的流失，这也是某国有环保公司规避风险的重要方式。可以说，审计和评估机构对项目进行审计和评估后给出的结论，最终将决定某国有环保公司的投资决策。

经各方协商，某国有环保公司委托审计机构对某民营污水处理公司经营的第一污水处理厂进行专项审计，专项审计报告显示：

（1）被审计单位基本情况：某民营污水处理公司于2006年7月6日成立，注册资本500万元。公司经营范围为污水处理（依法需经批准的项目，经相关部门批准后方可开展经营活动）。

（2）审计过程中发现的问题：

1）会计基础方面。被审计单位的会计基础工作中还存在着很多薄弱环节，主要表现在：

①会计岗位设置不规范，违反《中华人民共和国会计法》规定，未按规定设置会计工作岗位，会计与出纳由一人担任。没有按照规定实行不相容职务分离、相互制约的设立原则，容易发生挪用资金的现象，不利于单位的资金安全。

②会计人员填制会计记账凭证随意性很大，对原始凭证的内容没有进行严格审核和监督，且记账、结账不符合规定，手续不全，部分资金收支凭证无摘要，无附件，凭证与原始单据数据不符，记账无依据，缺少原始单据，也无会计主管审核凭证。

③会计人员登记账簿时随意性很大，存在明细账的凭证号及摘要与凭证的凭证号及摘要不符，明细账各月份及各年度存在不衔接的问题，如：期末余额结转不正确，2008年期末余额 × 元（涉及商业秘密），而2009年年初结转数为 × 元（涉及商业秘密）。

2）资金管理方面。

①随意使用现金，现金交易频繁：根据《现金管理暂行条例》规定，除发放工资、奖金、向个人收购农副产品，支付个人劳动报酬和各种劳保、福利等零星支付可使用现金外，开户单位之间的经济往来，必须通过银行进行转账结算，但

某民营污水处理公司使用现金结算极为随意，存在大额资金结算。

②企业库存现金中存在个人银行卡行为，个人银行卡中余额较大且此个人银行卡用于多个公司及个人现金行为，无法取得证据证明本公司存于此个人银行卡中的现金是否归属于本公司。支付材料款、收支往来款、预付电费等经营活动使用个人银行卡进行转账，且无原始单据。

③账表不一致：货币资金日记账余额和报表余额不一致，存在随意调表不调账行为。建议库存现金日记账补充完整，保证财务数据真实完整，凭证、明细账、总账、报表应相符。

3）固定资产方面，固定资产存在虚挂现象（因内容涉密，不作公开）。

（3）往来款方面，与某单位往来款余额 × 元，对原始凭证进行抽查时发现，收据与银行转账单不符，未见其他说明，未能提供借款协议。

（4）涉税风险，某民营污水处理公司的经营范围是对城市污水净化处理后排入河道，根据《企业所得税法》第 27 条第 3 款实施细则第 86 条规定享受免征企业所得税，2009 ~ 2011 年实行免税，企业 2012 ~ 2014 年开始实行所得税减半优惠，某民营污水处理公司近几年一直因纳税申报表利润亏损未纳税，但是由于企业固定资产存在虚挂现象，企业固定资产中土建及机器设备 × 元，实际全为 × × 公司固定资产，应全部冲回，累计折旧数 × 元，但税务局不予抵扣，造成税务风险。

（5）其他重大事项，因某民营污水处理公司无法提供准确的总投资额，无法准确计算报酬率，无法计算准确的未确认融资收益。

审计机构出具报告后，某国有环保公司经过充分论证，认为某民营污水处理公司在经营第一污水处理厂时财务管理混乱，且总投资额无法确认，各方面风险过大。为避免国有资产流失，规避合作风险，该国有环保公司慎重考量后，决定放弃与某民营污水处理公司合作，不参与某县污水处理项目。

（五）竞争性磋商应用于污水处理 PPP 项目

1. 项目背景

某县地处华南地区，县城城区人口近 30 万人。近年来，该县经济发展迅猛，人口增长很快，形成了电子、玩具、制鞋等几大特色产业，属于典型的出口导向性产业。根据该县城市总体规划，到 2020 年，该县人口将达到 40 万人。目前，该县只有 2001 年建设的一座污水处理厂，且污水处理规模只有 2 万 m^3/d，仅能够满足县城中心区居民生活污水和部分工业企业废水的污水处理。随着县城人口的不断增长、县城中心区的面积不断扩大，其所产生的生活污水和工业废水远超该县污水处理厂的处理能力。此外，由于地下排水设施管网老旧，县城许多地方的污水无法排放，导致部分生活区域污水横流，蚊蝇肆虐，再加上工业废水无法处理直接排放城市河道，严重污染了人们的生活环境，对人们的身体健康也构成潜在的威胁。不仅如此，越来越严重的污染也影响了该县经济的发展。由于该县几大产业均是以出口为主，污水处理能力不足、污水遍地的环境对招商引资和外商采购都非常不利。为了改善人们的生活环境，提升城市形象，吸引投资，该县急需新建一座污水处理厂（以下简称“本项目”）。

2. 基本情况

2013 年 7 月，根据某县人民政府城市规划，本项目位于该县新区。关于污水处理厂的选址问题，选址既要服从城市总体规划和远期发展，同时又要兼顾建厂条件、建设投资、社会影响、生态环境影响等方面因素。在做到布局合理的同时，还要考虑到配套管线便于接入实施：一是厂址远离县城，位于本项目排水管网的最末端，利于所有污水均可自流排入，无需提升；二是厂址位于城市夏季主导风向下风向，对城区污染小；厂址交通便利，便于工程施工和污泥运输。

本项目总占地 130 亩，工程建设规模 10 万 m^3/d，一期工程建设规模为 8 万 m^3/d。本项目建设总投资 2.8 亿元，土建工程全部投入建设（按满足处理污水 10 万 m^3/d），安装工程（按满足处理污水 8 万 m^3/d），配套管网工程只施工主干网（直径 1.2m 钢筋混凝土管近 6000m，直径 1.5m 钢筋混凝土管约 2600m）。本项目计划 2014 年 10 月动工，2015 年 12 月底正式竣工验收投产，服务对象为该县生活污水处理和部分处理过的工业废水。

由于该县工业企业众多，为保证污水处理厂项目建成后的正常运行，进水水质的确定非常关键。工业企业向市政管网排放污水必须处理达到《污水综合排放标准》GB 18918—2002 和《污水排入城市下水道水质标准》CJ 3082—1999 中规定的允许值方可进入城市污水处理厂进行处理。参考国内类似规模污水处理厂进水水质及《给水排水设计手册》中一般城市污水中常值，结合该县城污水的特点，确定污水处理厂的进水水质见表 3-5。

本项目进水水质指标 表 3-5

项目	CODcr	BOD_5	SS	NH_3-N	TP	pH
指标（mg/L）	350	180	150	35	3.0	6 ~ 9

本项目受纳水体为县河，为Ⅲ类水体。根据污水处理厂的环境影响报告和环保部门要求，按《城镇污水厂污染物排放标准》GB 18918—2002 规定，对排入Ⅲ类水域的污水厂执行一级 A 排放标准（见表 3-6）。

本项目设计出水水质 表 3-6

项目	CODcr	BOD_5	SS	NH_3-N	TN	TP	粪大肠菌群数	pH
指标（mg/L）	50	10	10	5（8）	15	0.5	10^3	6 ~ 9

本项目污水进、出水水质及污染物去除率（见表 3-7）。

本项目进、出水水质及污染物去除率表 表 3-7

项目	单位	进水指标	出水指标	去除率（%）
CODcr	mg/L	350	50	85.7
BOD_5	mg/L	180	10	94.4

续表

项目	单位	进水指标	出水指标	去除率（%）
SS	mg/L	150	10	93.3
NH_3-N	mg/L	35	5（8）	77.1 ~ 85.7
TP（以 P 计）	mg/L	3.0	0.5	83.3

3. 合作模式

经过竞争性磋商，该县人民政府决定采取 PPP 模式下的 BOT 模式与社会资本某污水处理有限责任公司合作。由县人民政府授权该县水务局与该污水处理有限责任公司签订《某县城市污水处理厂 BOT 特许经营协议》（见附录六），特许经营期限 20 年。根据特许经营协议，某污水处理有限责任公司负责本项目的投资、融资、建设和运营。县政府无偿提供特许经营年限内污水处理厂规划的 130 亩土地使用权给某污水处理有限责任公司，并确保后者在特许经营期内独占性地使用土地。社会资本某污水处理有限责任公司采取污水处理费用 + 政府补贴模式（政府补贴本项目收益不足）。该污水处理有限责任公司投资回报率约为 6% ~ 8%。

4. 案例解读

本项目属于比较典型的 BOT 项目。BOT 特许经营模式由于能够有效解决污水处理设施建设资金和提高运行效率，已逐渐成为新增污水处理设施的主要经营模式[1]。从 2014 年开始，国务院办公厅、国家财政部、国家发改委相继出台了一系列支持 BOT 项目的政策和文件，重点支持环保污水处理类项目。通常情况下，一个 PPP 项目从政府启动到最后落地需要一年左右。而本项目最初政府对操作模式并没有清晰的定论，通过与社会资本协商才明确以 BOT 模式合作。确定合作模式之后推进很快，只用了半年的时间即敲定合作，这与某县采取的采购方式不无关系。

[1] 目前，全国已有 60% 的城镇污水处理设施通过 BOT、TOT、委托经营等特许经营模式引入社会资本和专业化服务，参与设施建设与运营。

关于PPP项目采购方式的选择，财政部于 2014 年 12 月发布的《政府和社会资本合作项目政府采购管理办法的通知》(财库 [2014]215 号)，规定了选择投资人有五条途径：公开招标、竞争性谈判、邀请招标、竞争性磋商、单一来源谈判。这五种方式都可以用，具体需结合项目来确定项目采购方式。

（1）公开招标。公开招标适用于模式成熟、合作条件清晰且潜在投资人众多的 PPP 项目。公开招标的优点是项目透明度高，竞争性比较充分，但也存在缺点，即周期不确定，项目有可能很快确定，也有可能会经历漫长的比较、等待。通常来讲，PPP 项目做公开招标流标的概率比较大。

（2）竞争性谈判。竞争性谈判适用于模式和条件不太清晰的情况，但是要比竞争性磋商稍微清楚一点，有一些具体的合作条件还需要与投资人在谈判中进一步敲定。竞争性谈判的优点是透明度高，竞争性充分，时间比较短。但竞争性谈判是政府采购的一种方法，有一个最低价中标的原则。实际上，在 PPP 项目中最低价中标并非好事。从长远来看，最低价中标隐患很大，比如社会资本为了拿下项目放弃利润甚至亏损来拿下项目，实际是为了“占位”。然而，在项目的建设过程中或建设后的运营阶段，低价中标的缺点便会暴露。此时，长期无法实现盈利甚至亏损严重的社会资本会陷入进退两难的境地：要么找政府提要求，增加政府补贴（此时政府多数不会同意，政府有严格的审批程序，社会资本提出新的要求政府往往无法满足）；要么偷工减料、偷排减排，污水处理排放不达标或造成二次污染。

（3）邀请招标。和公开招标相比，邀请招标适用于潜在投资人较少的情况，政府部门通过主动、定点地邀请投资人。邀请招标方式优点是透明度中，竞争性较充分，缺点是周期较长。

（4）竞争性磋商。竞争性磋商适用于模式、条件不太清晰的项目，政府部门通过和投资人磋商，逐渐让合作条件和操作模式清晰。但竞争性磋商缺点是透明度没有招标高，竞争性也没有招标充分。

（5）单一来源谈判。通常项目采购需要公开招标或按财政的要求都要做公开的资格预审公告，公告发出经两轮过后，潜在投资人都特别少，只有一家的情况，只有选择单一来源谈判。项目吸引力比较小的项目或者社会上做该类型项目的投标人很少，这种情况需要做特别的审批，才能做单一来源采购。单一来源谈判透

明度和竞争性都比较差，周期有可能会比较短，大多数情况下会很快地定下来。

综上所述，结合本项目的实际情况，最终该县政府采用竞争性磋商方式选择符合条件的社会资本方，无论是从中选的社会资本方综合实力还是项目成效来看，该县采用竞争性磋商方式无疑是正确的。

（六）解读环境治理及生态保护 PPP 项目

1. 项目背景

清江全长 400 多 km，流域面积 17000 多 km^2。近年来，随着清江水电站梯级开发，水流逐渐变缓，水体自净功能不断下降，再加上流域内城镇化步伐加快以及工农业快速发展，使得清江水质逐步恶化，主要表现在：一是工业污染严重，部分来自矿山、化工和医疗等的高浓度有机废水未经过达标处理直接排入清江；二是受经济发展因素制约，流域内多个乡镇的生活污水未经过处理直接排入清江；三是农业面源污染严重，流域内年施用化肥 2 万多 t，年施用农药 220 多 t，因不合理施肥方式和用药方式，导致化肥和农药进入土壤和水体，大部分又随地表径流流入清江。某市位于清江的上游，总人口 100 多万，全市交通便利，多条铁路、高速公路、国道在境内交汇，清江穿过主城区。截至 2012 年，某市城市污水处理厂设计处理能力为 6 万 m^3/d，处理后水质达到国家一级 B 标准。2012 年该市全年生活污水排放总量 2600 万 t，污水处理率达 88%。近年来，由于该市社会经济快速发展，再加上污水管网长期未进行修缮，破坏严重，部分河段沿岸居民生活污水甚至生活垃圾直接向清江排放，使得穿越该市中心的清江污染不断加剧。此外，清江上游受到污染后，对下游水质也造成很大的危害。因此，对清江流域水环境和生态系统的恢复和保护迫在眉睫。为保护自然环境，完善城市基础设施，提高城市形象，促进流域内社会经济健康可持续发展，2013 年 6 月，该市人民政府启动该清环境治理及生态保护项目（以下简称“本项目”）。

2. 基本情况

本项目重点有 2 个子项目，分别为：

（1）污染控制工程。该市管网工程：截污管道约 4.3 万 m，污水支管约 11 万 m，

新建 2 座中途提升泵站；污水处理厂工程：A 污水处理厂 3 万 m^3/d 新建工程，出水达到一级 A 标准；B 污水处理厂 5 万 m^3/d 扩建工程，出水达到一级 A 标准；污泥深度处理系统，污泥处理规模 2020 年为 102t/d（含水率 80% 计），设置于 A 污水处理厂内，处理后的污泥运输至垃圾填埋场作为覆盖土。

（2）河道综合整治工程。整治工程范围包括该市城区段及部分河段，其中清淤工程土方量约 80 万 m^3，处置后部分用于护岸回填土，剩余部分运送至垃圾填埋场进行填埋处置；河道防洪及生态修复工程两岸总长约 6 万 m，主要采用生态斜坡型、生态挡墙型、生态景观型和生态自然缓坡型的生态护坡形式；辅助设施工程 6 处，主要以小型湿地的形式构建生物多样性。本项目工程估算投资为 9.6 亿元，项目建设期限为：2015 ~ 2017 年。

3. 合作模式

针对本项目，该市人民政府决定采取 PPP 模式下的 BOT 模式。通过公开招标，社会资本某知名环保公司成功中标。该市政府授权该市水务局与某环保公司签订特许经营协议，特许经营期限 25 年（含建设期 2 年）。某环保公司在该市设立 PPP 项目公司，负责本项目的投资、融资、建设、运营和维护。PPP 项目公司的收益主要来自政府财政补贴，代表政府方的水务公司对 PPP 项目公司的建设、运营和维护进行考核并按实际治理效果付费。双方合作结构图如图 3-2 所示。

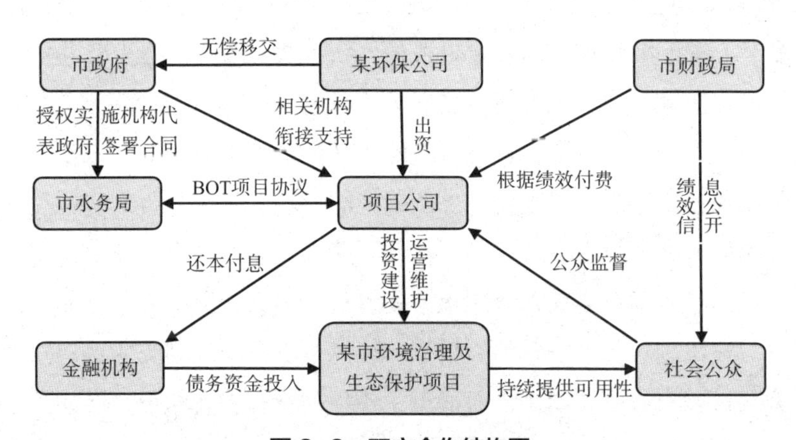

图 3-2 双方合作结构图

4. 案例解读

本项目是该市公用基础设施的重要组成部分，是该市政府向城镇居民提供的公益性的公共服务，有利于改善地区城市生态环境，提高人民生活质量，具有极大的社会效益和经济效益。

（1）社会效益

1）使河流连通更加通畅，形成健康稳定的水生态系统。从系统层次与景观模式上，增加、扩大了各水体的结构组成和功能，提高了水体系统的复杂性和稳定性。

2）污染底泥疏挖及处置工程，可去除部分河道的底泥污染物，特别是大量沉积的有机质和氮、磷污染物，减少河道内源污染，改善河道生态环境。

3）通过各类休闲生态附属设施的建设，为市民营造一个良好的亲水环境和休闲活动场所，形成一个以集水利、生态、文化、休闲、观光为一体、功能相互交融的特色生态环境。

（2）经济效益

1）直接效益：污水处理、污泥处理为收费处理项目，将产生一定的直接经济效益，按该市目前污水处理费标准和污泥处理收费标准计算，每年新增污水处理费收入约 5000 万元，新增污泥处理费收入约 3000 万元。同时，污水处理厂、污泥处理厂、雨水调蓄系统和污水管网运行维护将新增就业岗位约 800 个。

2）间接效益：减少对流域整体治理费用；减少水质污染对工农业产品质量的影响；减少水质污染对水产养殖业造成的经济损失；预防及减少公共疾病发生和转播，从而提高社会劳动生产率，降低医疗费用；改善城市环境，提高旅游收入；改善投资环境，吸引外来资金，促进地区经济可持续发展。

（3）本项目属于公益类项目，之所以能够成功实施，并且取得明显的治理效果，与合作双方之间订立多项合同文件并明确权责利关系有着重要的关系。本项目中，在正式实施项目之前，合作双方就签订了多项合同文件，比如特许经营协议、绩效考核机制、社会资本的回报等，规范了双方的权利义务，建立了明确的奖惩机制和科学有效的合同，从而避免了各种利益和责任纠纷，保证了本项目的成功落地，也保证了未来本项目在操作执行过程中的效率。

四

能源和水利领域

以往主要以政府投资为主的能源和水利领域，在PPP模式大力推广的当下，社会资本已开始大张旗鼓地进入。研究发现，近两年来，能源、水利、轨道交通、供水等均是当下PPP实践操作的热点领域。通过PPP模式操作能源和水利项目，既可以大大缓解地方政府的债务风险，发挥社会资本的资金、技术和管理优势，还可以拓宽各类社会资本的投资渠道、促进投资主体多元化，进一步拉动地方经济增长。

（一）热电联产 PPP 项目中的价格调整机制

1. 项目背景

某市是我国西部地区的经济重镇，人口超过百万。多年来，该市城区大部分区域采取的是小锅炉分散供热方式，与大型锅炉集中供热相比，这种供热方式无论是供热质量，还是供热能力都无法满足人民群众的需要。不仅如此，小锅炉供热方式大多数都没有配置有效的除尘装置和脱硫脱硝设施，导致排放超标，环境污染情况严重，对居民的身体健康造成很大的影响。在此背景下，为保障居民的供热需求，提高居民的生活水平，改善城市环境质量，该市决定立项热电联产城区集中供热项目（以下简称“本项目”）。

2. 基本情况

本项目供热主热源为国电某市热电厂 2 座 330MW 发电机组，供热面积约 900 万 m^2。新铺设城区一级管网总长度约 80km，新建 10 座换热站，改建 30 座换热站，总投资约 5 亿元。本项目于 2008 年启动，并于 2013 ~ 2014 年供暖季开始应用。

3. 合作模式

作为该市市委、市政府确定的惠民实事之一，本项目从立项之初，该市就相当重视，经过充分研究，提出了以 PPP 模式运作本项目。通过公开招标，社会资本某电力公司中标。经过多轮谈判，市政府与某电力公司签订特许经营协议，电力公司负责以下事项：一是本项目供热资源整合、清产核资、设施改造等；二是按照《某市城市供热管理办法》、《某市城市供用热监督管理暂行办法》和市政公

用设施管理的有关规定，承担本项目设施的运营、维护，为该市居民提供高效的供热服务。作为政府方，市政府成立 PPP 项目领导小组负责对规划、民政、交通、公路等部门进行协调以确认本项目的顺利进行，同时还对本项目的建设、运营、维护进行监管。在社会资本的投资回报方面，双方采取“以政府定价、使用者付费为主，在特定情况下政府予以补贴”的方式。

4. 案例解读

（1）针对本项目，该市提出了市场化运作的方针和经营性的思路，即“政府主导、企业投资、行业监管、特许经营”。本项目突出的特点之一，就是该市政府高瞻远瞩，思路明确，既发挥政府的优势，又发挥社会资本的优势，充分利用本项目的供热能力，通过推行集中供热，整合城区热源，优化城区供热结构，为该市居民提供优质高效的供热服务。从本项目的实施效果来看，成效显著：一是大大缓解了该市政府财政压力；二是提高了该市供热效率，实现了供热的集约化、规模化、专业化；三是提高了居民的生活水平；四是改善了城市环境。

（2）由于本项目是集中供热工程，需要整合热源、优化城市供热结构，推行集中供热，因此涉及的单位、部门、企业、个人等各方主体众多，利益交错，诉求不同，需要协调方方面面的关系，如果处理不当，极有可能对项目带来巨大的阻碍，给政府、社会资本造成很大的损失。因此，为保证本项目的建设进度和质量，该市政府和社会资本分工明确：政府专门成立了 PPP 项目领导小组，负责组织规划、民政、人防、交通、房管等相关部门协调道路开挖恢复、交通指挥协调；社会资本方该电力公司则发挥自己在资金、技术、管理方面的优势建设本项目。

（3）城市集中供热属于民生工程，具有很强的公益性。本项目采取 PPP 模式进行市场化的操作，涉及千家万户的切身利益。作为政府一方，既要解决城市居民的供热需求，实现社会公众的利益最大化，又要引进优质的社会资本负责本项目的投资、融资、建设、运营和维护，给予社会资本一定的投资收益。因此，设置合理的价格机制是社会资本有意愿介入本项目的重要保证。

PPP 项目政府和社会资本双方合作期限长达 20 ~ 30 年，期间存在着物价、政策、利率、税率等多方因素的影响，需要在 PPP 特许经营协议中确定科学的

价格机制，合理控制风险、保障各方利益、确保项目顺利稳妥地进行。总的来说，PPP 项目价格机制是 PPP 模式下的核心要素之一，是政府、社会资本、社会公众利益的重要保障，也是 PPP 项目相关主体之间利益风险分配机制的重要体现。财政部《政府和社会资本合作项目财政承受能力论证指引》（财金 [2015]21 号）明确，PPP 项目实施方案中的定价和调价机制通常与消费物价指数、劳动力市场指数等因素挂钩，会影响运营补贴支出责任。在可行性缺口补助模式下，运营补贴支出责任受使用者付费数额的影响，使用者付费数额随定价和调价机制而变动。

本项目中，该市公司与社会资本某电力公司合作的焦点之一即价格调整机制，某电力公司达到优质建设标准、提供优质运营服务，获得一定利润，政府方提供合理补偿，根据这个原则：双方根据当期煤、水、电以及集中供热系统运行维护等成本核定供热价格。如果由于市场等因素造成某电力公司所收取热费无法盈利，按照国家《关于建立煤热价格联动机制的指导意见》（发改价格［2005］2200 号）相关规定，确定热价联动周期，实施煤热价格联动机制，煤热价格联动以不少于一年为联动周期。如果周期内当煤炭价格涨幅达到或超过 10% 时，该市政府将相应调高热价或给予电力公司补贴，保证投资者的合理利润；当煤炭价格跌幅达到或超过 10% 时，在相同联动机制下，政府也将调低热价。

科学的价格调整机制，既能够将政府一方的付费控制在合理、可承受的范围，又能够保障社会资本合理投资回报，体现“盈利不暴利”的原则，还能够实现社会公众的利益，可谓一举多得。

（二）能源 PPP 项目中的高新技术

1. 项目背景

近年来，我国大气污染十分严重，环保部《全国环境统计公报（2014 年）》显示，从大气主要污染物排放情况看，2014 年二氧化硫、氮氧化物的排放量分别为 1974 万 t 和 2078 万 t。庞大的污染物排放量成为大气环境质量无法得到根本性改善的重要原因。根据世界银行 PM2.5 浓度数据调查，近 20 年间我国 PM2.5 数值提升了 26%，到 2013 年平均浓度已达到 54.3μg/m^3。

研究显示，我国目前的能源消费结构是以煤为主、煤在我国一次性能源消费结构中的占比高达七成左右（见表 4-1），而导致大气污染的一大因素就是烧煤。我国煤炭使用对空气中 PM2.5 年平均浓度的贡献在 51% ~ 61% 之间。由于多方因素限制，大量未经处理的煤炭被用来于发电和取暖，“用煤不当”导致我国大气污染严重。某市是一个典型的北方工业城市，近年来大气污染持续恶化，“用煤不当”主要体现在工业用煤和散煤燃烧方面。

中国一次性能源消费结构表 表 4-1

年份	原油	占比	煤	占比	核能	占比	水力发电	占比	再生能源	占比	总计	占比
2003	266.4	22.12%	834.7	69.32%	9.9	0.82%	63.7	5.29%	—	0.00%	1204.2	100%
2004	318.9	22.40%	978.2	68.71%	11	0.80%	80	5.62%	—	0.00%	1423.6	100%
2005	327.8	20.92%	1095.9	69.95%	12	0.77%	89.9	5.74%	—	0.00%	1566.8	100%
2006	353.2	20.42%	1215	70.24%	12	0.72%	98.6	5.70%	—	0.00%	1729.7	100%
2007	362.8	19.48%	1313.6	70.51%	14	0.76%	109.8	5.89%	—	0.00%	1862.9	100%
2008	375.7	18.76%	1406.6	70.23%	16	0.77%	132.4	6.61%	—	0.00%	2002.8	100%
2009	388.2	17.75%	1556.8	71.17%	16	0.73%	139.3	6.37%	6.7	0.31%	2187.5	100%
2010	428.6	17.62%	1713.5	70.45%	17	0.69%	163.1	6.71%	12.1	0.50%	2432.1	100%
2011	461.8	17.67%	1839.4	70.39%	20	0.75%	157	6.01%	17.7	0.68%	2613	100%
2012	483.7	17.68%	1873.3	68.49%	22	0.80%	194.8	7.12%	31.9	1.17%	2735.3	100%

（1）该市电力和工业用煤占能源消耗的比例超过 80%，远高于国家平均水平。在工业锅炉方面，该市目前约有 3 万台工业燃煤锅炉，这些锅炉大部分燃烧方式粗放，未经过严格处理和污染控制，缺少末端处理环节，燃煤效率低。

（2）散煤燃烧是造成大气污染的另一重要原因。燃烧散煤取暖对环境的污染非常严重。散煤中含有大量灰分、硫等污染物。如果直接燃烧，由于温度低，燃烧不充分，会产生大量颗粒物、二氧化硫、一氧化碳等污染物。该市城区部分用户和广大农村大量使用散煤燃烧，而传统煤炭燃烧技术是以固定碳燃烧为基础进行炉具设计，没有考虑到煤炭中挥发分的燃烧，没有除尘过滤装置，煤炭组成中 10% ~ 40% 的挥发分不仅在燃烧中被排空浪费，还造成了空气污染[1]。

经过专业技术人员的努力，目前市场上出现一款全自动光电锅炉产品，在光电供暖供热领域，该产品具有独特的优势，其主要工作原理是光电锅炉通过电光源转换为光能，再通过一套聚焦系统把散射到三维空间的光能聚焦到一个指定区域，在这个区域产生 1000℃的高温，这为能源的清洁利用提供了新的路径。具体来说，全自动光电锅炉产品具有以下技术特点：

1）节能。电热转换率高，热能利用率高。通过光辐射把三维空间的全部热能集中到加热的物体。

2）减排，零污染。光辐射供热无燃烧、无排放、无电磁、无微波、无噪声，所用能源为清洁的电能。

3）高性能。实现全自动操作，光辐射电炉目前可达到 1350℃，在这个范围内控温度可达 ±1℃，由室温升温到 1350℃只需 2min。

4）安全。发热元件与被加热物之间以光作为传热媒介，不存在漏电、短路隐患。该项产品经国家红外产品质量监督检验中心鉴定：整机工作状态下泄漏电流为 0.002MA（国际标准为 0.75MA），光辐射产品的安全系数比国际标准高 375 倍。

5）应用面广阔。从工业、化工、石油、铁路、制药、纺织、造纸等工业领

[1] 我国小锅炉、家庭取暖、餐饮用煤等“散煤”每年消耗量 7 亿 ~ 9 亿 t，占全国煤炭消耗量的 20%。如 2013 年，我国能源消耗 37.6 亿 t 标准煤，其中煤炭消耗 25 亿 t 标准煤，而散烧煤的总量约为 8 亿 t，仅次于电力行业；这些单位和家庭无法与火力发电企业一样采用环保装置脱硫、脱硝、除尘。排放二氧化硫接近 1000 万 t，与电力行业的二氧化硫排放齐平；排放氮氧化物 320 多万 t，位列第三，仅次于电力和机动车。

域到民用建筑供暖，生活用水、炊事灶具及洗浴热水器均可应用光辐射供热技术。

6）成本低、产品模块化，便于流水线规模化生产。

7）体积小巧，与其他同等功能产品相比，光辐射产品占地面积小，功能多，可做到全自动控制。

为解决大量工业锅炉和无任何环保措施的广大农村采暖等散煤燃烧，减少污染物排放，该市政府决定建设一座全自动光电锅炉设备厂（以下简称“本项目”），专门用于全市工业锅炉改造、农村散煤燃烧改造。

2. 基本情况

本项目内容主要建筑面积 16000m^2，其中建设研发中心 2500m^2、原料仓库 2100m^2、生产车间 8600m^2、成品仓库 4300m^2、综合办公室 600m^2、配电室等辅助设施 50m^2。本项目分两期进行，总投资 2 亿元人民币。一期项目总投资 10000 万元，其中固定资产投资 7200 万元，铺底流动资金 2800 万元，预计建设期 10 个月，计划年产供暖能力 100 万 m^2 光辐射聚焦供热设备；二期项目总投资 10000 万元，其中固定资产投资 8000 万元，流动资金 2000 万元，预计建设期 13 个月，计划年产光电热水器 1.5 万台、光电炉灶 1.5 万台、各型工业电炉 1 万台。项目前期是小规模生产全自动光电锅炉且以政府、学校、医院等事业单位老旧锅炉改造为主，后期逐步进入工厂，替代大吨位燃煤锅炉，同时进入广大农村地区，替代以散煤燃烧为主的采暖煤炉。

3. 合作模式

鉴于项目投资规模大，且技术性非常强，该市政府决定以 BOT 模式和社会资本合作，引起拥有雄厚资金实力、强大技术实力和丰富管理经验的社会资本新建一座全自动光电锅炉厂，由社会资本负责项目的设计、投资、融资、建设和运营，重点是负责该市政府、学校、医院、企业、广大农村的锅炉改造。社会资本的回报采取政府购买服务的方式（除行政机关的费用由政府财政支付外，学校、医院、企业等单位的费用政府补贴一部分，广大农村地区政府补贴适当增加）。经过竞

争性磋商，拥有全自动光电锅炉国家发明专利技术的某节能环保公司中标。该市政府授予某节能环保公司特许经营权，合作期限 15 年。经某节能环保公司测算项目主要技术经济指标后，结论是项目具有较强的经济效益和社会效益，可以投资。（见表 4-2）

某节能环保公司测算项目主要技术经济指标　　表 4-2

序号	项目名称	单位	数据或指标
一	技术指标	—	—
1	建筑指标	—	—
1.1	总用地面积	m^2	34600
1.2	建筑面积	m^2	16000
2	项目定员	人	160
二	经济指标	—	—
1	投资	—	—
1.1	项目总投资	万元	20000
1.1.1	固定资产投资	万元	15200
1.1.2	流动资金	万元	4800
2	收入费用指标		
2.1	年营业收入	万元	32000
2.2	年总成本	万元	28198
2.3	年利润总额	万元	2300
3	财务分析指标		
3.1	投资利润率		10.26
3.2	税后投资回收期	年	9.88

4. 案例解读

面对严峻的大气污染情况，引进社会资本，发挥社会资本在资金、技术和管理方面的优势，是市场化治理环境污染的主要手段。现实情况是，该市工业企业数量多、用煤量大、城市部分地区尤其是广大农村地区散煤燃烧严重，以传统技术和传统模式治理大气污染面临瓶颈。以传统治理模式为例，如果政府购买具有诸多技术优势的全自动光电锅炉设备改造全市范围内的锅炉，政府财政压力过大，

显然行不通；如果政府强制要求各企事业单位、广大农村地区对锅炉、采暖煤炉进行改造，由于企事业单位支付能力参差不齐、经济条件相对落后的农村地区更是困难重重，显然也不现实。结合现实情况，该市提出和综合实力强的社会资本以PPP模式合作，发挥社会资本在技术、资金和运营方面的优势，并以政府采购服务的方式回报社会资本，从而达到以下目的：

（1）平滑政府财政支出，降低政府的债务风险。

（2）全自动光电锅炉性能优良，性价比高，既减少该市大气污染物的排放（改用光电锅炉后，仅一个区县每年可减少二氧化硫排放4500t左右、烟尘2800t左右），又能省电、节省人力成本，具有良好的社会效益。见表4-3、表4-4。

某节能环保公司全自动光电锅炉与国外某品牌电锅炉性价比对比表　　表4-3

产品名称	电热转换率（%）	每100 kW供暖能力（m^2）
全自动光电供热锅炉	93	1580（高）
国外某品牌电锅炉	68.6	1143（中）

某节能环保公司全自动光电锅炉与国外某品牌电锅炉性能对比表　　表4-4

国外某品牌电锅炉			全自动光电供热锅炉		
功率kW	升温100° F水量L/h	参考供暖面积	功率kW	升温100° F水量L/h	参考供暖面积
4	62	55	4	86	76
8	125	110	8	172	152
12	187	165	12	260	228
18	280	247	18	388	342
24	374	330	24	517	456
30	467	412	30	646	570

在同等功率的情况下，全自动光电锅炉供热面积明显提高。

（3）在撬动社会资本资金、发挥社会资本技术和运营优势的同时，有针对性地补贴，即一方面以政府为主体统一对社会资本采购服务，另一方面以政府为主体对行政机关、企事业单位、广大农村地区实行不同的补贴方式，以发挥各种主体的积极性，共同对消减大气污染物排放作贡献。

（三）水库 PPP 项目社会资本子公司优势解析

1. 项目背景

某县位于华中地区，工商企业众多，商业发达，交通便利。近年来，该县经济社会发展迅速，人民生活水平不断提高，人口增长很快。在此背景下，居民生活用水量和工商企业用水量不断增加。目前，该县居民生活用水和工商企业的用水主要依赖于县河，且取水方式为开采浅层地下水。不过，随着近年来降雨量的减少，导致地表径流量逐年减少，尤其是枯水期在地下水得不到有效补充的情况下，该县可利用的水量严重不足，县城及附近郊区的供水矛盾日益突出，与此同时电力供应也相对紧张。不仅如此，目前的取水方式使得该县地下水疏干范围不断扩大，地区水生态环境遭受严重破坏。保证居民用水、工商企业用水、防止水生态环境急剧恶化成为县政府的当务之急。根据上级提出的“千湖工程”及“小水电开发”规划要求，该县政府统筹考虑，为使县域内现有水资源得到充分利用，同时缓解县城供用水矛盾及用电非常紧张的状况，该县政府规划修建 A 水库和 B 水电站两个工程（以下简称“本项目”），通过建立控制性蓄水工程，达到保证生活用水和工商企业用水、改善农业灌溉用水、保护生态和美化环境的目的。总之，该县政府通过修建一个发电与蓄水相结合的水利枢纽工程有效调节利用有限的水能资源，既可以解决居民及工商企业的供水问题，还可以缓解该县用电紧张的状况，同时还能减轻下游的防洪压力，经济效益和社会效益显著，是一项一举多得的惠民工程。

2. 基本情况

本项目包括两项工程：

（1）A 水库工程：拟建的 A 水库项目位于县城北部，距县城直线距离 13km，根据《水利水电工程等级划分及洪水标准》SL 252—2000，拟建 A 水库为中型水

库，工程等别为水库工程等别Ⅵ，主要建筑物级别为4级，洪水标准为设计100年一遇，校核1000年一遇。建设规模为水库坝址以上流域面积约1500km^2，总库容2200万m^3，有效库容2100m^3，属中型水库。电站布置在拦河坝下游，装机容量1000kW，装有2台单机容量为500kW的机组，水电站年平均发电量约360kW·h，通过电站尾水每年可向下游供水4300万m^3。拟建水库由大坝、溢洪道、电站厂房、放水设施、升压站、管理房、上坝道路、供水管道等建筑物组成。工程项目总投资12亿元，分4年实施。

（2）B水电站工程：B水电站项目规划两座水电站，其中一级电站为Ⅳ等工程小（1）型，建筑物级别为4级；二级电站为Ⅴ等工程小（2）型，建筑物级别为5级。拟建项目所在区域地震基本烈度为6度，建筑物按6度设计，主要建筑物级别为4级，根据《水利水电工程施工组织设计规范》SL 303—2004，导流围堰定为Ⅴ级临时建筑物，临时建筑物拟为土石结构，相应施工期洪水重现期标准为5～10年，本工程导流取10年一遇洪水标准。B水电站总装机容量32960kW，年均发电7598.66万kW·h。拟建水电站主要由拦河坝、输水隧道、电站厂房、尾水渠、升压站、管理房、供水管道等建筑物组成。B水电站工程项目总投资4.1亿元，分4年实施。B水电站工程为引水式电站，一级站依据工程特点和水文气象条件，安排施工总工期为4年，其中：筹建期为1个月，准备期2个月，主体工程施工期45个月，完建期1个月。二级站施工期3年。

本项目总投资16.1亿元。

3. 合作模式

鉴于本项目投资规模人，工程技术复杂，在县级财政资金实力不足的情况下，某县政府决定以PPP模式和综合实力强大的社会资本合作。经过公开招投标，既有资金实力、又有实际工程操作经验的某建设工程集团中标。具体操作上，该县以特许经营权的方式出让现有A水库工程及B水电站工程，其中：某建设工程集团在该县成立全资子公司，具体负责本项目的投资、建设、运营和维护。关于社会资本的投资回报，以本项目的电费、水费获取以及政府可行性缺口补贴。社会资本的项目投资收益由财政局列为刚性预算，专款拨付。

4. 案例解读

（1）与供水项目、污水处理项目相比，水库建设和水库引水、发电项目虽然存在较大的不确定性，但也受到社会资本的青睐，主要原因是水库通过引水、发电可以产生稳定的现金流，产生较大的经济效益，银行业等金融机构支持较大，因此社会资本的回报和融资风险较小。此外，在政府承诺社会资本缺口补贴列入刚性预算的情况下，社会资本的投资回报风险大大降低。

（2）为更好地投资本项目，某建设工程集团在该县设立全资子公司。相对于在项目所在地设立分公司，设置全资子公司有诸多明显优点：

1）在法律地位上，子公司以其全部资产独立承担民事责任，具有独立的法人资格，管理独立、财务独立、人员独立，其独立经营，自主管理，自负盈亏。与子公司独立的法律地位相比，分公司是母公司的分支机构，其不具有独立的法人资格，没有自身的独立财产，财务、人事和管理等多方面均由总公司直接管理，分公司只是代表总公司对外行使民事权利，法律后果皆由总公司承担。

2）在融资方面，由于子公司人员独立、管理独立、财务独立，在融资方面比较灵活。如果符合金融机构的融资要求，金融机构可以提供资金支持。而分公司是以总公司名义对外开展业务，如果需要资金支持，通常都是由总公司下拨资金。

3）在诉讼风险上，子公司以其自身财产独立承担民事责任，母公司不承担诉讼风险。而分公司如果涉诉，则总公司需与分公司共同承担民事责任。如果出现分公司不能履行债务的情形，债权人可以要求总公司承担全部的民事责任。

4）从公司管控上，子公司人员、财务各方面独立，有着充分的经营自主权，有利于公司的管控和激励机制的形成。而分公司人员由总公司派遣、缺乏独立的决策权，虽然人员比较容易管理，在激励机制的形成方面不如子公司。

5）从税收成本上，子公司是独立的纳税单位，在获取利润的同时，与任何具有法人资格的公司一样需要按照国家的税收法律规定承担纳税义务。而分公司产生的利润和亏损与总公司合并计算，可以降低税收和节约成本。正是因为如此，地方政府为了增加税收，往往要求 PPP 项目中的社会资本在项目所在地注册子

公司，专门负责 PPP 项目的投资、融资、建设和运营，既将社会资本子公司产生的利润留在当地，又对子公司的融资、管控有利。

正是因为子公司具有多方面的优势，本项目在某县政府与某建设工程集团充分协商后，由某建设工程集团在项目所在地注册成立子公司。

（四）可行性缺口补贴降低社会资本收益不足

1. 项目背景

某市位于我国中西部，全市总面积 37000 多 km^2，总人口 200 多万。近年来，某市经济持续增长，工业企业实力不断增强，人口规模不断扩大，用水和用电量持续增长。但现实情况：该市水资源短缺，人均水资源占有量低，仅为全国人均占有量的三分之一；降水时空分布不均匀，利用难度大；水污染严重，能利用的水量少。不仅如此，该市城区周边地下水资源匮乏，没有可以开发利用的地下水水源地。2009 年，该市启动该水利枢纽工程（以下简称“本项目”）。本项目距该市约 120km，项目及其配套供水工程主要向该市重点企业供水、供电。本项目被列入该市“十二五”重点建设项目，是该市“引水兴工，产业转型”发展战略的重要支撑，对该市经济社会发展意义重大。

2. 基本情况

本项目为大（Ⅱ）型工程，由大坝、溢洪道、导流泄洪洞、引水发电洞、电站五部分组成。工程最大坝高 60 多 m，总库容约 2 亿 m^3。本项目建设总投资概算为 21.38 亿元，工期预计 50 个月。本项目建成后，可每年平均向全市供水约 1.2 亿 m^3。另外，每年可利用供水发电近 1000 万 kW·h，既可有效解决制约该市经济社会发展水资源不足的严重问题，又有效地提高了水资源的利用率，解决了该市工业企业用电紧张的问题。

3. 合作模式

针对本项目的操作模式，需要交代一个特殊的背景：早在几年前，本项目计

划由该市财政出资建设。不过，因本项目投资金额过大，该市财政压力过大，资金落实困难。因此，经过慎重考虑，该市政府研究决定引入社会资本共同投资建设，通过和社会资本合作，借助社会资本的资金、技术和运营管理经验成功“撬动”项目，让当地政府、企业、民众盼望的利国利民的项目早日落地，早日产生经济和社会效益。2010年3月，该市政府发布招标公告，经过多轮富有成效的谈判，该市政府和某电力开发公司签订《项目合作意向书》。同年6月，该市政府授权某水务投资建设公司（代表政府方）和中标社会资本该电力开发公司共同成立PPP项目公司，其中水务投资建设公司占股30%，电力开发公司占股70%。PPP项目公司是本项目的法人，主要负责本项目的投资、融资、建设、运营和维护。社会资本方的回报采取“工程项目发电、供水＋政府可行性缺口补贴”的模式。

4. 案例解读

本项目经过一年多的谈判和磋商终于成功落地，按照PPP模式下项目的性质和收入来源主要有三类：①市场化的项目，社会资本依靠完全经营性的资产经营收入，不需政府补贴，如供水、供气、供暖等项目；②准公益类的项目，社会资本依靠使用者付费以及政府补贴社会资本收益不足，如污水处理和垃圾处理等项目；③公益类项目，社会资本的投资回报由政府承担，如环境综合治理以及河道治理等项目。通常情况下，现金流稳定、投资回报较好和盈利前景较好的市场化项目受到社会资本的青睐，因此市场竞争也最为激烈。相比之下，对社会资本的吸引力方面，准公益类的项目次之，而公益类的项目落地最为困难。

对本项目而言，本项目属于准公益类的项目，所谓的“准公益”主要体现在两方面：一方面，本项目可以通过发电、供水，为社会资本某电力开发公司带来收益；另一方面，本项目投资规模大，发电、供水所产生的收益不能保障投资者的回报，如果没有政府的可行性缺口补贴，会造成项目运营和维护方面的困难。因此，该市政府和该电力开发公司采取了科学的合作方式：

（1）政府和社会资本共同成立PPP项目公司。作为政府一方来讲，其介入项目运作后，虽然没有PPP项目公司的控制权（占股30%），但相比一般的PPP项目中社会资本设立的全资PPP项目公司来说，这种方式可以让政府方更好地行

使项目在建设、运营过程中的监督权，可以更好地保障工程建设的质量，保障运营过程的严谨科学。此外,政府方作为PPP项目公司的股东还可以获得收益回报，可谓优势多多；作为社会资本而言，能够和政府方共同成立PPP项目公司，有几方面的现实意义，一是降低了自身的投资风险，二是可以发挥政府方的优势（如立项、规划等），促进PPP项目更好地开展。进一步而言，针对本项目，市政府授权该水务投资建设公司（代表政府方）和中标社会资本该电力开发公司严格按照《中华人民共和国公司法》组建现代化的公司，建立完善的法人治理结构，既保障了政府方和社会资本方的权益，又大大提高了本项目的建设和运营效率，真正实现了PPP模式所倡导的“利益共享，风险共担”的核心要义。

（2）作为准公益类的项目，市场收益不足风险是社会资本要重点考虑的。事实上，市场收益不足风险是PPP模式下社会资本众多风险中的重要一项（市场收益不足风险主要是指项目运营后的收益不能满足社会资本收回投资或达到预定的收益）。如果项目的投资建设与项目的收益能力不匹配，将导致社会资本无法收回成本或实现投资收益。PPP项目的特许经营期限往往长达二三十年，社会资本对PPP项目未来经济收益的不确定性风险存在较大担心。本项目中，社会资本方的回报采取“工程项目发电、供水＋政府可行性缺口补贴”的模式，大大降低了社会资本一方收益不足的风险。

总的来说，本项目采取PPP模式，改变了以往依靠政府单纯投资的模式，合作各方优势互补，减轻了政府的债务风险、缓解了政府的财政压力，拉动了地方的经济增长，对投资者而言产生了投资收益，可谓是一举多得。

政府通过实施本项目提供公共服务，社会资本通过投资本项目来获得收益，政府和社会资本都是通过本项目的建设实施实现了自己的目标，创造了合作双赢的格局。本项目的顺利实施，对地方政府如何引入社会资本参与水利工程投资、建设和运营具有较大的参考价值。

（五）专业机构对推进 PPP 项目作用明显

1. 项目背景

某市位于我国东部，经济规模在全省排名前 5，全市人口 300 多万。近年来，随着该市城镇化步伐的加快、经济的快速增长和人口规模的不断扩大，市民用水量和工业企业用水量猛增，现有水量已经远远无法满足居民用水和企业生产用水需要，居民用水和企业生产用水矛盾突出。在此背景下，为解决居民用水和企业用水问题，该市于 2014 年启动了某水利枢纽工程（以下简称“本项目”）。本项目主要以城市供水（居民和企业生产）为主，同时兼顾城市防洪和发电等。本项目建成后，每年可向城市提供水资源 6000 多万 m^3，既满足城市经济社会发展需要，同时还可以向某市 10 多个乡镇及邻近地区提供用水。本项目的建成，将产生巨大的经济和社会效益。

2. 基本情况

本项目属大（Ⅱ）型 2 等工程，离该市 16km，总用地总面积 1600 多 ha，总投资约 15 亿元，主要由碾压混凝土重力坝、溢流坝、电站等组成。水库正常蓄水位近 400m，最大坝高约 50m，水库总库容近 2 亿 m^3，电站装机 4000kW。本项目计划 2015 年 1 月开工，2018 年 1 月竣工。

3. 合作模式

针对本项目投资规模大、技术难度大、运营周期长的特点，该市人民政府拟采取 PPP 模式与社会资本合作建设。因此，本项目自立项开始，市政府便委托水利水电勘测方面的专业设计研究院着手开展本项目的详细调查并撰写可行性研

究报告，同时委托国内有经验的专业PPP咨询机构为本项目提供PPP咨询服务。经过招投标，无论是资金、技术，还是建设、管理方面实力都很强大的社会资本某水利建设公司中标。经过充分协商，市政府与某水利建设公司共同组建PPP项目公司。该市政府授予PPP项目公司特许经营权，特许经营期限为28年（不含建设期）。PPP项目公司负责本项目投资、融资、建设、运营以及维护。社会资本回报方面，采取“工程项目供水、供电+政府可行性缺口补贴”的模式。

4. 案例解读：

（1）常言道，一个篱笆三个桩，一个好汉三个帮。这句话在PPP领域同样适用。在PPP的舞台上，除了政府、社会资本等“主角”外，还需要有设计、咨询、金融、审计、评估、法律等“配角”的大力配合。有时一台PPP“大戏”离不开设计、咨询、金融等专业中介机构的大力配合与支持。否则，这台“大戏”会很难唱，或者根本就唱不下去。实践表明，许多PPP项目在政府与社会资本合作的过程中，往往因为参与主体对PPP模式认识的不够、实际操作人员不专业、合作条款设置的不科学、不合理等，导致PPP项目在建设、运营过程中出现纠纷，甚至诉诸法庭，结果社会资本投资失败，政府损失也很大，这方面的例子不胜枚举，专业中介机构是我国PPP各大发展要素中重要的组成部分，也是我国PPP模式推广、PPP项目落地的战略版图中不可或缺的拼图。

为确保本项目顺利推进、快速落地、如期建设、科学运行，该市委托水利水电勘测方面的专业设计研究院着手开展本项目详细调查并撰写可行性研究报告。不仅如此，该市还委托国内有经验的专业PPP咨询机构为本项目提供咨询PPP服务。事实上，专业的咨询机构在为本项目的物有所值评价、财政承受能力论证、参与各方主体的风险以及PPP特许经营协议等方面均提供了专业的服务，为本项目加快落地、为未来合作各方避免纠纷做出了重要的贡献，可以说，设计、咨询机构的专业化服务为本项目形成可复制、可推广的PPP项目样本奠定了坚实的基础。

研究发现，虽然PPP的推广目前在我国已经形成热潮，但是PPP在我国仍处于起步阶段，从PPP法律法规体系的健全、部分地方政府的认识、实际操作人员的综合素养来看，我国探索和实践 PPP 还有很长的路要走。具体来说，PPP 模式的运作涉及技术、投融资、建设、运营等多个专业领域，需要复杂的技术、法律、金融、财务和管理等方面的专业知识、专业机构和专业的人才队伍。现实是我国部分地方政府实际推广 PPP 项目的人员认识上还有待提高，同时还缺乏专业的有经验的人才队伍[1]，更多的地方政府对 PPP 还是属于“摸着石头过河”的探索阶段 。因此，在地方政府专业人才不够的情况下借助第三方专业机构力量推广 PPP 项目，有利于规避各类风险，有利于 PPP 项目的落地。专业的 PPP 咨询机构在整个 PPP 项目全生命周期[2]中都起着极其重要的作用，从 PPP 项目立项开始到特许经营权协议的签订以及项目的建设、运营甚至最后的移交阶段，PPP 咨询机构都发挥着重要的作用。

（2）需要说明的是，本项目中该市政府与中标社会资本某水利建设公司共同组建 PPP 项目公司。这种方式将增强项目的约束机制，提高项目的管理绩效。具体来说，作为政府方，考虑更多的是社会效益最大化。而作为社会资本方，其本质上是以经营为核心任务的市场竞争主体，有着股东的经营和利益要求，有着生存的压力，有着发展和壮大的使命，虽然社会资本也需尽到社会责任，但其以利润最大化为目标。因此，从 PPP 项目合作主体考虑的重点、主要任务似乎都不在一个“频率”上。不过，科学的合作体制可以解决这个问题。本项目中，政府方和社会资本方共同组建 PPP 项目公司，这样 PPP 项目处于政府和社会资本的双重监督和管理之下，不单纯偏向某一方的利益追求，充分调动市场主体的积极性和创造性，再加上有 PPP 咨询机构的帮助，项目特许经营权协议设置科学合理，最终本项目既能够保障公共利益，又能够达到社会资本的投资收益诉求。

---

❶ 为加强我国 PPP 专业人才的培养，国务院办公厅转发的财政部、发展改革委、人民银行《关于在公共服务领域推广政府和社会资本合作模式指导意见的通知》（国办发 [2015]42 号）指出，要大力培养专业人才，加快形成政府部门、高校、企业、专业咨询机构联合培养人才的机制。鼓励各类市场主体加大人才培训力度，开展业务人员培训，建设一支高素质的专业人才队伍。鼓励有条件的地方政府统筹内部机构改革需要，进一步整合专门力量，承担政府和社会资本合作模式推广职责，提高专业水平和能力。

❷ 全生命周期（Whole Life Cycle），是指项目从设计、融资、建造、运营、维护至终止移交的完整周期。

五

重点工程和园区建设领域

海绵城市、地下综合管廊、园区建设……在我国城镇化快速推进的背景下，一系列重点工程先后推出。这些项目的一个显著特点是投资规模大，动辄十几亿、数十亿甚至上百亿，巨额投资对财政收支矛盾突出的地方政府来说构成很大的挑战。因此，地方政府引进优质社会资本建设重点工程和园区就成为现实的选择，各类社会资本也随之迎来新的机遇。

（一）地下综合管廊 PPP 项目范本

1. 项目背景

某市位于我国西部，全市国土面积约 10000km^2，常住人口 300 多万，人均 GDP 位居该省前列。近年来，该市经济社会快速发展，城镇化步伐不断加快，在此背景下，因道路拓宽、维修以及供热、给水、燃气管线埋设等导致道路开挖现象时有发生。此外，电力、通信等管线也在不断敷设。仅 2014 年，该市就发生上百起道路开挖现象，这种“马路拉链”工程给人们的生产和生活带来诸多不变，也阻碍了社会经济的快速发展，同时也影响了城市的整体环境。近年来，一种现代化的城市基建设施即地下综合管廊[1]在我国部分城市悄然兴起。通过建设地下综合管廊，改变了以往管理部门各自为政的局面，通过“统一规划、统一设计、统一施工、统一运营和维护”，一方面避免了因多头建设导致道路反复开挖造成的建设成本增加和社会成本浪费，确保了道路畅通，给人们的生活也带来了便利；另一方面实现了集约化管理，大大降低了路面多次翻修的费用和设施的运营、维护、保养费用，提高了各类管线的耐久性。2015 年，该市决定上马地下综合管廊项目（以下简称“本项目”）。

2. 基本情况

本项目包括该市老城区和经济开发区的 16 条路共约 40km，总投资近 30 亿元，建设期 2 年，设计使用周期为 100 年。具体来说，本项目建设工程主要包括：建筑工程、供电照明、通风、给排水、通信以及监控、报警、消防等辅助设施。项

[1] 地下综合管廊又叫综合管沟或共同沟，是通过将城市的电力、通信、广播电视、给水、排水、供热、燃气等两种以上的市政管线集中敷设到道路以下的同一地下空间而形成的一种现代化、科学化、集约化的城市基础设施。

目计划于2017年开工建设，2020年投入使用。

3. 合作模式

本项目的特点是投资规模大、技术复杂、建设和运营周期长。针对本项目，该市人民政府经过反复论证和慎重考虑，决定采取PPP模式下的BOT模式。市政府授权市住建局为本项目实施机构对外公开招标，实施机构通过公平、公正、公开的原则选择社会资本。经过招投标程序，某建设工程公司中标。为更加科学、稳妥地推进本项目，由该市保障性住房开发投资公司代表市政府出资2亿元占股20%，某建设工程公司出资8亿元占股80%共同组建项目公司。需要重点说明的是，由于本项目投资规模高达近30亿元，因此项目的资金来源成为该市人民政府重点考虑的内容。本项目资金来源包括：PPP项目公司的注册资金10亿元；中央财政专项补助资金9亿元；PPP项目公司向国家政策性银行融资约11亿元。

本项目由项目实施机构某市住建局与PPP项目公司签署PPP特许经营协议，授予PPP项目公司关于本项目的投资、融资、建设、运营与维护的特许经营权，特许经营期限30年(不含2年建设期)。此外，在本项目PPP特许经营协议签订后，由市政府协调各入廊企业与PPP项目公司一并签署入廊协议。在社会资本的投资回报方面，采取“PPP项目公司向管线使用单位收取廊位租赁费、管廊物业管理费+政府可行性缺口补贴”的方式获得收入，以补偿经营成本、还本付息（若有)、回收投资、应缴税金并获取合理投资回报。

4. 案例解读

本项目构建起该市功能完善、高效可靠和可持续发展的综合管廊管理网络，标志着该市朝着改善城市地下基础设施迈出了重要一步。

（1）研究发现，虽然地下综合管廊经济效益和社会效益明显，但目前在我国还没有大规模建设，其主要原因有两个方面：一是建设投入资金巨大，与传统的直埋式的管线敷设方式相比，地下综合管廊前期一次性建设费用要高一倍；二是由于地下综合管廊的建设在我国还处于起步阶段，无论是从法律法规还是地方政策层面都缺乏监督和指导，再加上涉及的各管线单位众多，利益诉求不同，导致管线单位入廊难度很大。因此，在我国经济发展进入新常态，政府债务风险大、财政收支矛盾突出的大背景下，吸引社会资本参与、发挥社会资本在资金、技术和管理方面的优势，以 PPP 模式建设地下综合管廊成为现实的选择。本项目正是凭借地方政府重视程度、目标任务合理性、投融资模式创新性、配套措施完整性等方面的优势，成为全国首批 10 个地下综合管廊试点城市。

从政策层面看，2015 年 8 月，国务院办公厅印发《关于推进城市地下综合管廊建设的指导意见》(国办发 [2015]61 号，以下简称《指导意见》)，部署推进城市地下综合管廊建设工作。《指导意见》从统筹规划、有序建设、严格管理和支持政策等四方面提出了十项具体措施，包括编制专项规划、完善标准规范、划定建设区域、明确实施主体、确保质量安全、明确入廊要求、实行有偿使用、提高管理水平、加大政府投入、完善融资支持等，目标是到 2020 年建成一批具有国际先进水平的地下综合管廊并投入运营。

据了解，按我国以每年建设 8000km 管廊和每公里管廊造价 1.2 亿元估算，地下综合管廊每年能带动 1 万亿元的投资。此外，随着国家和地方政府支持社会资本介入综合管廊 PPP 项目的法律、法规和政策出台，大量社会资本将积极介入此类项目，地下综合管廊的建设在我国将迎来大发展时期。

（2）与高速公路、供水、供电、供暖、污水处理及垃圾处理等 PPP 项目不同，地下综合管廊风险比较独特：前者也是以使用者付费为主，但使用者非常分散，使用主体千千万万，且属于刚性需求，因此社会资本的风险较小。而后者主要是入廊的管线单位服务，通过向入廊的管线单位收取入廊费和运维费，使用主体少，因此风险相对增大。事实上，在不考虑政府可行性缺口补贴的情况下，投资者就无法达到投资收益的目的，甚至有亏损的风险。更让社会资本担心的是，由于我国综合管廊建设还处于起步阶段，出于资金、产权、管理等方面的原因，现有的管线单位入廊积极性不够，甚至有抵触心理。可以说，管线入廊不可控的风险有可能让社会资本的巨额投资打水漂。值得借鉴的是，本项目中，该市政府与社会资本将这些因素考虑得非常全面，在本项目 PPP 特许经营协议签订后，由该市政府协调各入廊企业与 PPP 项目公司一并签署入廊协议，这样就打消了社会资本的顾虑，规避了管线不可控的风险，让社会资本没有后顾之忧地全身心地投入到项目的运作中。

总之，该市政府与优秀社会资本通力合作，有效解决了该市的基础设施建设，同时也为我国综合管廊 PPP 项目落地提供了范本。

（二）项目公司是 PPP 项目重要载体

1. 项目背景

在我国城市经常见到的一种现象是城市道路挖了填，填了挖，这种工程因此被称为“马路拉链”工程。“马路拉链”既影响了人们的生产和生活、损害了城市的面貌，又造成巨大的社会资源浪费。调查发现，“马路拉链”的根源在于市政管线单位施工各自为政，没有统一的管理部门，目前我国城市有 7 大类近 30 种市政管线分属于不同部门，一旦哪个部门要进行敷设管线或者维修，就要对道路进行开挖，这样就造成今天挖了填、明天填了挖、后天又挖了填的现象，这似乎是一道难以破解的难题。

不过，近年来在我国兴起的地下综合管廊基建系统能有效解决这一问题。地下综合管廊因管线集中敷设，因此避免了道路反复开挖的不足，在提高道路使用寿命和管线安全性、稳定性的同时，又大大节约了土地资源、改善了城市环境，方便了人们生产和生活。某市新区为一座新建的城区，原来这里是村庄和农用地，目前正处于基础设施建设阶段。根据该市新区的总体目标，这里将被打造成具备多种功能设施、人文和谐发展、经济繁华的现代化新都市。在此背景下，为满足该市经济社会快速发展之需，拓展该城市发展空间，加快该市新区开发建设步伐，该市人民政府决定在该市新区建设地下综合管廊（以下简称“本项目”）。

2. 基本情况

某市新区总面积约 150km^2。按照《某市城市地下综合管廊工程规划（2015 ~ 2030）》，某市远期综合管廊规划规模近 200km，近期为约 75km。根据《某市综合管廊可行性研究报告》等相关基础资料，本项目建设内容及规模为：依靠某市新区主干路路网规划，建设 7 条道路共 37km 长的地下市政综合管廊，以满足新

区主干线路建设需求。根据详细规划，本项目共需敷设给水、再生水、电力、通信、供热、燃气、雨水、污水等管线，实现电力电缆、通信管道、供热管道、燃气管道、雨水管道、给水管道、污水管道、再生水管道入廊，同时配套排水、照明、维修检测、消防、通风等设施。本项目总投资约 38 亿元，计划于 2015 年 6 月开工建设，2018 年 6 月试运营。

3. 合作模式

在国家大力倡导 PPP 模式的大背景下，该市政府为缓解财政压力、提高本项目的建设、运营效率和基础设施的整体服务水平，结合某市新区实际情况，决定采用 PPP 模式运作本项目。通过公开招标，社会资本某投资公司和某路桥集团联合体中标。某市新区管委会授权某建设投资公司与中标社会资本即某投资公司和某路桥集团联合体按照一定股权比例成立 PPP 项目公司。该市新区管委会与 PPP 项目公司签订特许经营协议，授予 PPP 项目公司特许经营权，特许经营期限 30 年，该市新区管委会在特许经营期内不以任何方式将全部或任何部分的特许经营权授予 PPP 项目公司以外的任何其他机构或者个人。PPP 项目公司负责本项目的投资、融资、建设，运营、维护，按照国家有关技术规范和行业标准对本项目提供包括管理、维护在内的相关服务，以确保综合管廊设施的正常使用，同时承担本项目的运营费用和相关风险。在社会资本的投资回报方面：①向入廊用户收取入管廊服务费等费用；②享有特许经营合同项下约定的其他权利和权益。此外，为保障本项目建成后的正常运营，维护各方合作主体的利益，结合某市新区实际，该市印发了地下综合管廊建设技术导则和强制入廊政策，政府部门负责协调相关入廊用户，入廊用户与政府部门签订入廊协议，以保证本项目的正常运行。

4. 案例解读

（1）本项目的建设，对优化城市环境，方便人们出行，推动新型市政基础设施建设和提高现代化管理水平以及拉动经济增长都起到了重要的作用。本项目采取 PPP 模式合作，成效显著，具有可复制可推广的示范效应。

（2）为促使本项目加速落地以及建成后科学有效地运行，合作双方协商确定共同组建 PPP 项目公司，发挥各方的优势，由 PPP 项目公司负责本项目的投资、融资，建设和运营。

需要说明的是，PPP 项目公司是 PPP 项目的重要载体，在 PPP 项目的投资、融资、建设、运营和维护等各个环节都发挥着举足轻重的作用[1]。对于政府和社会资本而言。在双方共同成立 PPP 项目公司后，政府方和社会资本方的股权配置问题是一个核心问题，有时甚至是政府和社会资本之间能否合作、怎样合作的关键问题。对此，我国法律法规有明确的规定，即政府方在 PPP 项目公司中的持股比例应当低于 50% 且不具有实际控制力及管理权。如 2014 年 11 月，财政部下发《关于印发政府和社会资本合作模式操作指南（试行）的通知》（财金 [2014]113 号，以下简称《通知》），《通知》规定，社会资本可依法设立项目公司。政府可指定相关机构依法参股项目公司。项目实施机构和财政部门（政府和社会资本合作中心）应监督社会资本按照采购文件和项目合同约定，按时足额出资设立项目公司。

研究认为，政府方在 PPP 项目公司中的持股比例之所以应当低于 50% 且不具有实际控制力和管理权，是因为国家大力推广 PPP 模式，除了缓解政府财政压力、提高 PPP 项目运营效率、拉动经济增长之外，还有着更高的诉求：加快政府职能转变、实现政企分开、解决政府职能错位、越位和缺位的问题，从而充分发挥政府在项目制定上的优势和社会资本在资金、技术及管理上的优势，共同提升公共产品的建设、运营效率和运营能力，推进国家治理体系和治理能力现代化[2]。PPP 模式下，政府职能已经发生转变，不再是传统意义上基础设施和公共服务的提供者，而是兼具“运动员”（和社会资本共同操作 PPP 项目）和“裁判员”（监

[1] PPP 项目公司是为实施 PPP 项目这一特殊目的而设立的公司，通常作为项目建设的实施者和运营者而存在，因此，也常常被称作“特别目的载体”（Special Purpose Vehicle，简称 SPV）。PPP 项目公司是依法设立的自主运营、自负盈亏的具有独立法人资格的经营实体，作为 PPP 项目合同及项目其他相关合同的签约主体，负责项目的具体实施。项目投资人通过股东协议明确项目公司的设立和融资、经营范围、股东权利、股东承诺、股东的商业计划、股权转让等事宜。

[2] 2015 年 5 月 22 日，国务院办公厅转发财政部、国家发改委、央行《关于在公共服务领域推广政府和社会资本合作模式的指导意见》（42 号文），指出在公共服务领域推广政府和社会资本合作模式，是转变政府职能、激发市场活力、打造经济新增长点的重要改革举措。“42 号文”同时指出了实施 PPP 的重大意义之一便是有利于加快转变政府职能，实现政企分开、政事分开。作为社会资本的境内外企业、社会组织和中介机构承担公共服务涉及的设计、建设、投资、融资、运营和维护等责任，政府作为监督者和合作者，减少对微观事务的直接参与，加强发展战略制定、社会管理、市场监管、绩效考核等职责，有助于解决政府职能错位、越位和缺位的问题，深化投融资体制改革，推进国家治理体系和治理能力现代化。

督 PPP 项目的建设、运营和维护等）的双重角色，在 PPP 项目公司中，政府方不控股、不具有实际控制力及管理权，彰显的是 PPP 项目市场化运作的核心理念。

（三）海绵城市 PPP 项目创新建立引导基金

1. 项目背景

某市干旱少雨、水环境恶化，再加上城市基础设施比较落后，经常出现小雨积水、大雨内涝、雨天看海的情况，经济社会发展受到很大的影响。近年来，一种城市治水新模式——海绵城市[1]建设为人们提供了一种从“末端治理”转向“源头治理”的治水新思路。按照国务院要求，2015 年，财政部、住建部、水利部选择了 16 个城市开展海绵城市试点，多省印发了指导意见，要求在全省范围全面推进海绵城市建设。在此背景下，为降低城市内涝造成的巨额损失、解决水体黑臭问题、通过海绵城市建设带动基础设施建设，某市人民政府决定启动海绵城市建设试点工程（以下简称“本项目”），以实现城市“小雨不积水、大雨不内涝、水体不黑臭、热岛有缓解”的目的。

2. 基本情况

本项目占地约 20km^2，项目总投资约 36 亿元。通常情况下，海绵城市整体建设内容包括：海绵型建筑小区、水系生态修复、道路与管网项目、污水处理建设项目、海绵型公园绿地、海绵型道路广场等。本项目包括“源头减排”、“过程控制”、“末端治理”这三项主要内容，技术手段包括“渗、滞、蓄、净、用、排”。具体来说，本项目内容包括：建筑小区 23 个、3 万 t 污水厂提标改造、新建 3 万 t 工业污水厂、道路与管网 10 项、新建 10 万 t 水源地。2016 年 7 月开工建设。

[1] 所谓海绵城市，是指城市在适应环境变化和应对雨水带来的自然灾害等方面具有良好的“弹性”，也可称之为“水弹性城市”。海绵城市具体指充分发挥原始地形地貌对降雨的积存作用和充分发挥植被、土壤、湿地等对水质的自然净化作用，使城市像“海绵”一样，对雨水具有吸收和释放功能，能够弹性地适应环境变化和应对自然灾害。在城市开发建设中，加强规划建设管控，通过源头减排、过程控制、系统治理，使建筑与小区、道路与广场、公园和绿地、水系等具备对雨水的吸纳、蓄滞和缓释作用。

3. 合作模式

针对本项目，某市人民政府决定采取PPP模式与优质社会资本合作建设。本项目招标公告发布后，吸引了约20家社会资本参与竞争，其中不乏央企、国企和行业龙头企业。经过激烈角逐，某投资公司、某环境研究院公司和某工程设计公司共同组成的联合体中标。随后，本项目招标人与中标联合体签订合作合同，合作合同约定中标联合体与本项目招标人指定的单位组建PPP项目公司。PPP项目公司成立后，由本项目招标人与PPP项目公司重新签订正式的PPP项目合同。本项目特许经营期限为20年，由某市政府向PPP项目公司支付可用性服务费及运营绩效服务费。

4. 案例解读

本项目之所以推进速度快、效果好，成为业内知名的PPP模式成功案例，与该市人民政府的高度重视和科学决策有密切关系：

（1）政府部门具有前瞻性的思维。海绵城市被列入未来城市建设的重点之一。2014年10月，住建部开始实施“海绵城市”计划。2015年初，某市就委托国内知名设计院开展“海绵城市”专项规划。2015年1月份，财政部、住建部、水利部下发了《关于组织申报2015年海绵城市建设试点城市的通知》(财办建[2015]4号)。某市作为省级推荐的城市参加试点申报。根据财政部、住建部、水利部《关于开展中央财政支持海绵城市建设试点工作的通知》(财建[2014]838号)和前述《关于组织申报2015年海绵城市建设试点城市的通知》，财政部、住建部、水利部组织2015年海绵城市建设试点城市评审工作，通过竞争性评审得分，该市成为2015年度全国首批16个海绵城市建设试点城市之一。

（2）多年来，“小雨积水、大雨内涝、城市看海”是困扰我国城市的“老大难”问题，海绵城市建设成为解决这一问题的“钥匙”。不过海绵城市建设需要渗、滞、蓄、净、用、排等工程技术设施，具体包括排水防涝设施、城镇污水管网建设、雨污分流改造、雨水收集利用设施、污水再生利用、漏损管网改造等等，涉及的工程大、子项目多，投资规模大，总的建设成本每平方公里大约为 1.6 亿 ~ 1.8 亿元，每个海绵城市投资大约需要 25 亿元左右。全国首批海绵城市建设试点将至少获得财政补贴 210 亿元（按 3 年计算），仍有 800 亿元资金需要由各地方政府自行承担，平均每个试点城市地方政府需承担 50 亿元资金。资金不足是摆在地方政府面前亟待解决的问题，海绵城市建设需要包括社会资本在内的各类资金的支持。

1）研究发现，为了支持地方政府建设海绵城市，财政部《关于开展中央财政支持海绵城市建设试点工作的通知》（财建 [2014]838 号），明确中央财政资金对于建设海绵城市的支持，中央财政对海绵城市建设试点给予专项资金补助，一定 3 年，具体补助数额按城市规模分档确定，直辖市每年 6 亿元，省会城市每年 5 亿元，其他城市每年 4 亿元。对采用 PPP 模式达到一定比例的，将按上述补助基数奖励 10%。

2015 年 10 月，国务院办公厅下发《关于推进海绵城市建设的指导意见》（国办发 [2015]75 号），提出到 2020 年，城市建成区 20% 以上的面积达到目标要求；到 2030 年，城市建成区 80% 以上的面积达到目标要求。鼓励对海绵城市建设提供中长期信贷支持，积极开展购买服务协议预期收益等担保创新类贷款业务，支持符合条件的企业通过发行企业债券、公司债券、资产支持证券和项目收益票据等募集资金，用于海绵城市建设项目。

本项目中，该市启动海绵城市建设引导基金，为地方政府建设海绵城市的资金不足提供了新的思路，也为地方政府选择合作社会资本提供了制度保障。具体来说，海绵城市建设引导基金由该市财政局与某基金管理公司以有限合伙方式设立，国内某银行中标该引导基金并以近 6% 的年化收益率获得优先级额度 15 亿元。

2）对于社会资本而言，其参与海绵城市建设，面对数十亿上百亿的投资，其自身也面临着资金不足的问题。因此，为推进社会资本加快介入我国海绵城市建设，需要建立多元化的资金保障机制，出台相关财政和金融政策，以加大对社会资本的支持力度。

（四）SWOT 分析在物流园区 PPP 项目中的应用

1. 项目背景

某市地处沿海地区，近年来，该市经济社会迅速发展，港口建设不断加快，产业园区初具规模，农业生产产业化水平不断进步，工业发展水平和档次不断提升，第三产业发展水平明显提高。现代物流作为极具发展潜力的新兴服务业，是经济全球化和区域经济一体化发展到一定阶段的产物，被誉为现代经济增长的"第三利润源"。大力发展现代物流业对于提高经济运行质量，优化资源配置，改善投资环境，加速非农化进程，提升城市集聚辐射功能，推动经济社会的持续健康发展具有十分重要的现实意义。建立现代物流中心是发展现代物流业最有效的组织方式，对自身乃至周边地区经济社会发展具有巨大的推动作用。

该市具备发展现代物流的良好交通区位和经济区位条件，同时该市铁路、公路、海运具备，交通条件十分便利。近年来，随着经济社会的快速发展，该市的物流业发展虽然取得一定成绩，但与发达地区相比仍然存在较大差距，物流基础设施建设处于起步阶段，主要是现代化的仓储、堆场设施规模小，分布散，配套物流作业设备水平较低。此外，缺乏大型综合物流商，缺乏品牌服务，物流企业分散，未形成规模效应，缺乏企业横向联合等等。鉴于此，国家多个部委组成联合调研组对该市进行了调研，该市政府提出将物流服务业作为市重点规划发展的主导产业之一，拟建设一座现代化的物流园区（以下简称"本项目"）。

2. 基本情况

本项目紧临规划建设的某市新城，位于两条国道线的交汇处，总投资约 6.9 亿元，总面积为 20 万 m^2，总建筑面积约 23 万 m^2，容积率 0.86，绿化率

16.18%，道路网密度 15.19%。依据本项目的基本功能及市场定位，结合场地地形情况，本项目划分为六大功能区，即工业储配区、加工流通区、社会配送区、管理服务区、展示交易区、车辆服务区。在总体功能区划分的基础上，依据主体设施作业流程，确定总平面布局及各功能区主要技术经济指标（见表 5-1）。

本项目各功能区用地性质划分 表 5-1

功能区	地块性质	占地面积（m^2）
加工流通区	工业用地	32000
工业储配区	仓储用地	85000
社会配送区	仓储用地	36000
展示交易区	商业用地	28000
管理服务区	商业用地、居住用地	21000
车辆服务区	商业用地	28000
合计	工业用地	32000
	仓储用地	121000
	商业用地	71000
	居住用地	6000

综合考虑本项目的市场发展需求、工程建设方案以及建设资金的落实情况等因素，根据本项目功能区划、主体设施设备配备情况，并考虑资金投入的可能性和市场发展的成熟度,本项目工程拟定于 2013 年 5 月开工建设,2014 年 5 月完工，2014 年 6 月投入使用。根据对本项目作业量预测结果，可以得到本项目各特征年（2014 年、2019 年、2029 年）的物流作业量将分别达到 57 万 t、96 万 t、269 万 t。综合考虑设计年份和各特征年作业量的预测结果，确定本项目设计生产能力为 269 万 t。本项目物流作业量预测结果见表 5-2。

本项目物流作业量预测结果 单位：万 t 表 5-2

指标 \ 年份	2014	2019	2029
工业储配量	25	43	109
展示交易量	8	9	21
社会配送量	13	21	63

续表

指标＼年份	2014	2019	2029
加工流通量	11	23	76
合计	57	96	269

3. 合作模式

针对本项目，该市政府计划采用 PPP 模式下的 BOT 模式选择社会资本，经过对外公开招标，社会资本某运输公司中标。某市政府与某运输公司签订特许经营协议，合作期限 20 年。社会资本负责本项目的投资、建设和运营，通过本项目的经营权收益回报。资金筹措方面，本项目总投资估算约 6.5 亿元，资金由投资者自筹。由于本项目是该市重要的基础设施，社会效益远远大于经济效益，对当地经济、交通的发展具有积极的推进作用，政府将为本项目争取国家和省里的政策，主要是资金支持和税收优惠支持。

4. 案例解读

本项目的成功落地，固然与该市政府的大力推进、市政府各部门的全力配合有关，但本项目社会效益远远大于经济效益（物流行业基准收益率一般在 6% ~ 8% 之间，本项目取 7%），再加上投资规模大、回报周期长，社会资本投资比较慎重。因此，科学的分析和项目定位非常关键，经过某运输公司运用SWOT[1] 详细分析后，最终决定投资本项目。

（1）本项目 SWOT 分析

1）优势

①区位与交通优势。本项目区位优势得天独厚，邻近数个经济发达省市，聚

[1] 所谓 SWOT 分析，即基于内外部竞争环境和竞争条件下的态势分析，就是将与研究对象密切相关的各种主要内部优势、劣势和外部的机会、威胁等，通过调查列举出来，并依照矩阵形式排列，然后用系统分析的思想，把各种因素相互匹配起来加以分析，从中得出一系列相应的结论，而结论通常带有一定的决策性。运用这种方法，可以对研究对象所处的情景进行全面、系统、准确的研究，从而根据研究结果制定相应的发展战略、计划以及对策等。

集了化工，钢铁，机械，制造，纺织、医药等产业。

②腹地优势。项目所在市拥有广阔和纵深的腹地，其腹地呈 60 度角扩展，可延伸覆盖到周边五个省，面积近 80 万 km^2，有 40 余个设区市、300 多个县（市），超过一亿多人口，GDP 达 2 万多亿。

③土地资源和环境容量优势。本项目所在地有近 2000km^2 的非农用地，其中 1000 多 km^2 未利用地、300 多 km^2 盐田、300 多 km^2 滩涂。

④产业优势。本项目所在市的产业经过近几年的快速发展，初步形成了四大主导产业和八大产业链。四大主导产业即冶金装备、石油化工、电力能源、现代物流，八大产业即普碳钢产业链、特钢产业链、大芳烃产业链、聚氨酯产业链、氯碱化工产业链、煤化工产业链、海水淡化产业链、现代物流产业链。随着上游产业的发展和完善，本项目所在地的后续产业发展重点将放在产业链条中环与环、链与链之间的重大节点项目上，发展循环经济，以及放在发展高端、高附加值、高加工度化的下游重大项目上。

2）劣势

①现状基础设施缺乏，基础设施前期投入费用比较大。本项目与城市建成区域有一定距离，土建与配套设施建设前期投入资金较大，加大了项目建设期的投资成本。

②物流资源分散、运作方式落后。物流资源未整合，缺乏第三方物流。机械化程度低，物流成本居高不下。物流企业分散，无规模效应。

③信息化应用不足。信息技术应用水平低，未建立起现代化物流信息网络，效率低下。

3）机遇

①政府日益重视现代物流业的发展。本项目所在地政府与上级部门均明确提出要大力发展现代物流业，积极出台支持某市现代物流业发展的优惠政策。

②交通发展机遇。该市交通的快速发展为本项目的开发建设带来了难得的机遇，新建多条高速公路与沿海高速等，为本项目提供了坚实的保障。

③区域物流提升空间大。本项目所在地物流需求不断攀升，但由于长期缺乏现代化物流体系支撑，造成物流成本过高、流通渠道不畅，物流业发展提升的空间很大，相应的基础设施开发具备较大的市场潜力。

④城市配送功能提升空间大。本项目紧邻规划建设的该市新城，未来在城市配送及第三方物流环节上提升空间较大。

4）挑战

①本地市场竞争威胁。本项目所在地已经规划有规模较大、设施完备、功能齐全的第三方物流企业和重点物流基地，这对本项目的发展形成了一定的竞争压力，尤其是本项目作为一个新兴的物流中心，周边的物流对本项目存在严重的威胁。

②物流资源整合的市场障碍。目前，本项目所在地的周边已经具有一定的零散仓储能力，因为其经营习惯和低价竞争方式，都将在相当长的时间内构成本项目整合物流资源的市场障碍。

（2）定位

1）总体定位

本项目紧临规划建设的该市新城，本项目总体定位为：以该市综合发展战略为基础，依托周边完善的公路铁路网络，辐射周边地区，建立公路货运枢纽、区域及城市配送中心，服务于电力能源、石油化工、钢铁、机械制造等优势产业的加工及配套仓储、商品的展示交易，并提供车辆辅助服务、生活配套服务以及公共信息平台等配套服务，将本项目打造成地区重要的以工业储配和城市配送为主导的综合性物流中心。

2）服务定位

根据本项目的总体定位和交通区位优势，确定本项目的服务功能，其主导功能归纳为区域间物流服务和城市物流服务两大类，主要通过公路运输方式的转运。

本项目产业包括3类：一类是能源化工业（无危险性石油产品等），二类是装备制造业（汽车装配、煤炭机械、钢铁制造等），三类是商贸业（日用消费、家具建材）。

3）功能定位

本项目主要为该市及周边地区各工商企业产品提供生产加工、运输、仓储、配送、交易以及包装、信息、结算等增值服务，建立公路货运枢纽、生产加工中心、区域配送中心、多元化仓储物流中心以及商品交易中心等。

①中转运输。包括2类：一类是干线运输，即大宗货物区域间的长途运输业务；

二类是零担运输，即散货的揽收、暂存、集货、运输等业务。

②仓储。包括3类：一类是工业产品的仓储业务；二类是商业产品的仓储业务；三类是大宗物资的暂存业务。

③区域配送。包括3类：一类是为区域内各商业市场提供一体化的商品配送服务；二类是为区域内社区、饭店、旅游景点等提供一体化的商品配送服务；三类是为区域内制造企业提供原材料的配送服务。

④加工流通。包括2类：一类是能源加工流通；二类是工业产品加工流通。

⑤商贸物流。主要是提供各优势行业产品的展示、交易和集散服务。

⑥物流信息服务。建设物流公共信息平台，完善物流信息网络，通过信息系统支撑日常的业务运营，提供技术、金融结算等服务。

（五）工业园区 PPP 项目关键在统一招商

1. 项目背景

所谓工业园，其定义是指建立在一块固定地域上且由众多制造企业和服务企业所形成的综合性的企业社区。在这个企业社区内，不同的制造企业和服务企业通过共同管理经济和环境方面的事宜，从而获得更大的经济效益和社会效益。某县地处华北中心，地理位置优越，距离周边两个国际化大城市只有约一小时车程。2000 年初，某县地区生产总值仅 20 多亿元，财政收入不足 2 亿元。为加速发展本地经济，2003 年初该县政府创新发展思路，决定建设一个现代化的工业园区（以下简称“本项目”），本项目采取“政府主导、企业运作、合作共赢”的市场化运作方式。

2. 基本情况

本项目地处华北中心，总面积 50 多 km^2，总投资规模 100 多亿元，其中基础设施（道路、供水、供电、供暖、排水设施等）和公共服务设施（公园、绿地、广场、教育、医疗机构等）投资占总投资的四成左右。项目于 2003 年正式启动。

3. 合作模式

某县人民政府通过公开竞标引入知名社会资本某投资开发公司作为战略合作者，双方采取 PPP 模式下的 BOT 模式合作，具体由该投资公司设立 PPP 项目公司进行运作。该县人民政府与 PPP 项目公司签订排他性的特许经营协议《某县工业园 PPP 特许经营协议》，特许经营期限 18 年。作为某投资公司的全资公司，PPP 项目公司负责本项目的投资、融资、开发、建设和运营一体化服务。具体来说：

一是配合政府相关部门整理土地；二是投资工业园区的道路、供水、供电、供暖以及排水设施等基建设施；三是投资工业园区的公园、绿地、医疗以及教育等公益设施；四是负责对外招商引资，在全球范围内引进优秀的工商企业，为本项目提供强劲的产业发展支持。此外，该县工业园区管委会履行政府职能，如提供资金、税收等相关政策支持以及本项目运营中的价格及质量监管等，以保证公共利益最大化。在中标社会资本该投资公司回报方面，主要采取“使用者付费＋政府付费”的方式。在风险分担方面，PPP 项目公司主要负责政策风险、债务风险和经营风险，该县政府则负责机会风险，见表 5-3。

风险分担表 **表 5-3**

风险类别	某县政府	某投资公司
政策风险	×	√
机会风险	√	×
债务风险	×	√
经营风险	×	√

4. 案例解读

按照工业园区建设的总体规划要求，该县政府和某投资公司成功探索设计、投资、融资、建设、运营一体化的工业园区 PPP 模式。本项目建成后，经过 10 多年的发展和实践，取得了可喜的成果，积累了丰富的经验，同时也为国内其他同类型工业园项目践行 PPP 模式树立了成功的典范。数据表明，10 多年来，本项目实现了园区道路、供水、供电、供气、供暖、通信等“十通一平”，累计引进项目 600 多个，总投资额高达 700 多亿元，为该县的经济建设作出了卓越的贡献。2014 年底，该县地区生产总值和财政收放分别比 2003 年增长了 7 倍和 33 倍。本项目之所以取得可喜的成果，主要有以下方面的原因，这也是本项目具有借鉴意义的价值所在。

（1）在类似工业园 PPP 项目中，社会资本主要负责项目的投资、建设和运营，引进企业的招商工作则由政府负责或者单独进行招标。那么，在工业园区的整体运作上是单独招商（项目的投资、建设和运营与引进企业分别由不同的社会资本负责）还是统一招商（项目的投资、建设和运营与引进企业统一由一家社会资本负责），这是摆在政府面前的现实难题。本项目中，该县政府授予社会资本投资、建设、运营以及引进企业的一系列工作，实际购买的是包括建设、运营和招商服务在内的一系列服务。这样做的优点有两方面：一是节省了投资主体之间的协调成本；二是形成规模经济效应，大大节省项目的建设和运营成本；三是节省了政府一方的招商成本。对工业园的融资、建设、运营和招商统一打包，统一由单一的社会资本（或者社会资本联合体）负责，能够发挥社会资本在资金、技术、管理上的优势，从而大大提高政府的招商效率和社会资本的运营效率，也便于 PPP 项目的快速落地。

（2）研究发现，本项目作为一个 PPP 项目综合体，既有收益较高的供水、供电、供暖等项目，也有收益率一般的污水处理等项目，还有纯公益类如道路、公园、广场等项目。可以说，与传统上单一的 PPP 项目并不一样。该县政府经过与社会资本充分协商，以各类项目统一由社会资本运作的模式进行合作。这样做的优点有：一是防止社会资本"挑肥拣瘦"，即不愿意投资一些没有收益或收益较低的项目（如道路、公园、广场等），而对收益较高的项目趋之若鹜，竞争激烈，导致低价竞争和"劣币驱逐良币"现象；二是统筹商业项目、产业项目和民生项目，既可以让一家社会资本统一进行规划、设计、运营，又体现了 PPP 模式"盈利不暴利"的原则，最大程度上体现了公共利益的最大化。

不过，在风险分担方面，本项目在县政府和中标社会资本某投资公司之间虽然风险责任划分得很明确，但也有值得商榷之处。本项目中，该县和某投资公司风险分担见表 5-4。

本项目中，债务风险、经营风险由社会资本该投资公司承担，该县政府不负责这两项风险，这是符合 PPP 模式初衷的。PPP 大力推广的一大原因，就是 PPP 模式与以往政府主导的投资、建设和运营模式不同，政府主导项目的投资、建筑和运营模式下，政府一方需要承担债务和运营的责任，而 PPP 模式下融资的责任和经营的责任都转由社会资本承担，风险亦应由社会资本承担。但是业内普遍认为，政策风险[1]应该由政府来承担，原因在于政府部门对政策风险、法律变更

[1] 在项目实施过程中，由于政府政策的变化而影响项目的盈利能力被称为政策风险。

的承受能力强。而社会资本作为市场的主体，有着丰富的技术、管理经验，应对市场的能力要比政府强，所以运营风险由社会资本来承担。2014 年 11 月 29 日，财政部颁发《关于印发政府和社会资本合作模式操作指南（试行）的通知》（财金 [2014]113 号），规定了风险分配基本框架。按照风险分配优化、风险收益对等和风险可控等原则，综合考虑政府风险管理能力、项目回报机制和市场风险管理能力等要素，在政府和社会资本间合理分配项目风险。原则上，项目设计、建造、财务和运营维护等商业风险由社会资本承担，法律、政策和最低需求等风险由政府承担，不可抗力等风险由政府和社会资本合理共担。以下通过风险矩阵说明 PPP 项目的风险分配原则，见表 5-4。

PPP 项目的风险分配原则表 表 5-4

风险因素		政府	社会资本	共同分担
设计建设			▲	
融资			▲	
运营维护			▲	
市场需求				▲
不可抗力				▲
移交			▲	
法律变更	政府可控的	▲		
	政府不可控的			▲
政策风险		▲		
最低需求风险		▲		
系统性金融风险				▲

总的来说，PPP 项目需要设置科学的风险分配机制，才有利于政府和社会资本各方科学地防范风险，才有利于提高政府和社会资本的积极性，才有利于 PPP 项目加速落地。

（六）“PPP+ 产业园区”为行业树立典范

1. 项目背景

位于华中地区的某市是省辖地级市，是新中国成立后首批重点建设的八个工业城市之一。该市公路四通八达，多条省道、国道、高速公路都在境内穿过，还是我国重要的铁路枢纽之一。此外，该市航运可通航至长江并达世界各地。该市经济发达，在该省内经济规模仅次于省会城市，全市总人口400多万人，全市从业人员300多万，全市城镇化率超过60%。近年来，建设产业园成为地方政府招商引资、大力发展经济、加快工业化发展步伐的有力手段。由于区位优势明显，交通便捷，工业基础雄厚，再加上经济增长迅速，2014年1月，该市政府决定建设一座现代化的服饰产业园（以下简称“本项目”），通过借助该市的多方优势，承接沿海地区产业转移[1]，实现该市经济的跨越发展。

2. 基本情况

本项目规划总面积20km^2，总投资约600亿元，主要包括一座服饰生产加工园区和一个布辅料市场。其中服饰生产加工园区占地约500万m^2，布辅料市场占地约80万m^2。本项目具有生产加工、专业批发、仓储物流、生活居住等多项功能，拟吸引500家以上的品牌服饰企业入驻，同时解决50万以上服饰从业人员就业。

3. 合作模式

针对本项目，该市政府采取PPP模式下的BOT模式。经过竞争性磋商，某

[1] 近年来，欧债危机及国际金融市场动荡，世界经济复苏进程缓慢，我国出口贸易整体放缓，再加上受人民币被动升值、原材料和劳动力等成本上升、利润空间受到挤压等综合因素的影响，我国纺织服装、鞋类和玩具等产品出口不断下滑，导致这些劳动密集型产业加速向中西部、东南亚国家转移。

民营公司和某服装企业组成的联合体中标。在具体运作上，由某市政府的投资平台公司与中标联合体共同组建 PPP 项目公司，注册资金 1 亿元。其中某民营公司占股 49%，某服装企业占股 41%，该市的投资平台公司占股 10%。2015 年 3 月，某市政府与 PPP 项目公司签订特许经营协议，特许经营期限 18 年（不含建设期）。PPP 项目公司负责本项目的投资、融资、建设、运营和维护，并以项目收益权获得投资收益。

4. 案例解读

（1）产业园区的建设是加快我国区域经济发展、产业转型和产业调整升级的重要载体，我国产业园区的建设和运营模式主要有：第一种是完全由政府操作的传统模式；第二种是由国有平台公司运营管理的相对市场化运作模式；第三种是完全市场化并由企业完全控制的二级开发模式。目前，部分地方已经开始成功探索出一种新的合作模式，即 PPP 模式，其核心要素有：一是政府和社会资本合作，二是政府授予社会资本或者 PPP 项目公司特许经营权，三是由社会资本主导项目的运营并获得收益。从目前来看，由于产业园区属于公共产品，具有公共服务的属性（投资规模大、运营周期长且总体利润率不高），而政府方在财政压力较大且缺乏经验的情况下，携手有资金实力、技术实力和管理经验的社会资本共同建设产业园区，无疑是一个创新之举。

需要强调的是，自改革开放以来，地方政府一直是基建投资和公共服务项目的主力军。不过，随着我国经济发展进入新常态，财政收入增长放缓：从 2011 年的 25% 下滑至 2014 年的 8.6%，2015 年，全国一般公共财政收入增长 8.4%，而扣除 11 项政府性基金转列一般公共预算影响，全国财政收入同口径增长仅为 5.8%，增速为 1988 年来新低。自 2014 年下半年以来，PPP 被列为国家发展战略并受到中央和地方政府的大力推广。截至 2016 年的 6 月末，财政部 PPP 信息中心全部入库项目 9285 个，总投资额 10.6 万亿元。

本项目正是在上述背景下以 PPP 模式由政府方和社会资本合作建设。

（2）本项目采取 PPP 模式后，在操作方式上积极创新，取得了明显的成果。

1）通常情况下，产业园区采取的是“先建设再招商”的模式，打个比喻就是“客人”还没有确定，“宾馆”却已经建设好。这种模式的明显弊端是风险比较大，如地方政府或者投资人花大量资金建设完产业园区后，却没能按计划招来企业，产业园区只好“晒太阳”，造成大量的资源浪费。而本项目采取的是完全市场化的模式，占有 PPP 公司股份一共达 90% 的某民营公司和某服装企业考虑更多是如何节省建设成本，如何实现更高的投资回报，如何提高项目的运营效率。因此，在本项目的洽谈过程中，市政府和某民营公司、某服装企业深思熟虑，在发挥各自优势的同时，还与广东一家服装企业协会通力合作，借助服装企业的平台，对本项目采取“定向招商”的模式引进园区企业，这样就克服了招商与园区建设脱节的问题，大大规避产业园区建成后无企业入驻或入驻企业少的风险。

2）经过充分的市场调查，本项目的社会资本方发现，虽然近几年我国从珠三角、长三角向中西部以及东南亚国家转移的企业不少，但也遇到很多困难，其中产业链不够健全、产业配套[1]不完善、基础设施建设不足、服务配套不全等尤为不足，导致转移企业生产成本和物流成本过高，考量综合因素，中西部地区和东南亚地区在劳动力、土地成本等方面的优势几乎荡然无存。因此，专注专业化、注重产业配套发挥产业集群优势、提供优势的服务配套成为本项目合作各方主体重点考虑的问题。在实际操作中，本项目明确定位为服饰产业园；定向招商对象为服饰产业链上的企业，打造服饰产业全产业链，大大节省入驻企业的生产、物流、销售成本；在规划产业园区功能的过程中，重点考虑服务配套问题，如为入驻企业提供包括保洁、绿化、工程维护在内的物业服务，为产业园区企业营造一个安全舒适的现代化办公和生活环境。此外，本项目还提供包括停车服务、小型超市、餐饮服务、休闲娱乐、仓储服务、物流快递服务、电商人才培训服务等等。

[1] 产业配套一般情况下是指区域经济发展方面的相关产业条件，是指围绕该区域内主导产业和龙头企业，与企业生产、经营、销售过程具有内在经济联系的上游和下游的相关产业、产品、人力资源、技术资源、消费市场主体等因素的支持情况。

医疗和养老领域

自2014年下半年以来，随着推广PPP的各项配套措施密集出台，PPP迅速进入高潮，并呈现速度快、力度大、范围广的特点。PPP的应用领域也从之前的高速公路等基础设施领域迅速向污水处理、垃圾处理、河道治理等市政建设领域拓展，现已广泛覆盖到医疗、养老等多个领域。从各地方政府公布的PPP项目来看，医疗和养老领域虽然不及交通运输、市政工程、节能环保等行业项目多，但由于其社会公益非常强、影响大，再加上我国已进入老龄化社会，医疗、养老的需求强，此类PPP项目发展势头强劲。

（一）医院 PPP 项目关键在医院定位清晰

1. 项目背景

某市是一座县级市，距离省会城市约 50km，人口 70 余万。目前，该市人民医院拥有 560 张病床，是该县规模最大医疗水平最高的医院。该医院每年住院病人达 3500 多人次，且同时住院人次年均增速 10% 以上，平均每天增加约 100 个病人。因此，某市人民医院现有的医疗条件已经远远满足不了人民群众的就医需求，医院急需提高就医条件、扩大医疗规模、改善医疗环境，让人民群众早日享受现代化的医疗条件。在此背景下，该市政府决定对市人民医院进行整体建设（以下简称“本项目”）。

2. 基本情况

本项目规划设立 900 个床位，1800 个停车位，总用地面积约为 6 万 m^2，总建筑面积约 16 万 m^2，预算总投资 7.8 亿元，本项目分两个阶段建设，其中第一阶段建设内容包括病房楼、感染楼、综合站房以及部分地下停车场；第二阶段建设内容包括门急诊楼以及污水处理站等。

3. 合作模式

项目启动伊始，该市人民政府拟采取传统的模式，即由政府全部出资新建本项目，不过，在国债和市财政配套拨款后，资金只有 2000 万元，远远不能解决本项目的建设资金需求。正当本项目受资金困扰有可能搁浅时，适逢国家大力推广 PPP，各地掀起 PPP 模式的建设高潮。在财政部公布的第一批、第二批 PPP 示范项目名单来看，其中不乏医疗类的 PPP 项目落地。鉴于此，该市人民政府

开始研究本项目能否采用PPP模式进行建设，以使这个政府和人民群众盼望的项目早日落地。在省、市以及第三方咨询机构的帮助下，该市人民政府最终决定对本项目采用PPP模式，借助社会资本的力量，缓解政府财政压力、提高项目的建设和运营效率，满足人民群众的就医需要。

经过公开招标，以医院投资、医疗管理、临床医疗服务为主导产业的某医疗投资管理公司中标。2014年9月，本项目成功签约，这也意味着该省第一个医疗类的PPP项目诞生。本项目采取PPP模式下的BLOT（建设—租赁—运营—移交）模式合作，该市人民政府授权市卫生和计划生育委员会作为项目的实施机构与PPP项目公司签订《某市人民医院PPP特许经营协议》，特许经营期限为15年（含建设期3年）。在投资回报方面，PPP项目公司通过获取可用性服务费及后勤服务费弥补其投资及运营成本，获得合理回报。

在各方专家、第三方咨询机构的建议下，针对本项目，政府方和社会资本方共同成立PPP项目公司，其中政府方授权市城投公司占有PPP项目公司20%股权，中标社会资本持有PPP项目公司80%股权。

本项目分成两部分，具体分工如下：

（1）病房大楼由政府方负责投资，PPP项目公司负责建设。

（2）病房大楼之外的工程由社会资本投资、建设。

（3）本项目建成后，项目设施交付医院使用，PPP项目公司按协议约定提供后勤保障服务。

4. 案例解读

（1）本项目与部分医疗投资机构和政府合作的PPP模式明显不同：有的医疗投资机构与政府合作出资兴建医院，完全由医疗机构出资，结果就是人民群众的医疗费高昂，患者承担着高额的医疗费用，导致群众意见很大；而本项目通过创新，改变了这一弊端，分析发现，本项目根据实际情况由政府和社会资本联合投资，某市人民医院以PPP模式运作的方案并不复杂，关键在于医院的定位很明晰，即某市人民医院是非营利公益性的公立医疗机构，在以PPP模式运作以后依然保留公益性，进一步说，本项目只是基础设施建设由社会资本某医疗投资管理公司承担，政府购买服务，本项目仍属于政府医疗类非营利工程，坚持公立非营利性质，保证国家惠民政策，与国家医疗体制改革趋势一致。

（2）近年来，我国先后出台多个文件，鼓励和支持社会资本介入医疗领域，加快推进公立医院改革（见表 6-1）。如在 PPP 领域，国家政策也大力推广医疗类的 PPP 项目，根据国务院办公厅转发的财政部、发改委、人民银行《关于在公共服务领域推广政府和社会资本合作模式的指导意见》（国办发 [2015]42 号），PPP 共包括能源、交通运输、水利建设、生态建设和环境保护、市政工程、片区开发、农业、林业、科技、保障性安居工程、旅游、医疗卫生、养老、教育、文化、体育、社会保障、政府基础设施和其他等 19 个行业。

推进公立医院改革的相关文件 **表 6-1**

时间	发布部门	文件名称	主要内容
2009 年 3 月 17 日	国务院	《中共中央国务院关于深化医药卫生体制改革的意见》（中发 [2009]6 号）	积极促进非公立医疗卫生机构的发展，形成投资主体多元化、投资方式多样化的办医体制； 积极引导社会资本以多种方式参与包括国有企业所办医院在内的部分公立医院改制重组
2010 年 2 月 11 日	卫生部、中央编办、国家发展改革委、财务部和人力资源保障部	《关于印发公立医院改革试点指导意见的通知》（卫医管发 [2010]20 号）	鼓励、支持和引导社会资本发展医疗卫生事业，加快形成投资主体多元化、投资方式多样化的办医体制； 积极稳妥的把部分公立医院转制为非公立医院，确保国有资产保值和职工合法权益
2010 年 11 月 26 日	发展改革委、卫生部、财政部、商务部、人力资源社会保障部	《关于进一步鼓励和引导社会资本举办医疗机构的意见的通知》（国办发 [2010]58 号）	放宽社会资本举办医疗机构的准入范围：（1）鼓励和支持社会资本举办各类医疗机构；（2）调整和新增医疗卫生资源优先考虑社会资本；（3）鼓励社会资本参与公立医院改制
2013 年 10 月 14 日	国务院	《关于促进健康服务业发展的若干意见》（国发 [2013]40 号）	加快形成多元办医格局：鼓励企业、慈善机构、基金会、商业保险机构等以出资新建、参与改制、托管、公办民营等多种形式投资医疗服务业
2014 年 5 月 28 日	国务院	《深化医药卫生体制改革 2014 年重点工作任务》（国办发 [2014]24 号）	加快推动公立医院改革； 积极推动社会办医：放宽准入条件、推动社会办医联系点和公立医院改制试点工作； 积极推进公立医院资源丰富地区符合条件的医疗事业单位改制，为社会资本进入创造条件，鼓励社会资本参与公立机构改革
2014 年 11 月 16 日	国务院	《关于创新重点领域投融资机制鼓励社会投资的指导意见》（国发 [2014]60 号）	采取特许经营、公建民营、公办公助等方式，鼓励社会资本参与教育、医疗、养老、体育健身、文化设施建设，各级政府逐步扩大教育、医疗、养老等政府购买服务范围，各类经营主体平等参与。 将符合条件的各类医疗机构纳入医疗保险定点范围

资料来源：中国投资咨询整理

（3）目前，我国正积极推进公立医院改革。不过，PPP 模式应用在医疗卫生领域的改革起步还比较晚，存在着一些现实的难题：主要体现在以下几个方面：

1）虽然目前公立医疗对职工采取的是聘请合同制，实际上仍然是过去的行政事业管理体制，对职工的激励不够，流动性也不强。而如果采取 PPP 模式，管理和主导权归社会资本所有，人事关系自然要转到社会资本方，无论是对公立医院主管领导的思想观念还是职工的思想观念都是一大挑战，推动起来比较困难。

2）我国公立医院的收益来源于政府补贴和政策性收益，这对社会资本的回报来说存在较大的不确定性，社会资本的积极性还有待提高。

（二）医院迁建 PPP 项目需公开透明

1. 项目背景

某市位于我国华东地区，周边与 2 省 5 市相邻，交通便捷，经济发达，人口达 200 多万。某市人民医院始建于 20 世纪 40 年代，至今已有 70 多年历史，是一家集医疗、教学、科研、急救于一体的二级综合性医院。2001 年，现址的门楼大楼和病房大楼正式启用。不过，随着近年来该市经济社会的快速发展和人口规模的不断扩大，该市的就医条件、就诊环境以及周边的交通环境已经远远无法满足人民群众的就医需求。鉴于此，该市人民政府计划迁建一座现代化的人民医院（以下简称“本项目”），为该市及周边地区人民提供一流的医疗服务。

2. 基本情况

本项目建设内容主要包括：一座综合楼门诊医技楼（地下二层，地上六层）、病房楼（地下二层，地上二十层，设计总床位数 2000 张）、急救中心（地上六层）、体检中心、科研医疗大楼以及智能立体停车库（300 个停车位）、污水处理设施和垃圾处理设施等附属设施，本项目总用地面积约近 10 万 m^2，总建筑面积约 13 万 m^2。本项目总投资 11 亿元。本项目计划 2015 年 6 月开工建设，2018 年 6 月竣工验收后投入使用，建设期共计 36 个月。

3. 合作模式

鉴于本项目投资规模大，运营周期长，经该市人民政府提案，人大常务会议审议后决定采取 PPP 模式引进优质社会资本合作建设。经过该市政府公开招标，业内知名的某医疗投资公司中标。经过充分协商，由该市人民医院与某医疗投资公司共同成立一家 PPP 项目公司。PPP 项目公司注册资金 5000 万元，该市人民医院出资 1500 万元占股 30%，某医疗投资公司出资 3500 万元占股 70%。本项目建成后，医院的事业性和公益性仍然保持不变。PPP 项目公司负责本项目的投资、建设和运维。双方合作期限 28 年（含建设期 3 年），双方以“使用者付费 + 政府可行性缺口补贴”的模式保证社会资本合理收益。

4. 案例解读

本项目是该市首个成功签约的 PPP 项目，开创了 PPP 模式在该市的先河，不仅为该市在医疗领域的 PPP 模式进行了成功的探索，而且为某市其他领域的项目以 PPP 模式合作树立了典范。

详细分析本项目，具有以下值得业内借鉴之处：

（1）在我国大力倡导 PPP 以来[1]，国家部委相继出台一系列政策文件大力推广 PPP 模式，各级地方政府也积极出台支持 PPP 模式推广的地方性政策，搭建 PPP 项目信息平台，还组织成立专门的 PPP 领导班子，具体负责 PPP 项目的推广和 PPP 项目的落地。据不完全统计，2013 年以来，国家相关部委出台的与 PPP 相关的法规、政策多达 100 多个，各地方政府出台的法规和政策亦数以百计。在国家和各地方政府大力推广 PPP 模式的大背景下，某市牢牢把握这一历史发展机遇，对包括基建和公共服务在内的重大民生项目进行深入调研、广泛推介，最终确定以推进本项目为重点，并发挥其带动和示范作用，从而促进 PPP 模式在全市基建和公共服务领域全面展开。

（2）在具体推进本项目的过程中，某市领导高度重视，且采取了多种富有成效的措施：

1）建立健全 PPP 项目组织架构，由于本项目是某市第一个 PPP 项目，意义

[1] 一般学理认为，PPP 在我国经历了五个阶段：第一阶段为改革开放以来外资大规模进入我国，一部分外资进入公用事业和基础设施领域，其中深圳沙角 B 电厂被认为我国真正意义上的第一个 BOT 项目；第二阶段自 20 世纪 90 年代开始，主要是外商投资特许权项目；第三阶段为 2003 ~ 2008 年，特点为以国有企业为主导，这期间 BOT 和 TOT 模式较为流行，其中北京地铁 4 号线项目等被视为经典的 PPP 项目；第四阶段为 2009 ~ 2012 年，国家出台 4 万亿经济刺激计划，加上地方政府对基建和公共服务的投资主要来源于财政收入、土地出让收入和地方融资平台融资，PPP 的发展较为缓慢；第五阶段自 2013 年开始，国家大力倡导 PPP，我国兴起了 PPP 推广的热潮，PPP 模式再度进入活跃期。

非常重大，本项目的成败不仅关系到项目自身，而且关系到未来某市其他基建设施和公共服务项目的推广。因此，本项目成立了以分管市长为组长，市政府办公室、财政部门、发改部门以及卫生部门领导为成员的PPP项目领导小组，统筹谋划，密切配合，顺利推进本项目。

2）总体来说，PPP在我国还处于起步阶段，无论是PPP法律法规的健全，还是PPP项目所遇到的风险上，地方政府在推广PPP的过程中都面临着方方面面的挑战。而PPP模式本身涉及投资、融资、建设、运营、维护等多个环节，需要复杂的法律、金融、财务、技术和管理等方面的专业知识。换句话说，需要一支专业化的人才队伍才能操作PPP项目。而现实情况是目前我国部分地方政府还缺乏专业的人才、对于PPP还是“摸着石头过河”。该市政府深刻地认识到，专业的PPP咨询机构是保障PPP项目合同严谨科学、风险分担合理、操作规范严密的重要保障。因此，该市政府充分发挥第三方中介机构的智力优势，“花小钱办大事”，聘请第三方机构为PPP项目本身提供全生命周期[1]技术服务，取得了可喜的成果。

3）正是意识到PPP操作过程中人才队伍的不足，该市政府依靠第三方咨询机构的力量。令人称赞的是，该市政府并没有采取图省事、图简单的方式，即单纯借鉴第三方咨询机构的力量服务于项目本身，而是在引进第三方咨询机构的同时，还通过项目运作锻炼政府的队伍，加强政府方的人才培养，提高政府方实际操作PPP项目的人才的专业能力。具体采取“走出去，引进来”的方式培养，即请专业咨询机构、业内专家做专题讲座，组织相关人员到外地学习，调研取经。某市政府这样做的效果非常显著：通过理论与实践相结合，既成功完成了项目的落地，又锻炼了一大批高素质、高水平的PPP专业人才队伍，为未来政府推广PPP项目奠定了坚实的基础，可谓一举多得，目光长远。

4）本项目中，某市政府与社会资本方合作还有一点值得称道的地方就是项目监督的公开透明。众所周知，在PPP项目推广的过程中，公众反对风险是包括政府、社会资本在内的各方较为担心的风险之一。所谓公众反对风险，主要指由于拆迁、环保等多方因素导致公众利益得不到保护或受损，引起公众反对项

[1] 全生命周期（Whole Life Cycle），是指项目从设计、融资、建造、运营、维护至终止移交的完整周期。

目所造成的风险。本项目属于医院 PPP 项目，虽然不涉及环保等社会第三问题，但属于社会资本进入医疗体系，社会大众会担心自己的利益受损。为了保障社会公众、投资者的权益，本项目创新监督机制，具体来说：本项目由 PPP 项目公司负责投资、融资、建设、运营、维护，政府一方主要负责项目建设、运营和维护的监督；不仅如此，由政府与第三方合作监督，即由同本项目无直接利益关系的第三方作为政府监督的良好补充；为保障社会公众的切身利益和知情权，本项目公开披露医疗收费价格，定期接受社会公开透明的监督。

事实上，财政部《关于印发政府和社会资本合作模式操作指南（试行）的通知》（财金 [2014]113 号）明确规定，政府、社会资本或项目公司应依法公开披露项目相关信息，保障公众知情权，接受社会监督。社会资本或项目公司应披露项目产出的数量和质量、项目经营状况等信息。政府应公开不涉及国家秘密、商业秘密的政府和社会资本合作项目合同条款、绩效监测报告、中期评估报告和项目重大变更或终止情况等。社会公众及项目利益相关方发现项目存在违法、违约情形或公共产品和服务不达标准的，可向政府职能部门提请监督检查。

（三）民间资本积极介入养老 PPP 项目

1. 项目背景

位于我国中部的某市现有 60 周岁以上老人 70 多万人，占总人口的比例超过 15%，而 65 岁及以上人口在总人口中占比已经超过 10%。根据统计年鉴数据，该市人口老龄化进程明显快于全国的平均水平。按照联合国的传统标准，如果一个地区 60 岁以上老人达到总人口的 10%，该地区即被视为进入老龄化社会。而按照人口老龄化的程度划分，如果一个地区 65 岁以上人口达到总人口比例 7%，该地区即进入严重老龄化。无论是从 60 周岁以上老人占总人口的比例还是从 65 周岁以上老人占总人口的比例来看，目前，某市已经是一个严重老龄化的城市。

从人口数据来看某市已经进入老龄化社会，而另一组数据则凸显出某市在社会养老床位方面严重不足的尴尬。我国的目标是到 2020 年全国社会养老床位数达到每千名老年人 35 ~ 40 张。截至 2014 年，该市每千名老年人拥有床位数刚刚超过 20 张，离国家的标准几乎差了一半。如果严格按照计算国家的目标，该市有 2 万张养老床位的缺口，该市建设养老院尤其是大型的养老院迫在眉睫。2015 年 6 月，该市决定新建一座现代化的大型社会福利院（以下简称“本项目”），以解决某市养老床位严重不足的问题，满足老年人对养老服务的需求，提高老年人的生活质量。

2. 基本情况

本项目规划总床位数 2000 张，项目总投资约 2.1 亿元，占地面积约 5 万 m^2，地上建筑面积 6.3 万 m^2，地下车库 200 个。本项目主要包括综合大楼、康复大楼、智障老人公寓楼、家居养老楼。此外，本项目还包括自理型老人公寓以及配套设

施等建筑，是一家集“三无老人”养老服务、社会养老服务、居家养老服务、养老护理培训、医疗保健以及文化娱乐等为一体的综合性的大型养老机构。

3. 合作模式

针对本项目，该市政府经过慎重考虑，决定在政府债务压力较大、财政资金有限的情况下，采取 PPP 模式下的 BOT 模式引进社会资本共同建设。2016 年 7 月，该市经过公开招标，由民间资本某民营企业中标。经过协商，民营企业在该市设立全资子公司即 PPP 项目公司专门运作本项目，该市政府与 PPP 项目公司签订《某市社会福利院 PPP 特许经营协议》，特许经营期限 28 年（含建设期 2 年，运营期 26 年）。合作期内，PPP 项目公司负责本项目的投资、融资、建设和运维。合作期限结束后，由 PPP 项目公司按照双方签订的特许经营协议约定的内容将项目无偿、完好地移交给某市政府或者政府指定的其他机构。在中标的某民营企业的投资回报方面，合作双方采取“使用者付费 + 政府可行性缺口补贴”的方式收回投资并获得合理回报。

4. 案例解读

（1）近年来，我国老年人口持续快速增长，人们生活水平不断提高，居家养老观念逐渐改变，对社会养老、机构养老、生态养老提出了新的需求，而养老床位严重不足问题、单纯依靠公共财政已经无法满足老年人对养老服务的需求[1]。此外，我国养老行业情况较为复杂，其具有前期投资规模较大、回报周期长、利润率较低等特点。研究发现，与基础设施项目相比，养老 PPP 项目具有收费机制复杂、价格弹性大、使用者要求高、社会敏感性强等特点，这些综合因素导致在养老领域引进 PPP 模式存在较大的挑战。进一步分析发现，截至 2016 年 6 月末，

[1] 据前瞻产业研究院发布的《2015 ~ 2020 年中国养老产业发展前景与投资战略规划分析报告》显示 2014 年年末全国各类提供住宿的社会服务机构 3.8 万个，其中养老服务机构 3.4 万个。社会服务床位 586.5 万张，其中养老床位 551.4 万张。从类型上看，2013 年我国城市养老服务机构数量为 7077 个，农村养老服务机构数量为 32787 个。

财政部 PPP 项目库全部入库项目 9285 个，总投资额 10.6 万亿元。但热潮背后是我国 PPP 项目落地率不高的问题。截至 2016 年 6 月末，落地率 23.8%。而在养老 PPP 领域，无论是项目情况还是落地率都不容乐观。2014 年底财政部公布的首批 30 个 PPP 示范项目，养老项目并未入选最终的名单。

本项目的建设将大大缓解该市养老床位供求紧张的局面，且项目本身兼具经济效益和社会效益，对带动该市养老产业发展，对我国养老项目引进 PPP 模式具有一定的示范作用和参考价值。

（2）养老 PPP 项目公益性较高，相比供水、供电、供暖等市场化程度更高的 PPP 项目来说社会资本投资回报风险较大，因此社会资本尤其是民间资本更加谨慎。事实上，民间资本对 PPP 大多抱以观望的态度，不仅仅是针对养老 PPP 项目，其他 PPP 项目亦是如此，原因主要是我国 PPP 模式面临法律法规不健全、政府信用缺失、融资渠道不畅且融资成本高等诸多难题[1]。现实情况是，在民间资本参与 PPP 项目时，处境较为尴尬：对市场化程度高、收益较高、现金流稳定和盈利前景较好的项目，民间资本积极性很高，但却时常遇到部分地方政府严格的准入管制，这对民间资本产生“挤出效应”；而对市场化程度不高，收益较低[2]、现金流不稳定甚至没有现金流的项目，民间资本又出于风险因素较大的考虑不敢轻易涉足。“好桃子吃不着，烂桃子不敢吃”是民间资本处境的真实写照。激发民间资本的投资活力，提高民间资力的积极性成为当下我国推广 PPP 的过程中要着重解决的问题。2016 年 5 月 9 日，国务院总理李克强在“全国推进简政放权放管结合优化服务改革”电视电话会议上讲话指出，要促进各类市场主体公平竞争。要在相关试点基础上，抓紧建立市场准入负面清单制度，破除民间投资进入电力、电信、交通、油气、市政公用、养老、医疗、教育等领域的不合理限制和隐性壁垒，坚决取消对民间资本单独设置的附加条件和歧视性条款，做到一视同仁、同股同权，切实保障民间资本的合法权益。

---

[1] 2015 年 8 月 25 日全国工商联发布的报告显示，2014 年，民企 500 强已通过 PPP 等方式进入公共服务及基础设施建设与运营领域的民营企业 500 强共有 58 家，占比 11.6%，有意向进入的企业有 136 家，占比 27.2%。目前在全国开展的 PPP 项目中，只有不到 5% 的“社会资本”来自名副其实的民营企业。

[2] 根据 PPP 项目“盈利不暴利”的原则，目前我国 PPP 项目投资收益率普遍在 8% ~ 12%，而根据《2015 中国民营企业 500 强分析报告》，2014 年度民营企业 500 强的净资产收益率超过 14%，比绝大多数 PPP 项目包括市场化程度的供水、供电、供暖等优质 PPP 项目的投资收益率还要高。

本项目政府成功引进民间资本建设社会福利院，从政策上讲是落实国家有关激励社会资本参与养老、医疗、教育等项目的精神，也是落实国家的PPP发展战略；从具体操作上来讲，从民间资本的投资回报、风险规避上进行了有益的探索，本项目可以说开创了我国养老产业政府与民间资本成功合作的典范。

（四）生态养老成当下养老 PPP 项目新模式

1. 项目背景

某市位于我国华东地区，近年来，经济和社会发展迅速，人口规模增长很快。调查数据显示，截至 2014 年年底，该市 60 周岁及以上老年人超过 90 万人，占全市总人数的比例近 20%，人口老龄化率远高于全国平均水平。按照联合国的传统标准，该市已进入老龄社会。此外，该市目前老年人口每年以超过 3% 的速度递增，预计到 2020 年，该市老年人将超过 100 万，占全市人口总数的比例超过 20%。与我国其他地方一样，该市也面临着两方面的问题：一是人口老龄化加速，二是养老产业起步慢，养老服务的水平与人民群众日益增长的多样化的、高品质的养老需求不相匹配。鉴于此，该市政府决定建设一座集养老、医疗、生态、文化、有机农业、互联网 + 等有机结合的生态养老中心（以下简称“本项目”），以解决养老设施发展滞后与养老需求快速增长的矛盾，提高人民群众的生活质量，同时解决就业，拉动地方经济增长，

2. 基本情况

本项目位于某市生态旅游度假区内，占地约 450 亩，总建筑面积 60 多万 m^2。与其他传统的养老方式不同的是，该市政府通过理念创新，结合目前经济社会快速发展，人民生活水平快速提高，老年人对养老有着多层次、多样化和高品质需求的特点，将本项目定位于“生态养老”，以养老、医疗、保健为保障，具体的建设内容主要包括：社会福利养老中心、养老公寓、医疗中心、文化休闲中心等。本项目全部建成后，可以容纳 13000 人养生养老。

3. 合作模式

该市是一个老工业城市，矿产资源丰富。随着近几年我国产业转型和经济结构调整，某市也面临经济下行、政府财政收入增长放缓等挑战。针对本项目，某市政府经过充分考虑，决定采取PPP模式下的BOT模式与优质社会资本合作。经过竞争性磋商，一家投资公司、一家建筑工程公司和一家房地产企业组成的联合体中标。某市政府与联合体在该市共同成立PPP项目公司。其中某市政府授权的实施机构占股25%，社会资本联合体占股75%。特许经营期限为30年（含建设期5年）。在合作期内，PPP项目公司负责本项目的投资、融资、建设、运营和维护。本项目总投资约20亿元，计划于2014年6月开工建设，2019年6月全部竣工。

4. 案例解读

（1）《礼记·礼运篇》云："故人不独亲其亲，不独子其子。使老有所终，壮有所用，幼有所长，鳏寡孤独废疾者，皆有所养。""老有所依、老有所养、老有所乐"是当下每个老年人的需求。然而，目前我国养老产业大部分处于传统的基本供养阶段，存在养老产品形式单一、服务低端等传统养老模式的共性问题，养老服务的发展水平无法满足人民日益增长的多层次、多样化、高品质养老需求。而如果要与时俱进，解决人们高品质的养老需求，集养老、保健、文化、休闲、旅游等于一体的生态养老型模式应运而生。正是在这种背景下，该市政府认为充分发挥本项目的生态优势、区位优势，采取区域整体开发模式，建设一座集养老中心、养老公寓、医疗中心、文体休闲中心、有机农业等于一体的现代化养老中心是发展养生养老的最佳选择。

而实际上，本项目在启动前的多年，当地政府就开始了大量深入细致且富有成效的调研工作，通过对本项目所在地的调研论证，发现该地具备建设生态养老中心各方面的条件：从生态环境看，项目地处国家级风景名胜区，景区面积70多km^2，有2个国家级森林公园和200多个景点。平均海拔近500m，森林覆盖率超过 60%，青山绿水，环境宜人，自然风光优美，是世界公认的最适宜人居的纬度和海拔高度，也是远近闻名的长寿村；从交通条件看，该市是地区重要的交通枢纽，具有完善的公路干线。项目所在地距离该市只有 20min 车程，交通便捷，项目选址具有“离尘不离城”的区位优势。项目立足在该市的同时，还向周边十多个城市辐射，未来发展前景广阔。

（2）生态养老成为当下一种新的养老模式，已经开始在一些地方试点并流行。所谓“生态养老”，是指老年人在良好的生态环境和人文环境中快乐生活、健康生活，是一种根据自身的爱好，享受生活、陶冶身心的积极养老方式。地方政府发展生态养老，不仅可以解决老年群众的高品质养老需求，还有利于转变经济增长方式，有利于加强生态文明建设。

需要指出的是，生态养老模式固然是人们急需，但地方政府无法单独支撑巨大的投资。目前，我国正在进行养老制度改革，国家也出台了一系列政策鼓励社会资本积极参与养老产业，为老龄化群体提供优质的养老服务，同时也为社会资本提供了潜力巨大的养老服务市场[1]。就本项目而言，如果按照传统的单纯依靠政府投资的模式，需要政府投入 20 亿元，这对地方政府无疑是巨大的挑战。因此，该市政府创新思路，大胆改革，引入有实力的社会资本和政府共同建设养老服务机构，加快地区养老事业发展，同时结合本项目的实际采取 PPP 模式下的 BOT 模式合作，本项目减轻了政府的财政压力、节约了建设成本、提高了运营效率，同时对拉动地方经济具有重要的促进作用。

（3）本项目建成后，无论是社会效益还是经济效益都非常明显，体现了国家推广 PPP 模式的核心宗旨。正如项目所在地负责人所言，本项目运作 PPP 项目，地方政府把因受困于政府财力不足想干却不能干的好项目变成了现实，为当地及周边群众解决了实实在在的难题。

（4）在回报模式上，本项目采取的是“使用者付费 + 政府可行性缺口补贴”的模式。这种模式无论是从国家政策还是各地实践操作来看，都是受到推崇的。2014 年 9 月，财政部发布《关于推广运用政府和社会资本合作模式有关问题的通知》（财金 [2014]76 号），明确：政府和社会资本合作模式是在基础设施及公共

[1] 目前我国养老服务业市场容量已超过 4 万亿元，到 2020 年将突破 7.7 万亿元。伴随人们养老意识的提升和生活品质的提升，高品质的养老需求有望进一步提升。

服务领域建立的一种长期合作关系。通常模式是由社会资本承担设计、建设、运营、维护基础设施的大部分工作，并通过“使用者付费”及必要的“政府付费”获得合理投资回报；政府部门负责基础设施及公共服务价格和质量监管，以保证公共利益最大化。《通知》同时指出要完善项目财政补贴管理，对项目收入不能覆盖成本和收益，但社会效益较好的政府和社会资本合作项目，地方各级财政部门可给予适当补贴。财政补贴要以项目运营绩效评价结果为依据，综合考虑产品或服务价格、建造成本、运营费用、实际收益率、财政中长期承受能力等因素合理确定。地方各级财政部门要从“补建设”向“补运营”逐步转变，探索建立动态补贴机制，将财政补贴等支出分类纳入同级政府预算，并在中长期财政规划中予以统筹考虑。

七

文化、体育和旅游领域

与高速公路、供水、供电、供暖、燃气、污水处理、垃圾处理等市场化或准市场化的项目有所不同，文化、体育、旅游类的 PPP 项目更多是公益类项目，现金流较差，回报较低，运营收入难以覆盖投资成本，因此社会资本积极性不够。不过，随着各地方政府加大 PPP 模式创新，通过引进商业元素进入项目运营环节，文化、体育、旅游类的 PPP 项目收益开始多元化，社会资本的积极性也越来越高。

（一）文化公益 PPP 项目“算账”是重点

1. 项目背景

某市是一座沿海城市，历史悠久，拥有深厚的文化积淀，曾多次荣获“中国优秀旅游城市”、“国家园林城市”、“全国环保模范城市”、“国家历史文化名城”、“全国文明城市”、“全国宜居城市”等称号。该市区面积 1700 多 km^2，建成区面积 200 多 km^2，全市海域总面积 11 万多 km^2，全市常住人口近千万人。不过，该市在基础设施投入上一直比较薄弱。随着中央支持该市加快发展，该市面临着千载难逢的历史发展机遇。在此背景下，该市决定建造一座文化艺术中心（以下简称“本项目”）。本项目既是该市重点建设的公共文化事业项目，也是一个惠民项目。

2. 基本情况

本项目总建筑面积约 16 万 m^2。本项目总投资约 36 亿元。根据本项目招标公告，本项目拟规划建设内容包括：歌剧院（规模最大）、音乐厅、戏剧厅、艺术博物馆、影视中心和中央文化大厅和其他配套服务区。本项目建设工期为 3 年。

3. 合作模式

（1）本项目采取 PPP 合作模式。本项目投资规模大、子项目多、涉及合作主体多，主要合作模式如下：

1）经过竞争性谈判，社会资本某建设发展公司中标，由政府授权的招标人与某建设发展公司签订本项目 PPP 投资合作协议。

2）根据 PPP 投资合作协议，政府招标人与某建设发展公司在项目所在地合资成立 PPP 项目公司。PPP 项目公司负责本项目投资、融资、建设、运营（包括

对本项目进行商业化运营）和维护。

3）某市人民政府授权该市文化广电新闻出版局与PPP项目公司签订本项目特许经营协议，特许经营期限10年，其中前3年是建设期，后7年为运营期。

4）PPP项目公司和社会资本某建设发展公司签订本项目的施工总承包合同，由某建设发展公司负责本项目的工程施工总承包。

（2）本项目属于社会公益性项目，商业化运营收入远不能实现投资回报，因此需要政府提供可行性缺口补贴。具体操作上：本项目总投资约36亿元，其中建设成本约27亿元，融资补贴约5.7亿元，运营补贴约2.7亿元。

4. 案例解读

近年来，我国PPP领域内文化PPP项目有日渐增多的趋势。与供水、供电、供暖、污水处理、垃圾处理等市场化或准市场化的项目不同，文化公益类项目由于收营收入难以覆盖投资成本导致社会资本积极性不够，从财政部公布的第一批、第二批PPP示范项目可以看出，文化类的PPP项目所占的比例并不高。而本项目之所以成功探索出文化公益类PPP项目的成功经验，有以下几方面的原因和示范意义：

（1）研究发现，本项目虽然成功落地，并在业内产生了良好的示范效应，受到各级领导和社会的高度认可。但回顾本项目落地过程发现，其中也经历了一些波折：

1）本项目最开始筹划时，政府部门的想法是将本项目与片区开发进行打捆运作。不过，相比本项目而言，片区开发涉及的资金量过大，因此在实际运作中出现困难，本项目的推进遇到很大的挑战。2014年，国家开始大力推广PPP，逢此良机，政府部门重新考虑将本项目以PPP模式运作，引入优质社会资本，发挥社会资本在资金、技术、管理方面的优势尽早将本项目落地。

2）针对本项目，某市政府按照国务院、国家部委的相关文件精神进行公开招标。不过，由于公开投标人数不够，本项目出现了两次流标。随后，该市政府授予的本项目实施机构灵活地运用国家政策，将本项目转入竞争性谈判。最后成功与社会资本该建设发展公司达成合作意向。关于PPP项目政府采购、政府选择合作伙伴等问题，国家政策主要体现在以下三个文件上：

2014 年 11 月，财政部印发《政府和社会资本合作模式操作指南（试行）的通知》（财金 [2014]113 号），文件指出，项目采购应根据《中华人民共和国政府采购法》及相关规章制度执行，采购方式包括公开招标、竞争性谈判、邀请招标、竞争性磋商和单一来源采购。项目实施机构应根据项目采购需求特点，依法选择适当采购方式。2014 年 12 月，《关于开展政府和社会资本合作的指导意见》（发改投资 [2014]2724 号）文件规定，在合作伙伴选择上，实施方案审查通过后，配合行业管理部门、项目实施机构，按照《招标投标法》、《政府采购法》等法律法规，通过公开招标、邀请招标、竞争性谈判等多种方式，公平择优选择具有相应管理经验、专业能力、融资实力以及信用状况良好的社会资本作为合作伙伴。2015 年 5 月，国务院下发的《关于做好政府向社会力量购买公共文化服务工作意见的通知》（国办发 [2015]37 号）规定，要完善购买机制，各地要建立健全方式灵活、程序规范、标准明确、结果评价、动态调整的购买机制。结合公共文化服务的具体内容、特点和地方实际，按照政府采购的有关规定，采用公开招标、邀请招标、竞争性谈判、竞争性磋商、单一来源等方式确定承接主体，采取购买、委托、租赁、特许经营、战略合作等各种方式。

（2）由于是文化公益类的项目，因此投资成本、融资成本、建设成本、运营成本和社会资本的投资回报、政府部门的运营补贴成为本项目能否合作成功的重点，也是各方主体讨论的焦点。因此，在“算账”的问题上，本项目在充分考虑本项目的性质、投资者的回报、政府的承受能力、社会公众利益的基础上，积极进行创新。

1）严格控制建设成本。经测算，本项目如果采取政府直接投资，政府每年支付的资金要大大高于以 PPP 模式操作需支付的资金。本项目采取 PPP 模式后，能够发挥社会资本在建设、技术、管理方面的经验优势，降低建设成本，也缓解了政府的财政压力。

2）融资成本不能高于基准利率，利率原则上不能上浮。如果确需上浮，上限不能超过 10%，且须报批招标人；上浮超过 10% 的，由社会资本方承担。

3）本项目属于社会公益性项目，需要政府提供可行性缺口补贴。具体操作上，融资补贴 5.7 亿元，运营补贴 2.7 亿元，其中运营补贴是运营成本与收入的差额。

此外，运营收入不得低于0.7亿元，低于0.7亿元由社会资本弥补不足。这样可以充分发挥社会资本的积极性，提高本项目的运营效率。

总之，本项目在投资成本、社会资本回报、政府补贴方面，体现了PPP模式下社会资本“盈利不暴利”、保障社会公众利益、平滑政府财政支付等原则，可谓一举多得。

(二)体育中心 ROT 项目化解“蒙特利尔陷阱”

1. 项目背景

众所周知，体育场馆是作为体育比赛、商业演出、会议展览等活动的重要载体，一个城市、一个地区甚至一个国家的体育场馆数量、现代化程度等硬件设施和管理水平侧面反映了这个城市、这个地区和这个国家重视体育、重视人民群众业余文化、体育生活的程度。数据显示，我国目前人均体育场地面积只有 1.46m^2，平均每万人拥有的体育场地不到 13 个，与发达国家存在很大的差距，远不能满足人民群众体育活动和健身的需要。为此，我国提出到 2025 年人均体育场地面积要达到 2m^2，经常参加体育锻炼的人数要达到 5 亿人。某市位于我国南部，科技发达，中小企业众多，经济繁荣，城市常住人口过千万。不过，由于该市是近二三十年才崛起的大城市，城市规划更多偏重于经济发展，再加上受城市土地资源稀缺的限制，与快速扩大的城市规模和不断增长的人口相比，该市基础设施尤其是文化、体育等基础设施缺乏，无法满足人民群众文化体育生活需求。2013 年，适逢某国际大型体育赛事落户该市，在此背景下，该市经过详细调研，决定对原有的一座足球场进行改扩建，将其建设成为一座现代化的体育中心（以下简称“本项目”），在承办此项国际体育赛事后，还能够满足人民群众文化体育生活需求，同时能发展体育产业，推广全民健身，一举多得。

2. 基本情况

本项目位于某市东北部，距离市中心仅 20km。本项目总占地面积 50 万 m^2，总建筑面积 30 万 m^2，主要内容包括：主体育场、主体育馆（三层，包括游泳池、室内网球场、室内健身用房等）、体育公园、大众体育服务活动中心、全民健身

广场等体育设施以及体育综合服务区、行政管理楼及餐厅等，总投资约40亿元人民币，建成后将成为该市的地标性建筑。

3. 合作模式

针对本项目，市人民政府决定采取ROT（改建—运营—移交）模式[1]，即该市人民政府将政府此前建成的足球场交给社会资本进行改建、运营并最后将项目移交给政府部门。经过公开招标，社会资本某文化公司中标。该市人民政府与该文化公司签订《某市体育中心ROT特许经营协议》。特许经营期限30年。根据特许经营协议，中标社会资本该文化公司在某市成立PPP项目公司，由PPP项目公司出资对本项目进行修建及配套商业工程建设，同时对本项目进行运营、维护。此外，为更好地实现本项目未来市场化操作和商业化运营，由PPP项目公司与其他相关公司签订商业协议：一是为本项目的投资、融资、建设和运营、维护与金融机构签订融资协议；二是与常驻体育团队和赛事组织机构签订长期场馆租赁协议；三是与专业运营公司签订商业运营协议；四是与供水、供电等单位分别签订供水、供电协议。本项目结构图如图7-1所示。

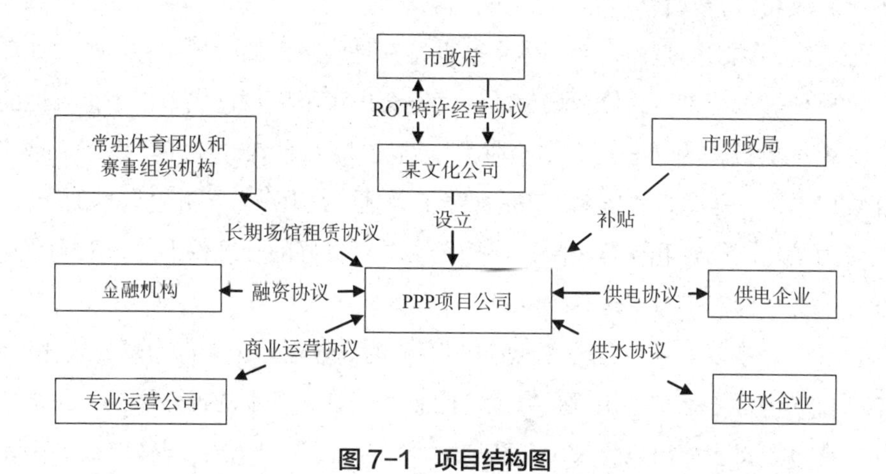

图7-1 项目结构图

[1] 根据社会资本投资介入项目的不同时期，主要分为：参与项目初始投资建造，以BOT、BOO为主；项目建成后受让运营，以TOT为主；对项目升级改造进行投资后运营，以ROT为主。

4. 案例解读

本项目建成后，成功地举行了某国际大型体育赛事，提高了该市的形象，扩大了该市的影响力，同时为该市将来组织体育赛事、文艺活动、团体活动奠定了坚实的基础，也为该市人民群众体育健身提供了良好的场所。

（1）研究发现，体育场馆属于社会公益性项目，其主要特点主要表现在：一是公益性强，主要以为人民群众提供健身、休闲、娱乐场所为目的；二是现金流比较小、金融机构支持力度小。总之，体育场馆与供水、供电、供热、交通、污水处理、垃圾处理等市场化程度高、经营性强的项目有很大的区别，因此社会资本积极性并不高。因此，一直以来，我国体育场馆都是以政府为主体融资、建设和运营，这与国际上通行的以 PPP 模式操作体育场馆建设的路径并不相同，效果自然相差很大：以政府为主导建设体育场馆，一方面增加了政府的投资压力和债务风险；另一方面政府的优势主要体现在宏观规划和监管，并不在于建设、技术、管理和运营，以政府为主体进行建设和运营，缺乏激励机制，体育场馆的建设效率和运营效率并不高。当下，在政府财政压力较大、国家大力推广 PPP 模式的当下，借鉴国际成功经验以 PPP 模式建设人民群众需要的体育场馆成为现实的选择。

（2）需要说明的是，在大型体育赛事尤其是国际性的大型体育赛事（如奥运会、世界杯等）结束后，体育场馆的运营便会出现困境，这成为一个世界性的难题，这个现象被称为"蒙特利尔陷阱[1]"。本项目采取 PPP 模式合作，一是节约了建设成本，二是提高了技术，三是加强了管理，大大激发了社会资本的积极性：投资者为了化解投资和运营风险，依托于本项目良好的软硬件平台，采取"体育产业 + 商业运作"的方式运作本项目。

1）社会资本以本项目为平台，通过与专业的商业运营公司以市场方式化运营，为本项目的运营、维护提供资金渠道，同时实现社会资本的投资回报，如举办大型体育赛事、文艺演出以及展览，获取活动门票、商业广告、媒体转播等多元化的收益。

[1] 1976 年加拿大蒙特利尔奥运会，致使蒙特利尔财政负担持续 20 多年；1998 年日本长野冬奥会后，场馆设施高额维护费导致长野经济举步维艰；2000 年悉尼奥运会后部分场馆一直亏损。

2）延长服务链条，通过引入知名酒店、餐饮机构，在完善本项目配套服务的同时，通过商业化运营获得更多的收益。

运营结果表明，“体育产业＋商业运作”的方式化解了大型体育场馆赛后运营难题、加快了社会资本的投资回报，最大化提高了本项目的运营效率，提高了运营的服务质量，从而大大化解了所谓的“蒙特利尔陷阱”。

体育产业是一个蕴藏巨大商机的新兴产业。随着我国经济社会的高速发展，人们生活水平的不断提高，对体育场馆的建设需求日甚。未来会有越来越多的体育场馆 PPP 项目落地。本项目为推进体育行业的 PPP 模式树立了成功的典范。

（三）旅游 PPP 项目不可忽视周边土地价值

1. 项目背景

某市是一座古城，旅游资源丰富，尤其是人文资源享誉海内外。一直以来，某市人民政府都希望打造一个集人文、风景与旅游于一体的旅游胜地，以扩大城市的影响力，拉动经济增长，但受制于政府资金不足，始终未能将项目落地。近年来，贵州、北京、陕西、湖南等多地政府改变此前以政府投资旅游项目的做法，引进社会资本，通过与社会资本合作，解决了项目开发中的资金问题，取得了良好的效果。鉴于此，该市政府决定引进社会资本建设一座大型文化公园（以下简称“本项目”）。

2. 基本情况

本项目占地 20km^2，包括新建 7 处人文景观，9 处文物保护单位、8 处历史建筑的保护修缮。基础设施工程包括道路、给排水、环卫、绿化等。

3. 合作模式

由于本项目开发范围大、难度大，因此开发建设资金及前期拆迁安置成本数额较大，如果仅靠本项目建成后门票收入及租金收入难以满足资金需求。因此，该市政府经过慎重考虑，决定对本项目采取 PPP 模式合作建设。经过公开招标，某文化发展公司中标，由该市政府与某文化发展公司签订特许经营协议，特许经营期限 30 年。某文化发展公司在项目所在地设立 PPP 项目公司，负责本项目的投资、建设和运营，并以“使用者付费 + 土地增值 + 政府可行性缺口补贴”的模式获取回报。

4. 案例解读

（1）长期以来，我国旅游业主要依赖政府投资和银行业金融机构贷款，存在融资渠道单一、投资主体单一和引进社会资本不足的问题，可以说，资金问题阻碍了我国旅游产业的发展和旅游产品结构的转型。而反过来，社会资本却持币寻找旅游投资机会。可以说，国家大力推广 PPP 模式为广大社会资本进入旅游行业打开了通道。从国家政策来看，也是重点支持旅游行业开展 PPP 模式合作。2014 年 12 月，国家发改委发布的《关于开展政府和社会资本合作的指导意见》（发改投资 [2014]2724 号）指出："PPP 模式的适用范围主要为政府负有提供责任又适宜市场化运作的公共服务、基础设施类项目。燃气、供电、供水、供热、污水及垃圾处理等市政设施，公路、铁路、机场、城市轨道交通等交通设施，医疗、旅游、教育培训、健康养老等公共服务项目，以及水利、资源环境和生态保护等项目。"而根据国务院办公厅转发的财政部、发改委、人民银行《关于在公共服务领域推广政府和社会资本合作模式的指导意见》（国办发 [2015]42 号），PPP 共包括能源、交通运输、水利建设、生态建设和环境保护、市政工程、片区开发、农业、林业、科技、保障性安居工程、旅游、医疗卫生、养老、教育、文化、体育、社会保障、政府基础设施和其他等 19 个行业。从国家财政部公布的第一批、第二批 PPP 示范项目来看，其中旅游 PPP 项目占了相当大的比例。

（2）从市场和公益的角度来看，旅游行业具有公益性（为游客提供旅游资源）和商业性（注重市场化运营，以满足旅游资源的持续运营和维护，同时满足投资者的投资收益）双重属性，因此，旅游业具有借力 PPP 模式的天然基因：一方面，我国大力推广的 PPP 模式，其主要对象是基础设施建设项目和公用事业项目，"公益性"特征明显，且许多 PPP 项目本身就是纯公益类项目，如环境综合治理、河道治理、公园建设等；另一方面，从社会资本的投资回报来看，PPP 项目主要有三大类，一是供水、供电、供暖等完全市场化的商业项目，二是污水处理、垃圾处理等准市场化的准商业项目，三则是前述的纯公益类项目。从实践操作来看，社会资本参与 PPP 项目积极性不一，其最看中商业性项目，其次是准商业性项目，纯公益类项目最差。而旅游行业除具有公益性质外，还具有商业性质，适于市场化运作，这也正是社会资本所看中的。对地方政府而言，拥有旅游资源尤其是优质的旅游资源，是吸引优质社会资本的一张“王牌”。

（3）本项目以 PPP 模式合作建设，对旅游 PPP 项目具有一定借鉴意义，主要表现在以下几个方面：

1）本项目既具有社会效益，又具有经济效益，属于旅游行业中典型的准经营性项目。正是抓住了本项目的核心特点，才促使政府和社会资本以 PPP 模式进行合作。确定好合作模式后。合作双方发挥各自的优势，按照国家有关 PPP 的法规政策、PPP 模式的特点，同时结合本项目的特点明确责任分工以及科学设计交易结构，从而快速推进本项目。否则，就会重新回到此前政府主导建设和运营的模式，不利于本项目的推进。

2）本项目开发建设资金及前期拆迁安置成本数额大，如果仅靠项目建成后门票收入及租金收入难以满足项目资金需求。本项目以 PPP 模式合作的一大亮点就是在政府借助社会资本的力量成功“撬动”项目的同时，社会资本通过改善项目周边环境提升项目整体价值，从而最终实现项目的增值。

3）专业化的项目管理机构是项目快速推进的保障。本项目有政府部门牵头组建的委员会，下设专门的决策和执行机构，具体负责本项目的监管。政府和社会资本之间建立了长效的管理机制。

八

PPP 模式之创新

PPP 模式已经上升为国家战略层面。随着 PPP 模式推广掀起高潮，在实际操作层面如何管理及促进 PPP 模式的发展成为国家相关部委、各级地方政府和各类社会资本各方高度关注的问题。在 PPP 实践中，“邻避效应”、社会资本融资渠道不畅、民间资本参与 PPP 面临诸多挑战……一系列阻碍 PPP 落地的问题亟待解决，也急需 PPP 市场参与主体的大胆创新。

（一）地下式污水厂 PPP 项目规避“邻避效应”

1. 项目背景

某市为省辖市，在市区和境内现有两条国家铁路干线和一条地方铁路线，另有 3 条高速公路以及 3 条国道、5 条省道构成市域重要的交通轴线，交通十分便利。该市市域总面积 12000 多 km^2，全市总人口 700 多万，市区人口近百万。近年来，该市经济社会快速发展，但城区污水管网没有形成完整的排放系统，且第一污水厂规模只有 2.5 万 m^3/d，污水无出路，导致部分生活污水和工业废水通过明渠排入河流，造成很大的环境污染。为此，《某市城市供水工程规划（2010 ~ 2020 年）》中明确提出，要完善城镇污水处理系统，在确保市第一污水处理厂满负荷运行的同时，加快市第二污水处理厂建设，并尽快投入运行。2013 年 1 月，该市正式启动第二污水处理厂计划。根据最初的规划设计，该市拟在开发区新建一座传统的地上式污水处理厂，并以 PPP 模式下的 BOT 模式操作。按照正常程序，该市发出招标公告，国内外多家社会资本表达了与该市政府合作的意愿。不久该市政府授权项目实施机构该市水务局与社会资本某知名环保公司达成合作意向。

不过，令人意料不到的是，项目拟建地区附近的小区居民、商户听说要在当地建一座污水处理厂后，表达了强烈的反对意见。他们先是找到开发区政府、市水务局表示反对，理由主要是污水处理厂存在建设、运营的环境污染，居民的身体健康受到影响，房屋等固定资产受到损失等。虽然该市水务局和中标社会资本耐心做解释工作，表示污水处理厂建成后将达标排放，不会造成环境污染等，但收效甚微。最后甚至出现了极端的情况，如有的群众准备组织上街游行、堵桥堵路，甚至扬言将来绝不允许施工人员进场等等。面对这种情况，该市水务局和社会资本都面临着很大的压力。对于水务局而言，为了地方政府经济社会的快速发展，为了改善当地的环境，为了提高群众的生活水平，第二污水处理厂建设迫在眉睫，如果因为公众反对将项目搁置起来肯定不现实。而如果改变建设地点，把污水处理厂建在远离城市的地区，无疑需要大大延长管网设施，投资成本会大大增加，污水处理厂本就是准公益类项目，社会资本的投资收益率并不高，加大管线设施后社会资本是否会继续投资？政府财政是否能承受？这些都是未知数。对于社会资本该环保公司来说，在付出了大量的人力、物力，过关斩将脱颖而出后，如果放弃意味着前功尽弃，可是如果继续深入下去，将面临很大的公众反对的风险，该环保公司决策层开始犹豫起来。

某环保公司经过慎重考虑，另辟蹊径，提出一种新的建设模式：地下式污水处理厂。相比地上式污水处理厂，地下式污水处理厂有以下特点：一方面绝大多数地上式污水处理厂环保达标，但也不排除极端情况的出现，如进水超标，山洪暴发等，使得污水处理厂成为新的污染源，如臭味污染、噪声污染等，对人体健康造成一定危害，影响周边居民正常生活。而地下式污水处理厂处于全封闭状态，没有臭味污染和噪声污染等。另一方面地上式污水处理厂占有面积大，需要建设污水处理构筑物的基本用地，还要污水处理厂绿化带[1]，而地下式污水处理厂占地面积小，仅相当于传统工艺正常占地面积的六分之一左右。这在寸土寸金的城市，无疑具有相当大的优势。

根据规划设计，本项目地下是污水处理厂，地面上是花园式的景观工程和市民休闲广场。本项目建成后，将实现全程网络监控和数字化处理，既大大节约了城市的用地，又减少了对环境的影响，实现了项目的经济效益和社会效益的最大化。面对新的设计方案，某市水务局、某环保公司和当地群众三方均很满意。2015 年 3 月，某市第一座全地下式污水处理厂 PPP 项目（以下简称“本项目”）签约仪式正式举行。就这样，困扰地方政府、社会资本和当地群众的问题通过地下式污水处理厂 PPP 项目得到解决。

2. 基本情况

本项目位于某市开发区，采用全地埋花园式设计方案，将所有水工构筑物及建筑物建成全地下、全封闭状态，项目分两层，深 15m。本项目占地约 98 亩，估

[1] 我国《城镇污水处理厂污染物排放标准》GB18918—2002 明确规定，新建（包括改、扩建）城镇污水处理厂周围应建设绿化带，并设有一定的防护距离，防护距离的大小由环境影响评价确定。

算总投资约 11 亿元人民币，设计处理规模 16 万 m^3/d，采用“预处理 +A^2O+MBR 膜生物反应器 + 臭氧紫外联合消毒”工艺，出水水质达到地表类 IV 类水质标准，处理后的尾水将排入河流，设计出水水质达到一级 A 标准。本项目主要服务范围为该市开发区和老商业区，服务面积约 $36km^2$，本项目的一大特点是地下是污水处理厂，地上是景观工程和市民休闲广场。在景观设计方面，有其突出的特色：绿化风格与周边环境风格协调统一，设计结合当地植物，打造简约大气的园林风格，与四周的景色相协调，改善环境质量；软景与硬景结合，植物栽植避开地下管线，注意植物选择，降低后期维护成本；体现该市当地的植被群落特色和文化特色。

3. 合作模式

自本项目招标以来，引起了国内外多家环保企业的争夺，其中不乏环境领域尤其是水处理行业的龙头企业。某知名环保公司以创新的地下式污水处理厂设计成功中标。该市政府授权该市水务局与中标社会资本某知名环保公司签订了《特许经营权协议》，特许经营期限 25 年。某知名环保公司负责本项目全生命周期的设计、融资、建设、运营维护工作，投资回报采取“污水处理费收取 + 政府可行性缺口补贴”模式。

4. 案例解读

本项目经历波折，虽然最终落地，但其中折射出我国很多现实问题，既有技术问题（如地下式污水处理厂较之地上式污水处理厂有诸多优势，主要优势节约土地、防止环境污染等），也有 PPP 项目推广过程中遇到的障碍，反映在环保领域主要是公众反对风险。近年来，我国因污水处理、垃圾处理、危险废物处置厂等环保设施建设所引发的群体性事件时有发生，多数情况下项目在经历了反复论证、付出了大量的人力、物力和时间成本后最终搁浅，从而造成巨大的浪费，大大打击了社会资本的投资信心。可以说，这方面的例子不胜枚举。

按常理，政府借助社会资本的资金、技术、管理方面的力量对污染环境进行综合治理，让公众享受到优质的公共服务和优美的环境，有利于公众的身体健康。

为什么公众会激烈反对呢？研究发现，这是一种邻避效应[1]，也是 PPP 推广过程中社会资本面临的众多风险之一，也是阻碍 PPP 项目快速落地的重要原因之一。分析产生“邻避效应”的原因，主要是相应补偿不到位、项目建设和运营不达标、有的企业因种种原因违规超标排放。当然，这里面也不排除企业与公众信息不对称、双方互不信任等。如果要妥善解决“邻避效应”，除借鉴发达国家经验，信息公开透明外，关键是要提高项目建设和运营的技术水平，将项目环境影响降到最低。如本项目中，通过采取地下式的污水处理方式，既处理了水污染、又避免了环境污染，还建设了景观工程和休闲广场，同时还节约了土地，从而得到公众的理解和支持。

[1] 邻避效应（Not-In-My-Back-Yard）指居民或当地单位因担心建设项目（如垃圾场、核电厂、殡仪馆等邻避设施）对身体健康、环境质量和资产价值等带来诸多负面影响，从而激发人们的嫌恶情结，滋生“不要建在我家后院”的心理，及采取的强烈和坚决的、有时高度情绪化的集体反对甚至抗争行为。

（二）农村污水整体打包 PPP 案例

1. 项目背景

某县 5 个乡镇 60 多个自然村共 10 多万人，这 5 个乡镇地处偏远的山区，自然环境非常优美，旅游资源丰富，但是各村都没有污水收集管网和污水处理设施，导致村民生活污水随地泼洒和随意流淌。旱季污水横流蚊蝇到处乱飞，臭不可闻，雨季污水则流入河道，对河水造成很大的污染。没有处理的生活污水严重影响了村民的居住环境，对村民身体健康构成潜在危害。对这几个乡镇的生活污水进行治理成为迫切需要解决的重要问题。为大力发展该县 5 个乡镇的旅游产业，建设该地优美的生态环境，彻底解决周边村民生活污水问题，促进经济社会可持续发展，2013 年，该县政府启动农村污水治理工程（以下简称“本项目”），决定对这 5 个乡镇 60 多个自然村的生活污水进行集中治理。

2. 基本情况

本项目是新建工程，建设地点位于某县东南约 8km，某县 5 个乡镇 60 多个行政村的生活污水经污水管线收集后进入污水处理厂，经处理后达标排放。按照该县建设污水治理的要求与水源保护区污水排放的要求，结合县 5 个乡镇污水排放特点，根据地形地貌划分区域，因地制宜，实行集中污水治理模式，运用相对较为成熟的工艺治理农村生活污水，出水达到污水处理厂一级 A 标准，可以回用或直排河道，实现污水的资源化。本项目共有两个主项：即污水处理系统及配套设施、污水管线及雨水管线系统。污水处理系统采用调节、生化处理、膜过滤处理、消毒等工艺，配套设施包括土建工作内容及与本工程密切相关的辅助设施等工作内容。本项目总投资 2.1 亿元，污水处理规模为 1 万 t/d，污水来源为该县 5 个乡镇的 60 多个行政村所排放生活污水及其他废水。

本项目出水水质指标见表 8-1。

出水水质指标　　表 8-1

项目	项目	出水水质
1	化学需氧量（COD）	50
2	生化需氧量（BOD_5）	10
3	悬浮物（SS）	10
4	总氮（以 N 计）	15
5	总磷（以 P 计）	0.5
6	氨氮	5（8）
7	色度（稀释倍数）	30
8	pH（无量纲）	6 ~ 9
9	总大肠菌群数	10

（注：括号外数值为水温大于 12℃的控制指标，括号内数值为水温小于 12℃的控制指标）

3. 合作模式

本项目采取 PPP 模式下的 BOT 模式合作。考虑到各个乡镇单独建设、运营成本会大大上升，同时各个乡镇单独招商会浪费大量的财务成本和时间成本，因此，由某县政府作为招商业主单位，统筹对某县的 5 个乡镇污水处理 PPP 项目进行招商。最后，经过竞标，国内某水务公司中标，由该县政府与某水务公司签订特许经营协议，双方合作 20 年。某水务公司负责本项目的投资、融资、建设和运营。某水务公司的投资回报采取“使用者付费 + 政府可行性缺口补贴”模式，县级财政作为唯一支付单位，大大保障了某水务公司污水处理费用的回收。

4. 案例解读

研究发现，通常情况下，城镇污水项目受到社会资本尤其是环保类社会资本的青睐，主要原因是城镇污水一般采取“使用者付费 + 政府可行性缺口补贴”模式，污水处理量大，且有政府的财政补贴，属于 PPP 项目中的优质项目，自然广受追捧。而农村污水处理项目虽然污水处理量大，但农村居住分散，管网长，投资大，最关键的是大多数乡镇财政困难，无法与城市相比，社会资本的投资风险大，因此对农村污水处理 PPP 项目比较谨慎。本项目成功落地，且取得了不错的成效，主要有以下几方面的原因：

（1）从现实情况来看，目前，我国污水厂数量近 4000 座，但主要分布在城市和县城，污水处理率约 90%[1]。数据显示，我国建制镇约 4 万个，60 万个自然村，全国农村每年生活污水量达 80 多亿 t[2]，占全国水污染物排放量的一半以上，但污水处理率却低于 10%，环境污染情况严重。城镇污水处理市场接近饱和，但农村污水处理市场却非常广大，农村是我国未来污水处理主战场这一定论是业内的共识。专业人士预测，未来 5 ~ 10 年，我国农村污水处理市场每年将新增投资规模在 55 亿元左右。在总产值方面，2020 年我国农村污水处理市场产值将达到 840 亿元，2025 年这一数字将达到 1300 亿元，2035 年将达到 2000 亿元。

（2）从政策层面来讲，国家重点推广以 PPP 模式治理水污染，其中重点包括农村水污染治理。不仅如此，国家还鼓励对项目有效整合，打包实施 PPP 模式。2015 年 4 月，党中央、国务院发布《关于加快推进生态文明建设的意见》，提出了“加快美丽乡村建设，加大农村污水处理力度”。同年 4 月，国务院发布《水污染防治行动计划》，其中对农村环境综合整治提出了具体要求：加快农村环境综合整治。以县级行政区域为单元，实行农村污水处理统一规划、统一建设、统一管理，有条件的地区积极推进城镇污水处理设施和服务向农村延伸。到 2020 年，新增完成环境综合整治的建制村 13 万个。也是在 2015 年 4 月，财政部、环保部联合发布《关于推进水污染防治领域政府和社会资本合作的实施意见》（财建 [2015]90 号），鼓励在水污染防治领域大力推广 PPP 模式，逐步将水污染防治领域全面向社会资本开放。以饮用水水源地环境综合整治、湖泊水体保育、河流环境生态修复与综合整治、湖滨河滨缓冲带建设、湿地建设、水源涵养林建设、地下水环境修复、污染场地修复、城市黑臭水体治理、重点河口海湾环境综合整治、

[1] 据住建部数据显示，截至 2015 年 6 月底，全国设市城市、县（以下简称城镇，不含其他建制镇）累计建成污水处理厂 3802 座。

[2] 据住建部门统计，2010 年末，我国有 272.98 万个自然村，户籍总人口 7.68 亿，占全国总人口的 57.36%。随着农村生活水平的提高，水冲厕所在农户开始普及，洗涤用水增加，农村地区的生活用水量和集中供水率显著提高。

入海排污口清理整治、畜禽养殖污染防治、农业面源污染治理、农村环境综合整治、工业园区污染集中治理（含工业废水毒性减排）、城镇污水处理（含再生水利用、污泥处置）及管网建设、城镇生活垃圾收运及处置、环境监测与突发环境事件应急处置等为重点。国家鼓励对项目有效整合，打包实施 PPP 模式，提升整体收益能力，扩展外部效益，吸引社会资本参与等。

本项目的建设具有重要的现实意义，符合国家当前的政策。项目建成后，减轻水污染所造成的人体健康影响，减少水污染可能造成粮食作物、畜产品、水产品等的产量下降，减少各村分散进行污水处理所增加的投资和运行管理费用。在废物回收利用方面，污水中含有的 BOD、N、P、K 等营养成分经过污水处理后转化到泥饼中用作农肥及养鱼的饲料。此外，本项目节水减排效果明显，每年减少外排不达标污水 60 万 t，COD 排放量 210t，减少 BOD 排放量 65t，减少氨氮排放量 9.75t。本项目具有明显的环保效益和可观的经济效益，无论从环保、节水和企业可持续发展分析，都是一个很好的项目，符合国家环保政策，符合循环经济理念。

（3）从技术层面讲，某县规划建设适合乡村特点的排水设施和污水处理系统，提高乡村污水处理率，同时选择和推广工艺简单、成本较低、净化效果好的自然生物处理技术，提高乡村污水处理能力。

1）污水收集管网与雨水管网是本项目的重要内容。农户污水收集系统需要户内做污水收集管网，集中处理污水方式需要村内敷设污水主管网与入户管网。本项目污水管网包括村内主管网，入户管网。本项目污水收集系统包括化粪池、50km 分管线和 300km 入户管线。根据各村的地形地貌，结合村内规划建设，划分区域，敷设新建污水管网，每个区域形成系统的污水收集管网。该部分工程含污水主十管、污水管网附属构筑物（污水检查井等）等。同时根据各村的地形地貌，结合村内规划建设，划分区域，敷设新建雨水管网，每个区域形成系统的雨水收集管网。该部分工程含雨水主干管、雨水管网附属构筑物（雨水检查井、收集井等）等。

2）本项目采用集中方式治理农村污水，户内冲厕污水、洗浴污水、盥洗污水、厨房污水是主要污水来源，需要农村厕所进行改造，冲厕污水进入小型化粪池，居民院内设集水池，居民将污水排入化粪池，化粪池污水进入户外污水收集管线，供污水处理装置进行处理。在各系统的污水管网终端，根据区域近期计算总污水排放量和远期考虑，确定本区域内的污水处理水量，同时结合本区域的出水排放要求，选用出水水质优秀的 MBR 膜生物反应器工艺。该部分系统含污水处理系统设备和污水调节池、设备机房、回用清水池（考虑处理出水回用时）、生化处理池、MBR 池等污水处理配套土建设施。各区域收集的污水经处理后，达到《城镇污水处理厂污染物排放标准》GB 18918—2002 一级 A 标准，可用于浇洒、农业灌溉、绿化、冲厕及回补河道等，真正使污水也成为可利用且有较高价值的资源。

（4）本项目是一例典型的整体打包的农村生活污水治理工程，工程涉及 5 个乡镇、60 多个行政村、4 万多农户的生活污水处理，建成后服务人口 10 多万人，每天能够处理污水量约 5000 ~ 8000t，基本实现了农村生活污水治理的覆盖。

本项目采取 PPP 模式，统筹解决了当地村镇污水融资、建设及运营的问题，大大改善了区域水环境和生态系统，减少了河道和地下水的污染，对优化当地的环境、提高当地村民的生活品质发挥了积极的作用，也为同类的农村污水处理 PPP 项目树立了典范。

（三）“光伏发电 + 综合体”增加社会资本收入

1. 项目背景

近年来，我国城市小汽车保有量增长迅速，大、中、小城市均相继出现了停车难以及乱停车的现象。位于华北的该市也不例外，据该市公安交警部门统计，截至 2015 年 6 月份，该市小汽车已达 60 多万辆，且每月有近千辆新车入户。由于小汽车快速增长而城市停车泊位缺口极大，给城区道路和停车场带来巨大压力，造成动态交通的严重堵塞，破坏了城市居民的居住环境和城市的形象。医院属于人流和车流的集散地，如某市中心医院在建设初期并未过多考虑停车需求问题，再加上自驾车就医者比例不断增加，导致医院周边交通拥堵、交通事故频发等多种交通问题，还增加了就医者的就医时间。2015 年 3 月，该市决定将市中心医院迁出，并在该市高新区新建一座大型医院，医院占地面积 278 亩，核定床位 1600 张。根据规划，医院投入使用后，年门（急）诊量预计将达到 100 万人次（每日门诊量达 2700 余人次），考虑到医院内自备地下停车空间不足（只有 80 个停车位，且不对外开外，只供医院内部职工使用）、现有平面停车场受地理条件限制只能停 100 辆车左右，该市政府决定建设一座智能立体停车库（以下简称“本项目”），以解决来院就医人员的停车难问题。

2. 基本情况

本项目占地 36 亩，总投资 4300 万元，建设周期为 120 个日历天，包括主体工程 390 个升降横移式立体停车位（根据某市医院总体规划、某市小汽车保有量、日门诊量、停车场设计规范，该智能立体停车库类型为升降横移式，共七层），以及 50 个光伏发电充电桩、一座 100m² 全自动洗车房、一个 2000m² 超市以及若干个共 1000m² 的餐饮门店等。立体车库设计时综合考虑“节能环保”和“绿色

建筑”理念，通过敷设光伏组件，建立光伏发电充电桩，不仅可满足立体车库电气设备供电要求，而且可为就医者、医护工作人员、周边群众提供电动汽车充电服务。立体停车库整体外观与医院主体设计风格融为一体，与周边环境融合性好。工程计划于 2016 年 3 月开工建设，2016 年 12 月底主体工程完工，调试后投入使用（见表 8-2）。

项目规划 表 8-2

项目	单位	数量	用地比例
立体车库用地	m^2	600	3.91%
配套服务用房用地	m^2	3000	19.60%
平面停车场用地	m^2	774	5.05%
道路及广场用地	m^2	8417	54.89%
绿化用地	m^2	2537	16.55%
围墙	m	475	
大门	个	3	

项目总投资 4300 万元，按照项目概算方案估计的投资明细见表 8-3。

项目投资 表 8-3

项目	金额（万元）
立体停车库投资	1100
配套服务用房投资	601
地面停车场投资	22
路面硬化投资	210
绿化投资	12
室外管线及照明投资	35
围墙及大门投资	30
配电设备投资	300
太阳能发电设备投资	80
空中走廊	200
土地购置费	1710
合计	4300

3. 合作模式

经过前期招标，该市政府与国内知名的某智能立体停车库投资管理有限公司（以下简称某智能立体停车库公司）达成合作意向，双方以 BOT 模式合作。该市政府按照有关法律法规规定授予某智能立体停车库公司特许经营权。期限为 25 年，自特许经营合同签订之日起算。某智能立体停车库公司负责该市新建医院智能立体停车库项目的设计、投资、融资、建设和运营。某智能立体停车库公司投资回报采取停车费收取 + 政府差额补贴模式。

4. 案例解读

智能立体停车库建设属于市政公用设施，公益性强，且立体停车库大多是作为单一的服务体，即仅为周边的政府、写字楼、医院等提供停车服务，完全靠收取停车费维持运营，收入来源单一，不能盈利或微盈利。总的来说，智能立体停车库 PPP 项目具有投资规模大、回报周期长、收益率低等特点，社会资本积极性普遍不高。

因此，为了解决某市新建医院停车难问题，保障项目的顺利落地，进一步提升医院的公共服务水平，同时实现自身的收益，某智能立体停车库公司经过充分调研并参考经济发达地区的先进经验，决定创新设计理念，从节能和扩大收入来源两个方面入手，即在建设立体停车库的基础上，还建设一批商业配套设施，保证投资主体的合理收益。具体来说，在满足该市新建医院停车需求的前提下，以立体停车库代替平面停车场，提高空间利用效率，同时在停车库周围建设相应的配套服务设施如全自动洗车房、超市、餐馆等，还能为医院工作人员、就医人员、探望人员及附近居民等的工作、生活提供便利。

（1）在节能方面，本项目采取光伏发电模式，通过光伏发电一方面为立体停车库运行供电、为电能汽车充电、为其他配套服务设施供电，以节约能源；另一方面光伏发电余电可以并网。2013 年以来，国务院、国家发改委、国家能源局、相关省份多次发文推进光伏发电技术的应用，对于分布式光伏并网发电按照全电量补贴（国家补贴 0.42 元 / 度 + 各省补贴），补贴期限原则上达到 20 年。在立体车库顶部敷设光伏组件进行并网发电是本项目的创新应用，不仅推进了建筑节能，而且可以取得可观的经济效益。

（2）在立体停车库节省的土地上建设综合超市、餐馆、全自动洗车房等商业配套设施。配套设施主要有 50 个电能汽车充电桩、一座 $100m^2$ 全自动化洗车房，一个 $2000m^2$ 大型综合超市以及若干个共 $1000m^2$ 的餐饮门店。

（3）项目收入估算

1）停车泊位出租收入。预计立体车库建设初期的就医量可达到预计日门诊量的 40%、第 5 年达到 50%、第十年达到 60%，在所有的就医者中驾车就医的比例按 30% 计，停车时间不超过 2 小时的有 50%、不超高 3 小时的有 30%、超过 3 小时的有 20%。由此，立体车库运营初期可得年收入为 52 万元，第 6 年可得年收入为 86 万元，第 11 年可得年收入为 109 万元。

2）商业铺面出租收入。为方便医院工作人员、来院就医人员及附近居民的工作、生活，在立体车库周边配置建设相应超市和餐饮门店，年租金收入 210 万元。

3）广告位出租收入。本项目所建停车库为公共立体停车库，符合广告位设置的规划和标准，因此拟建立 $100m^2$ 的 LED 显示屏，根据某市广告费租赁的收费标准，$100m^2$ 的 LED 显示屏每月租赁标准为 1 万元，则一年可得的广告位租赁收入为 12 万元。

（4）经计算本项目所得税前财务内部收益率[1]为 7.12%，所得税后财务内部收益率为 6.18%，本项目具有一定的盈利能力。经计算本项目所得税前投资回收期为 9.75 年，所得税后投资回收期为 11.98 年，表明本项目有一定的盈利能力和抗风险能力，能够回收投资。

最后，某智能立体停车库公司设计的“光伏发电 + 综合体模式立体停车库”成功中标。

[1] 项目财务内部收益率是指在项目整个计算期内各年净现金流量现值累计等于 0 时的折现率，它是考虑项目盈利能力的相对指标。

（四）PPP 模式在经营性收费公路中的应用

1. 项目背景

某省 A 市到 B 市的主要公路是一条省道，公路等级为三、四级，公路等级较低，坡陡弯急，路基狭窄，路况较差。落后的交通状况是制约当地发展的因素之一。近年来，随着 A 市、B 市等区域社会经济的快速发展，人民生活水平的不断提高，汽车保有量也随之快速增长，现有的三、四级公路不能满足交通量的需求，且部分路段街道化严重，交通已成为制约地方经济发展的瓶颈。为此，某省拟建一座从 A 市到 B 市的高速公路（以下简称“本项目”），本项目的建设将缩短 A 市到 B 市的运营里程约 53km，全面改善行车条件，提高公路服务水平，满足通道交通量快速增长的需要。不仅如此，本项目的建设对开发利用矿产资源、加快本项目区域脱贫致富和该省旅游业的发展具有重大战略意义。

2. 基本情况

根据本项目在某省高速公路网中的功能定位和预测的交通量，按照交通部颁布的《公路工程技术标准》JTG B01—2014 的规定，结合沿线的地形、地质条件、区域路网组成，全线采用设计速度 80km/h 的四车道高速公路标准。另外从节省投资、节约占地的角度，路基宽度采用《公路工程技术标准》允许的最小值，即 21.50m。本项目全长约 53km，全线共有 40 座桥梁，桥梁占路线总长的 27%。全线共设置隧道 11 座，隧道占路线总长的 21%。全线设 6 座互通式立交，设 1 处服务区、1 处停车区、5 处匝道收费站。

3. 合作模式

针对本项目，某省政府拟采取招商引资按 PPP 模式与社会资本合作。经过公开招标，社会资本某投资公司和某公路建设集团组成的联合体中标。政府和社会资本以“BOT+EPC”模式合作。经某省政府授权，该省交通运输厅作为本项目的实施机构与中标社会资本成立的 PPP 项目公司签订特许经营协议，特许经营期 20 年（不含建设期）。中标社会资本联合体负责本项目的投资、设计、施工总承包。社会资本回报方面，以本项目的收费权、服务区经营收费、项目区域广告经营的方式收回投资并获取投资收益（见附录七）。

4. 案例解读

研究发现，PPP 模式是我国当前建设高速公路的重要方式，也是解决地方政府债务压力、提高项目运营效率的重要手段。

（1）近年来，随着我国公路建设进程不断加快，高速公路严重亏损的问题随之暴露。截至 2013 年底，全国收费公路债务余额为 34308 亿元。全国收费高速公路中，政府还贷高速公路债务余额 17559 亿元，经营性高速公路债务余额 13727 亿元，分别占收费高速公路债务余额的 56.1% 和 43.9%。高比率的债务性资金导致全国收费公路的支出绝大多数用于还本付息，2013 年度，全国收费公路还本付息支出占当年通行费收入的 86.2%。其中，偿还债务利息 1707 亿元，偿还债务本金 1440 亿元，分别占收费公路还本付息支出的 54.2% 和 45.8%。2013 年度，全国收费公路整体亏损 661 亿元。交通部发布的《2015 年全国收费公路统计公报》显示，我国 2014 年收费高速公路债务金额高达 4 万亿，收支缺口达 3000 亿。

分析认为，PPP 模式是缓解高速公路亏损问题的重要方式。如国内某高速公路采用 PPP 模式后，建设成本降低 9 亿元，不仅如此，如果按政府对该条高速公路建设、养护的总投资来算，政府需对开上高速的小轿车征收 1.67 元 /km 才能收回成本并取得合理利润，但高速公路收费固定，市民只需缴费 0.5 元 /km，其余 1.17 元 /km 的差价需由财政承担，数字达数亿元。但采取 PPP 模式后，通过缩减总投资，只需对小轿车征收 0.88 元 /km 就能收回成本，政府只需补助 0.38 元 /km，政府的运营、维护成本大幅下降，风险大大降低。

近几年，在国家大力推广 PPP 模式的大背景下，在收费公路项目应用 PPP 模式的案例越来越多。本项目中，该省政府与社会资本采取 PPP 模式合作，不仅降低建设成本，而且提高运营效率，政府缓解了财政压力、社会资本能够实现投资收益，公众也享受到了交通的便捷，还拉动了地方经济的发展。

（2）根据投资性质的不同，我国的收费公路分为政府还贷公路和经营性公路两类。所谓政府还贷公路就是由县级以上地方人民政府交通主管部门利用贷款或者向企业、个人有偿集资建设的公路，其投资主体是县级以上人民政府交通主管部门，建设和管理主体应该是依法设立的不以营利为目的的法人组织，社会投资者是无法参与政府还贷公路的。而经营性公路又包括两种，一种是由国内外经济组织依法受让政府还贷公路收费权的公路；另一种是由国内外经济组织依法投资建成的公路，本项目即属于这一种，由社会资本某投资公司和某公路建设集团组成的联合体投资本项目。根据《收费公路管理条例》规定，经营性公路建设项目和收费权转让项目都必须采用招标投标的方式选择投资者。该省采用“BOT+EPC”模式实施本项目并进行公开招标方式确定投资人。需要指出的是，政府还贷公路与经营性公路有所区别，主要体现在投资和收费主体、收费用途、收费管理体系及收费年限不同：

1）投资和收费的主体不同。政府还贷公路投资主体是“县级以上地方人民政府交通主管部门”，是不以营利为目的的法人组织。而经营性公路的投资主体是采用招标投标方式选择的国内外经济组织，为营利性公司。

2）收费用途不同。政府还贷公路收取的车辆通行费只能用于偿还贷款、集资款和支付必要的公路养护费用。经营性公路允许社会资本通过投资建设公路项目获得合理收益。

3）收费管理体系不同。政府还贷公路实行“统一管理、统一贷款、统一还款”的模式建设，其收取的车辆通行费需上缴至财政专户集中、统一管理，只有待财政专户按照经批准的通行费支出预算将通行费返还时，才能作为企业的营业收入。经营性公路收取的车辆通行费则全部属于公司经营收入。

4）收费年限不同。政府还贷公路收费年限一般不超过 15 年，最长不超过 20 年，经营性公路收费年限一般不超过 25 年，最长不超过 30 年。

（五）PPP 项目创新政府抵押担保

1. 项目背景

近年来，某市加快城镇化建设的步伐，进一步完善城镇化体制，优化城镇化格局，提升城镇化质量。按照计划，到 2017 年，该市城镇人口规模将达到 78 万人，常住人口城镇化率达 62%，户籍人口城镇化率达 55%；到 2020 年，城镇人口规模将达到 86 万人，常住人口城镇化率达到 69%，户籍人口城镇化率达到 61%。在此背景下，该市计划对市中心 6 条主要道路进行改造、建设。同时，为进一步提高人民生活水平，计划改造、新建 4 座公园。

2. 基本情况

某市改造市中心 6 条共 43km 主要道路、新建 2 条共 16km 道路、改造火车站站前公园、新建 3 座城市公园等，总投资规模约 16.8 亿元。工程计划 2015 年 6 月开工，2017 年 9 月完成。

3. 合作模式

项目采取 PPP 模式，即市人民政府通过政府采购方式，确定某投资公司为市政基础设施建设社会资本运营商。2015 年 3 月，该市人民政府授权该市建设投资集团公司（国有企业，授权书附后）与社会资本某投资公司本着政府与社会资本共赢、促进城市发展原则，在平等、自愿、协商一致的基础上，双方依照《中华人民共和国合同法》、国家有关 PPP 的指导意见以及《某市政府投资管理办法》签订《某市城市建设特许经营协议》。具体内容为：

（1）某投资公司负责对项目进行投资、建设、管理；办理工程建设的立项申请、

委托勘察设计、申请规划许可、负责工程建设及办理相关许可审批等手续；竣工验收、工程移交、工程保修及工程决算工作；与项目投资、设计、建设、管理相关的其他事项。

（2）某投资公司保证和承诺：

1）负责按与某市人民政府签订的特许经营协议进行投资，并按项目进度及时支付资金，保证项目按期顺利进行。

2）负责按招标管理有关规定选择符合资质条件的设计、施工、监理等单位，负责办理工程立项、施工许可等相关手续。

3）负责项目的质量、安全及进度管理。

4）工程质量需符合设计要求并满足国家有关规范及相应的验收标准，未达到以上标准的按项目总投资额的 5% 计算支付违约金，并赔偿某市人民政府授权的该市建设投资集团公司（国有企业）全部损失。

（3）某投资公司回报方面，该市建设投资集团公司向该投资公司支付项目款（或通过土地拍卖等方式补偿某投资公司收益），付款时间：征地（含租地）、拆迁补偿费用每月核对结算，第二个月付清；工程建设费用（含前期费用）自工程竣工验收之日起五年内，每年拨付 20%。如果逾期付款，需向某投资公司支付延迟付款利息，按年利率 10% 记取利息。

（4）某市建设投资集团公司保证和承诺：

1）负责落实项目内容（包括但不限于立项、设计、规划条件），符合国家及地方有关法律、法规及产业政策，并获得政府相关批复，保证程序的合规性。

2）负责落实或者争取依据国家及地方政策规定能够给予某投资公司实施项目的相关优惠政策。

3）不得就同一项目引进不同投资者，保证某投资公司的持续运营收益。但某投资公司不能按约履行合同义务的，该市建设投资集团公司有权与第三人进行项目合作。

4. 案例解读

在基础设施建设投资方面，地方政府一直是主力军。过去由地方政府主导的基

建投资曾发挥了经济增长的引擎作用，但目前逐步减弱：一方面，由于我国经济发展进入新常态，财政收支矛盾加剧;另一方面，2014 年 10 月 2 日，国务院发布了《国务院关于加强地方政府性债务管理的意见》（简称 43 号文），明确指出首要目标为治理政府性债务。“43 号文”对地方债务开启了严监管模式，使地方政府融资能力大幅受限，城投债风光不再。因此，如何继续推进市政道路建设成为城市基础设施建设亟待解决的问题。本案例中，某市人民政府借国家大力推广 PPP 的东风，成功借助社会资本的力量进行市政道路基础设施建设，无疑是一种有益的探索。

不过，本 PPP 项目投资规模大，考虑到如果因为特殊原因某市政府无力支付项目费用或不能按其他方式进行补偿，某投资公司将面临巨大的风险。此外，某投资公司需要对外融资，金融机构也需要政府方面提供抵押和担保（部分）。为促成本 PPP 项目的落地及降低自身的投资风险，某投资公司提出了由政府提供抵押担保的条件。经过双方协商，某市政府将其土地及建筑物（评估价格 2.3 亿元）作为双方签订的特许经营协议的履约担保。以下为《房屋抵押合同》和该市财政局的《财政履约担保函》。

房屋抵押合同

甲方（抵押人）：某市建设投资集团公司（代表该市政府）

法定代表人：

地址：

联系电话：

乙方（抵押权人）：某投资公司

法定代表人：

地址：

联系电话：

鉴于与乙方于　　年　月　日签订的《某市道路及公园建设特许经营协议书》，为确保甲方按约履行项目合同，保障乙方各项约定权利的实现，甲方自愿作为抵押人提供担保抵押，根据《中华人民共和国担保法》、《中华人民共和国城市房地产管理法》、《中华人民共和国城镇国有土地使用权出让和转让暂行条例》等规定，订立本合同。

第一条　抵押物（详见抵押物清单）

楼宇名称、座别及房号：

所有权人：

所在位置：

建筑面积：

《房地产证》编号：

第二条　经双方确认上述抵押物价值为：

第三条　抵押担保的主债权

抵押担保的范围包括《某市道路及公园建设特许经营协议书》确定的乙方的主债权及利息、违约金、赔偿金和实现抵押权的费用（包括评估、拍卖、诉讼、律师、会计及其他费用）。

第四条　在本合同签订后　日内，甲、乙双方持本合同及该抵押物的证明文件到有关管理部门办理抵押物的登记手续。

第五条　甲方保证该抵押物在本协议之前未设定抵押。保证对抵押物拥有完全的所有权，保证抵押物不存在共有所有权或使用权争议等任何足以限制乙方实现抵押权的情况，保证抵押物免遭任何第三人追索。

第六条　甲方应妥善保管抵押物，在抵押期间应有维修、保养、保证抵押物完好无损的责任，并随时接受乙方的检查。

第七条　抵押期间，未经乙方书面同意，甲方不得转让、出租、变卖或以任何其他形式处置或转让本合同项下的抵押物。由此引起乙方的任何损失，由甲方承担责任。

第八条　出现下列情况之一的，乙方有权依法定方式处理抵押物；

一、甲方未履行到期债务；

二、甲方被依法宣告解散、破产。

第九条　处理抵押财产的所得价款，不足以偿还债务的，乙方有权另行追索。

第十条　甲方违反本合同第七条规定，擅自处理抵押财产的，乙方视情况有权要求甲方恢复原状，并可提前收回项目合同项下的项目款。

第十一条　甲方违反本合同第五条规定，隐瞒抵押财产存在共有、产权争议、被第三人追索的情况的，甲方需按《某市道路及公园建设特许经营协议书》规定履行合同义务，并应赔偿给乙方造成的实际损失。

第十二条 本合同自双方盖章后生效，抵押权自登记之日起设立，有效期至担保的债权全部实现为止。

第十三条 合同所附的“抵押物清单”是本合同的组成部分。（见表 8-4）

第十四条 双方在履行本合同时发生争议，协商不成的，提交某市仲裁委员会，按照现行有效的仲裁规则，适用中华人民共和国法律。

第十五条 本合同壹式捌份，甲方执叁份，乙方执叁份，登记部门执两份，均具有同等效力。

甲方（抵押人）： 乙方（抵押权人）：

法定或委托代表人： 法定或委托代表人：

签订日期：年月日 签订日期：年月日

抵押物清单（房产） 表 8-4

序号	所有权人	房产证号	坐落	建筑面积（m^2）	评估价值（万元）	抵押价值（万元）
1	房产					
2						
3						
4						
5						
6						
合计						

抵押人声明：以上抵押物属抵押人所有，不属于《物权法》第一百八十四条所列财产范围，未进行重复抵押，对所提交《抵押物清单》的真实性、合法性承担全部法律责任。 （单位盖章） 法定代表人（签字）： 年月日	抵押权人声明：同意接受抵押 （单位盖章） 法定代表人（签字）： 年月日

财政履约担保函

编号：

致：某投资公司（以下简称："贵司"）

根据贵司与某市政府签订的《某市道路及公园建设特许经营协议书》以下简称"主合同"，我局特向贵司承诺如下：

（1）本函所担保的范围为主合同被授权单位某市建设投资集团公司应当履行的付款（征地、租地、拆迁补偿费用、工程建设费用）及利息、罚息、违约金、损害赔偿金以及贵司实现债权的费用（包括但不限于诉讼费、仲裁费、财产保全费、证据保全费、强制执行费、评估费、拍卖费、鉴定费、律师费、差旅费、调查取证费等）。

（2）保证期间：自主合同约定的付款期限届满之日起 2 年。

（3）若被授权单位某市建设投资集团公司未按主合同中的约定按期足额支付全部款项，我局保证在收到贵司索款通知后一周内无条件将上述经某市建设投资集团公司确认应该支付的款项支付给贵司。

（4）贵司与被授权单位某市建设投资集团公司约定延长履行期限的，不须经我局同意。

（5）本函适用于中华人民共和国法律、法规。发生争议，协商解决，协商解决不成的，提交某市仲裁委员会裁决。

（6）本函自盖章之日起生效。

某市财政局

（盖章）

年　月　日

政府授权书

致：某投资公司（以下简称“贵司”）

兹授权某市建设投资集团有限公司、园林局、住建局、交通局与贵司开展 PPP 项目合作。

授权某市建设投资集团有限公司的授权范围为：

1. 在某市范围内，进行项目的投资、立项、规划、设计、建设、运营、决算与贵司签署 PPP 特许经营协议，并负责合同的履行，支付合同价款等。

2. 与贵司签订相应的（房屋 / 国有土地使用权）抵押合同。

授予某市园林局、住建局、交通局的授权范围为：

在某市范围内，进行项目的立项、规划、设计、建设、运营、竣工验收、决算移交与贵公司签署《项目管理合同书》，并负责合同的履行等。

授权某市财政部门出具相应的财政履约担保函。

授权期限：自本授权签署之日起至 PPP 项目合同履行完毕之日止。

某市人民政府

（盖章）

年　月　日

（六）建筑工程公司进军市政 PPP 领域

1. 项目背景

某市为省辖市，与三省市相连，交通便利，铁路、公路纵横交错，四通八达，是重要的交通枢纽和物资集散地，素有“陆路商埠”之称。凭借突出的区位、交通优势，某市成功入选国家公路运输枢纽城市。近年来，该市通过实施“工业立市、文化兴市、商贸活市”三大战略，实现了国民经济的快速健康发展。某市现有客运班线（长途客运）拥有各种营运客车 600 多辆、运行班线 70 多条。该站有铁路正线 3 条，到发 16 条。

目前，该市共有出租汽车 8000 余辆，在城市综合交通体系中发挥着重要作用，成为人们不可或缺的出行方式之一。但是，在出租汽车行业发展的同时，也暴露出一些问题。出租汽车作为城市公共交通的重要组成部分，目前城区尚未设置一处专门的出租综合汽车服务区，出租汽车没有专业的检测、维修保养场所，阻碍了行业的健康发展，影响了城市形象的提升。此外，出租汽车司机的劳动强度相对较大，相对固定的就餐休息的地点与时间难以保障，存在“停车难”、“吃饭难”、“如厕难”问题。“三难”问题及其带来的影响已引起广泛关注，后两者成为出租汽车司机身体健康的“新杀手”。

出租汽车作为城市公共交通的重要组成部分，是一个城市现代化进程的重要标志，是城市的流动窗口，出租汽车行业的整体服务水平可以折射出一个城市及其居民的素质，品位与格调。通过该市出租汽车综合服务区的建设，将会切实解决出租汽车司机的“三难”问题，为广大出租汽车司机创造更好的服务条件。同时，出租汽车服务区的建设还会提高出租汽车的服务质量，促进出租汽车形象和服务水平的提升，进一步完善某市出租汽车行业的服务网络，为该市的出租汽车行业的持续、快速、稳定发展奠定坚实的基础，为显著提升某市的品牌形象做出贡献。2013 年，该市政府决定新建一座出租汽车综合服务区（以下简称“本项目”）。

2. 基本情况

（1）本项目选址紧邻国道，距离某市火车站约 1000m，距离高速出口和未来高铁站的距离较近，距离某市机场距离大约 16km，地理位置优越，交通便利，是某市的重要枢纽地带。本项目总占地面积 9 亩。依据国家有关出租汽车综合服务区规范的相关要求，本服务区设计应满足同时停放、接待出租汽车 300 辆。餐厅能满足 300 人同时就餐，会议室能一次容纳 300 人开会，维修保养车间能解决 10 辆出租汽车同时维护保养，公共卫生间供 30 人同时使用等。

项目选址位于某市汽车运输公司自有用地上，不仅不涉及征地、拆迁和移民安置补偿，而且水、电、气、管线等公用设施齐全，场地内部供水设施、变压器设备及供电、供排水、配电、通信等条件良好，能够满足生产及生活需求。本项目总投资 2800 万元，本项目计划在 2013 年 3 月正式动工兴建，2013 年 11 完成工程施工安装，2013 年 12 月调试运行，2014 年 1 月正式投入运行。主要建筑物及构筑物见表 8-5，本项目建设方案见附录八。

本项目主要建筑物及构筑物面积汇总[1]　　表 8-5

序号	名称	平方米（m^2）	主要功能
1	停车场	4300	提供 300 个停车泊位
2	综合服务楼	5000	
	一层	1000	洗车间、汽车维修间、业务大厅、展示大厅
	二层	1000	餐厅、会议室、司机活动室、公共卫生间
	三层	1000	办公室、小会议室
	四层	1000	办公室
	五层	1000	办公室

[1] 建设规模是满足服务区功能、适应需求的主要设施的建设面积，是确定总平面布置方案的重要依据。所以建设规模的确定应以满足服务区所确定的各项作业内容为出发点，以设计能力为测算基础，以国家有关部门所颁布的建设要求和标准为主要依据。在充分利用规划土地、满足服务区高效有序作业需求、提高土地容积率和节约投资的同时，还要为今后的发展留有一定的余地。

（2）本项目的基本功能有从业人员培训、学习、停车、用餐、如厕等，同时设有座套换洗存放、车辆维修保养、零钞兑换、洗车、加水（开水）、日用品零售、信息公告、行业管理及服务等配套功能。

（3）本项目定位为：以某市出租汽车为主要服务对象，对其提供停靠、维修保养、清洗，为出租汽车司机提供餐饮、休息、信息发布等一系列必要服务，从而达到四方面的目的：一是为某市出租汽车行业的持续、快速、稳定发展奠定坚实的基础；二是为广大出租汽车司机创造更好的服务条件；三是为提升出租汽车工作人员的服务水平提供间接支撑；四是为显著提升某市的品牌形象做出贡献。

3. 合作模式

针对本项目，某市政府计划采取 PPP 模式与社会资本合作，通过竞争性磋商，某国有建筑工程公司中标，双方采取“BOT+EPC”模式合作。某市政府授权市交通运输局与某建筑工程公司签订特许经营协议，双方合作期限 16 年（含建设期 8 个月）。某国有建筑工程公司负责本项目的投资、建设和运营。资金筹措方面，本项目 3800 万元，其中上级部门专项资金补助 500 万元，其余资金由中标社会资本某国有建筑工程公司负责。

需要指出的是，本项目的建设是适应和促进某市社会经济发展的需要，是适应该市城市总体规划、促进城市整体功能和分区功能实现的需要。出租汽车综合服务区作为城市公共交通的重要基础设施，它的巨大效益更多地体现在社会效益上。经过该建筑工程公司财务测算，预计项目计算期年平均营业收入为 430 万元，项目计算期平均年总利润为 –69 万元，项目运营为亏损经营。亏损资金由政府补贴。由于本项目为非盈利公益性项目，具有充分的社会效益，综合考虑后，社会资本某建筑工程公司的投资回报方式为：特许经营权收入（本项目建成营运后，主要收入包括：餐饮营业收入、车辆服务收入和车辆维修保养收入）+ 政府可行性缺口补贴。

4. 案例解读

（1）出租汽车综合服务区的社会效益主要表现在三个方面：一是项目建设期

与运营期将为发展第三产业提供有利机遇；二是改善某市出租汽车行业服务现状，利于出租行业稳定；提升该市出租汽车行业的服务质量和管理水平，社会效益显著。就本项目而言，本项目是一项耗资较大的公益性基础设施项目，是服务于该市出租汽车的主要服务基础硬件平台，将为促进该市的经济发展起到积极的作用。本项目能否如期建设并长期运营，关键是资金问题。而引进具有雄厚资金、先进技术和丰富管理经验的社会资本尤其重要。作为社会资本，在尽到企业的社会责任，为该市基建做出贡献的同时，也有盈利性的要求。而本项目属于公益性的基建项目，对于社会资本的回报方式，特许经营权收入 + 政府可行性缺口补贴较为现实。

（2）本项目之所以是某建设工程公司中标而非其他社会资本尤其是资本型的社会资本，有着方方面面的原因。事实上，在本项目公告后，也有包括资本型社会资本在内的投资者表达了投资本项目的兴趣，但经过协调和测算，多数投资者认为本项目投资大且回报周期长，从而中途退出。而某建筑工程公司之所以中标，有着重要的原因，也反映了当下 PPP 推广过程中的一种趋势。仔细分析如下：

1）中标社会资本某建筑工程公司的突出优势在建筑领域，而本项目主要以工程建筑为主，这正是某建筑工程的优势所在，也是其他类型的社会资本尤其是资本型的社会资本所不具备的。作为 PPP 项目合作方的政府，其也希望社会资本具有技术上的优势，以便于节省投资，提高工程质量，最大程度上实现社会效益最大化。

2）对建筑类工程公司而言，其投资 PPP 项目的一个重要因素，除了十多年的运营期外（事实上有的建筑类工程公司并不特别看重运营环节，即 BOT 中的“O”），关键是建设环节（即 BOT 中的“B”）。建设环节对建筑类工程公司是一大诱惑，这也是本项目采取“BOT+EPC”的根本原因所在。

3）近年来，随着我国基建投资增速放缓以及房地产行业调整，建筑行业也遇到了不小的困难，2006 年以来，随着我国建筑业企业生产和经营规模的不断扩大，建筑业总产值持续增长，2015 年达到 18 万亿元。但建筑业总产值在经过 2006 年至 2011 年连续 6 年超过 20% 的高速增长后，增速持续下降。2015 年增速仅为 2.3%，下行趋势显著。在此背景下，建筑工程公司投资利润率要求低于其他类型的社会资本。进一步而言，建筑工程类的公司之所以开始进入 PPP 领域，而非此前合作最多的单纯的 EPC 模式或 BT 模式，有着现实的原因：一方面，我国经济发展进入新常态，地方政府财政收支矛盾加剧，地方融资平台受阻，此前以政府为主导的基建投资遇到挑战；另一方面国家大力倡导 PPP 模式[1]，地方政府也积极推广，PPP 模式成为目前我国基础设施建设和公共服务设施项目建设的主要模式。研究发现，建筑类、环保类、工程机械类的企业纷纷进入 PPP 领域。以环保 PPP 为例，近年来，万亿级的环保大市场吸引国内大量的非环保类大公司进入，包括“中字头”大型企业集团都铆足了劲挤进环保行业，有的甚至借 PPP 模式成功转型，此前许多以 EPC 模式或者 BT 模式开拓业务的央企、国企，目前，主要通过 PPP 模式拓展环保项目，深扎环保领域，从而实现自身业务结构的调整和转型。一时间国内环保领域风生水起，竞争异常激烈。

[1] 对于 PPP，财政部 2014 年给出的定义是政府与社会资本为提供公共产品或服务而建立的全过程合作关系，以授予特许经营权为基础，以利益共享和风险分担为特征，通过引入市场竞争和激励约束机制，发挥双方优势，提高公共产品或服务的质量和供给效率。

附录一：

某汽车客运站 PPP 项目财务评价与经济社会影响分析

1. 财务评价基础数据及参数选取

某县汽车客运站 PPP 项目的财务评价参照《投资项目可行性研究指南》及《建设项目经济评价方法与参数》进行。

（1）项目计算期

财务评价项目计算包括项目建设期和生产营运期。

本项目拟于　　年　月开工，建设期一年，　　年　月完工，并于　　年　月投入生产运营。按照《公路运输站场投资项目可行性研究报告编制办法》的要求，本报告中建设期按 1 年计，营运期按 19 年计。共计 20 年。

（2）财务基准收益率的确定

财务基准收益率是项目财务内部收益率指标的基准和判据，也是项目在财务上是否可行的最低要求。某县汽车客运站的财务基准收益率参考采用交通行业 7% 的平均收益水平指标。

（3）其他计算参数

根据国家税收规定：营业税税率按营业收入的 3%；城市维护建设税税率为营业税的 5%；教育费附加为营业税的 3%；所得税税率为 25%。

2. 财务评价

（1）项目营运收入

某县汽车客运站的主要功能是为旅客提供高速、快捷、舒适的服务，由此确定其主要收入为客运代理费收入、小件寄存收入、行李快递收入以及商业出租收入等。收费标准参照国家和地方相关文件内容并根据实际调查的现行运价标准

核算。

在计算营运收入之前，首先要确定运营负荷。该项目的运营负荷按到达设计年度之前根据一定百分比计算，到达之后各年按设计能力计算。

1）客运代理费收入

该收入指客运站为参营车辆组织旅客和提供站务服务按规定比例从售票营业额中的提成收入。它是按票房收入的一定百分比来提取的。其估算公式为：

$$客运代理费 = 365\times(1+\omega)\times e\times f\times s\times P_j$$
$$= 365\times 1.07\times 0.10\times 0.22\times 80\times 11500$$
$$= 790\ 万元$$

式中：ω——行包收入折算系数，按 7% 计算；

e——客运代理费收入提取系数，一级站按规定取 10%；

f——平均客运运价，按加权平均数 0.22 元 / 人 km 计；

P_j——第 j 年车站旅客日发送量；

s——旅客平均运距，按测算的 80km 计。

由于运营期前 10 年某县汽车客运站的旅客日发送量尚未达到设计发送能力，因此，项目运营期第一年客运代理收入按 40% 计算，预计到第 11 年客运代理收入达到 100%，随后每年按 3% 递增。

2）小件寄存收入

指客运站为旅客提供小件寄存服务所收取的费用。旅客需要提供小件寄存服务人数按旅客发送量的 2% 计算，每人次按 3 元计算。预计该项服务收入约为 25 万元。

3）行李快递收入

指客运站向旅客提供的超重行李托运服务。参考其他经济发展相同地区客运站场的收费，预计该项服务的收入约为 80 万元 / 年。

4）司乘公寓收入

指客运站向司乘人员提供住宿服务所得到的收入。客运站建成后约有 65 间客房可提供住宿服务和休息场所，每天每间按 80 元计算，入住率按 80% 计算。司乘公寓收入 = 房间单价 × 总房间数 ×0.8×365=80×65×0.8×365=152 万元。

5）商户和餐饮用房出租收入

指将客运站内商业、餐饮用房出租所得的收入。根据该市目前经济发展的实际水平以及参考其他经济发展相似地区客运站场商业用房的收入，预计未来该县汽车客运站商业开发收入约为 48 万元 / 年。

除客运代理收入外，其他各项收入在运营期的第一年按 90% 计算，预计第二年到达 100%，从第三年起项目各项营运收入按每年 3% 递增。

（2）项目总费用

1）建设费用

根据《建设项目经济评价方法与参数》的规定，财务评价所用价格是建设期内的时价，项目运营期各平均年采用建设期末价格（不考虑营运期内通货膨胀因素），故财务建设费用等同于投资估算。

2）固定资产折旧费

本项目的固定资产分别按房屋站场和设备两部分提取。

①房屋站场固定资产折旧

房屋站场固定资产折旧采取平均年限法，根据规定房屋站场固定资产折旧年限为 30 ~ 50 年，本项目定位 30 年，净残值率 5%。计算公式如下：

$$\text{年折旧率}=\frac{1-\text{净残值率}}{\text{折旧年限}}\times 100\%=3.2\%$$

$$\text{年折旧额}=\text{固定资产原值}\times\text{折旧率}$$

②设备固定资产折旧

设备固定资产折旧也采用平均年限法，净残值率为 5%，设备的折旧年限为 10 年，则：

$$\text{年折旧率}=\frac{1-\text{净残值率}}{\text{折旧年限}}\times 100\%=9.5\%$$

$$\text{年折旧额}=\text{固定资产原值}\times\text{年折旧率}$$

3）站场的日常修理费用

为保证站场生产的正常运行，站场日常修理费用一年按 25 万元计，财务评

价期内以后每年按 3% 的增长率增长。

4）站场职工的工资及福利

根据拟建设项目的规模，达到营运期预定规模时约为 78 人，根据某县现有收入水平，确定每人每年工资福利为 50000 元。

由于运营期前几年该县汽车客运站尚未达到设计发送能力，因此，职工人数未能达到 78 人，因此，运营第 1 年站场职工工资总数按 40% 计算，运营期第 5 年职工工资总数达到 100%，以后每年按 3% 递增。

5）燃料动力费用

燃料动力费用包括为保证站场正常产生而耗费的水、电等费用，根据调研结果，预计第一年的燃料动力费为 32 万元，以后每年按 3% 递增。

6）流动资金

为保证项目初期运营工作的顺利展开，作为生产性投入，需要前期投入一定金额的铺底流动资金，根据《建设项目经济评价方法与参数》中对流动资金“扩大指标估算法”的测量原理，计算得到第一年需一次性投入 52 万元作为项目的铺底流动资金。

7）管理费

为保证站场内的正常生产而发生的职工差旅费、办公用品费等业务开支列为本项目的管理费，第一年 23 万元，以后每年按 3% 递增。

8）其他费用

其他费用主要用于运营过程中未考虑的其他支出和突发事件，第一年需 16 万，以后每年按 3% 递增。

（3）财务评价表

按照《公路运输站场投资项目可行性研究报告编制办法》的要求，在进行可行性研究时，要编制投资项目的《损益表》、《现金流量表》。

（4）财务评价指标

按照《公路运输站场投资项目可行性研究报告编制办法》的要求，在进行可行性研究时，要进行项目盈利能力和偿债能力分析。根据上述财务报表计算以下财务评价指标：

1）项目财务内部收益率（*FIRR*）

项目财务内部收益率（*FIRR*）是指是项目在整个计算期内各年净现金流量现值累计等于0时的折现率，它是考察项目盈利能力的相对指标。经计算本项目财务内部收益率为7.9%，大于给定的基准收益率7%，本项目有一定的盈利能力，但盈利能力较小。

2）财务净现值（*FNPV*）

财务净现值（*FNPV*）是指按设定的折现率 i_c（本项目取值7%）计算的项目计算期内各年净现金流量的现值之和，它是考察项目盈利能力的绝对指标。经计算本项目财务净现值为510.9万元，大于0，表明项目的盈利能力超过设定折现率所要求的盈利能力。

3）项目投资回收期

项目回收期是指以项目的净收益回收项目投资多需要的时间。经计算本项目投资回收期为12.75年，表明本项目有一定的盈利能力和抗风险能力，能够收回投资，但是回收期较一般工业项目长。

（5）财务评价结论

根据项目的财务评价指标分析，本项目在评价期内，财务方面效益可行；尽管项目有一定的盈利能力，但是盈利水平较低，投资回收期较长，是一个公益性较强的项目，需要得到政府和有关部门的大力支持。

3. 社会效益分析

某县汽车客运站的建设是适应和促进社会经济发展的需要，是适应城市总体规划、促进城市整体功能和分区功能实现的需要，是加强公路客运管理、繁荣公路客运市场、增强公路客运企业自身发展能力的需要。公路客运站场是城市重要的交通基础设施，它的巨大效益更多地体现在社会效益上。

（1）有利于运输企业增加经济效益

某县汽车客运站的选址，考虑了某县的城市发展规划、对外交通与城市交通条件的便利程度、旅客出行特点、土地利用等因素，布局合理，选址正确。同时，某县汽车客运站具有良好的设备配置和相当规模的运输需求，因此，投资者在现代化的经营、设备配置下，通过处理相当规模的作业量，能够保障自身的经济效益，从而推动整个运输事业的发展。

（2）有利于提高旅客运输的组织和管理水平

某县汽车客运站先进的通信设备和办公设备，可以缩短旅客运输的调配时间，降低运输企业的运输成本，高素质的管理人员队伍配备，通信信息系统的建成运行，将从根本上改变管理落后、效率低下的状况。

附录二：

某县引水、供水及自来水扩建工程特许经营合同

（节选）

第一章　总 则

为加强城市供水企业管理，保证城市用水安全，某县人民政府以特许经营权的方式出让现有的引水、供水工程及自来水扩建工程，按照政府水价补贴模式支付某环保公司投资、建设和运营费用。项目包括：

某县引水、供水工程：从某水库引水，经过多级泵站提升100余km，引水至城区使用，投资规模5.2亿元；某县自来水厂扩建工程：新建3万m^3/d净水厂以及附属设施，工程预算1.5亿元。

第一条　某县人民政府（以下简称甲方）与某环保公司（以下简称乙方）在中国______省（自治区）某县 市（县）签署本合同。

第二条　合同双方分别为：经中国____省（自治区）某县 市（县）人民政府授权（注：该授权可以通过以下两种形式，1. 该人民政府发布规范性文件；2. 该人民政府就本合同事项签发授权书），中国____省（自治区）____市 某县人民政府，法定地址：____________；和某环保公司，注册地点：____________，注册号：______________。

第二章　合同的应用

第三条　各方同意本合同是乙方在特许经营期内进行项目融资、设计、建设、运营、维护、服务的依据之一，也是甲方按照本合同对乙方在特许经营期内的经营行为实施监管的依据之一。

第四条　当下述条件具备时，为完成融资交割：

（1）乙方与贷款人已签署并递交所有融资文件，融资文件要求的获得首笔资金的每一前提条件已得到满足或被贷款人放弃；

（2）乙方收到融资文件要求的股权投资人的认股书或股权出资。

第五条 当以下先决条件满足时，双方开始履行本合同项下义务：

（1）融资交割完成；

（2）甲方付款条件获得人大决议通过；

（3）依法清产核资、产权界定、资产评估、产权登记，并获本城市人民政府相关部门批准；

（4）按约定交割完资产与资金，须担保、质押等文件依适用法律获得批准；

（5）已经取得依法应当取得的其他批准文件。

第六条 甲方和乙方声明和保证如下：

（1）双方有权签署本合同并按本合同履行义务，所有为授权其签署和履行本合同所必需的组织或公司内部行动和其他行动均已完成；

（2）本合同构成甲方和乙方的有效、合法、有约束力的义务，按其条款依适用法律对其有强制执行力；

（3）签署和履行本合同不违反甲方或乙方应遵守的任何适用法律或对甲方或乙方有约束力的其他任何合同或安排。

第七条 未经甲方书面同意，乙方不得将依本合同所取得的土地使用权用于供水工程以外的任何其他用途。

第八条 本合同自双方法定代表人或授权代表人签字并加盖公章之日起生效，特许经营期限为20年，即自2015年11月1日起至2035年11月1日止。如果出现下述情况影响到本合同的执行，有关的进度日期应相应延长，同时，甲方应选择支付补偿金，或相应延长特许经营期：

（1）不可抗力事件；

（2）因甲方违约而造成延误；

（3）在供水工程建设用地上发现考古文物、化石、古墓及遗址、艺术历史遗物及具有考古学、地质学和历史意义的任何其他物品；

（4）因法律变更、标准提升导致乙方的资本性支出增加。

第三章 工程项目情况

第九条 本项目由以下部分组成：

某县城区引水、供水工程：建设供水规模 20 万 m^3/d。

某县自来水厂扩建工程：新建 3 万 m^3/d 净水厂以及附属设施，工程建成后现有自来水厂将作为备用水源暂时关闭。

某县城区引水、供水工程项目包括水源地取水工程、输水管道工程、加压泵站工程、高位水池工程、隧洞工程，相应的供配电、自动化监控及相关附属设施等。

某县自来水厂扩建工程包括小网格混凝、沉淀、翻版过滤、活性炭过滤等处理车间、相应的供配电、自动化监控及相关附属设施。

工程均位于中国______省______市 某县 地区。

第十条 项目资产总价值（总投资额）预估为 67000 万元人民币，合同执行以资产审计评估报告评估金额为准。

第十一条 乙方以合同形式委托运营公司负责项目的维护和运营，运营公司负责承担特许经营期内项目的：

（1）设施的维护运营；

（2）公共供水的管理；

（3）保障供水安全；

（4）管网、水表等辅助设施的运营管理。

第十二条 乙方于生效日后 90 个工作日之内实现融资交割，并在融资交割时向甲方交付所有已签署的融资文件复印件。

第四章 供水工程的运营与维护

第十三条 在特许经营期内，

（1）乙方享有以下权利和义务：

1）独家向特许经营区域范围内用户供水，合法经营并取得合理回报；

2）根据社会和经济发展的情况，保障特许经营区域范围内水厂的运行、供

水管网的正常维护以及特许经营区域范围内用户供水服务；

3）根据中国法律和本合同的要求满足用户用水水质、水量、水压、供水服务需求；

4）履行合同双方约定的社会公益性义务；

5）法律和本合同规定的其他权利和义务。

甲乙双方协商一致，乙方的运营维护义务委托给运营公司，不影响乙方依照本合同向甲方收取固定投资回报及运营费用。乙方不承担运营公司的债务。

（2）甲方享有以下权利和义务：

1）对乙方的供水服务进行监督检查；

2）结合经济社会发展需要，制订供水服务标准和近、远期目标，包括水质、水量、水压以及维修、投诉处理等各项服务标准；

3）制定年度供水水质监督检查工作方案，对乙方的供水水源、出厂水及管网水质进行抽检和年度综合评价；

4）维护特许经营权的完整；

5）法律、规章和本合同规定的其他权利和义务；

6）按时足量的支付供水补贴。

第十四条 乙方经营的引水工程供水能力为<u>20</u>万 m^3/d，新建自来水工程净水能力为<u>3</u>万 m^3/d。

第十五条 在特许经营权供水范围内，甲方不再建设对乙方享有的供水特许经营权产生不利影响的供水设施，确因供水能力或处理标准变化需要新建的，乙方具有优先合作建设的权利。当乙方书面放弃优先合作权时，甲方方可与第三方进行合作。

第十六条 乙方应按照城市规划和供水规划的要求制定经营计划（包括供水计划、投资计划），并经甲方同意后方可实施。经营计划的修改须经甲方同意。

第十七条 乙方在特许经营区域范围委托运营公司从事供水服务，实施规范化供水服务，向社会公开水质、水量、水压等涉及供水服务的各项服务指标，接受社会的监督。

第十八条 乙方委托运营公司对取水设施、净水厂、加压泵站、主干供水管网等主要供水工程的状况及性能进行定期检修保养，并按照标准维护方案和工程技术方案运营维护供水工程设施，保障设施的正常运营。

第十九条 运营期内出现需要维修维护、设备更换、设施改造、增容扩建、紧急事件处理等支出，全部由甲方承担，乙方不再有初始投资以外的投入。

第五章 收费

第二十条 乙方向公众用户供水的价格实行政府定价，乙方委托第三方运营公司按照甲方批准的收费标准向其服务范围内的用水户收取费用。乙方与第三方运营公司的运营合同，由乙方与运营公司单独签订。

第二十一条 乙方的投资回报由两部分组成：

（1）成本补偿，甲方弥补乙方在经营过程中产生的亏损。乙方经营业绩需经甲乙双方共同认可的审计机构进行审计。

（2）乙方的投资收益率为每年 6.2%。

乙方的回报需列入甲方每年度的刚性预算，按季支付。

第二十二条 乙方协助甲方按照适用法律制定城市供水收费标准、收费监督政策的调整计划。调整计划作为本合同的组成部分。

第二十三条 甲方有权对乙方经营成本进行监管，并对乙方的经营状况进行评估。

第六章 特许经营权的终止与变更

第二十四条 特许经营期满，甲方授予乙方的特许经营权终止。

第二十五条 在特许经营期内，乙方有下列行为之一且在收到甲方通知后 30 日内未进行纠正的，甲方有权提前通知乙方提前终止本合同：

（1）擅自转让、抵押、出租特许经营权的；

（2）擅自将所经营的财产进行处置或者抵押的；

（3）擅自停业、歇业，严重影响到社会公共利益和安全的；

（4）严重违反本合同或法律禁止的其他行为。

第二十六条 在特许经营期内，乙方拟提前终止本合同时，应当提前向甲方

提出申请。甲方应当自收到乙方申请的 90 日内作出答复。在甲方同意提前终止合同前，乙方必须保证正常的经营与服务。

第二十七条 甲方有权在乙方没有任何违约行为的情况下提前 90 日通知乙方提前终止本合同，但是应按照本合同支付补偿款项。

第二十八条 在特许经营期内，如甲方严重违反本合同规定且在收到乙方通知后 30 日内未进行纠正，则乙方有权通知甲方提前终止本合同。

第二十九条 未经乙方事先的书面同意，甲方不得转让或让与其在本合同项下的全部或任何部分权利或义务。但前述规定不得妨碍甲方的分立，或其同中国政府部委、部门、机构，或代理机构，或其中国的任何行政下属机构，或任何中国国有企业或国有控股企业联合、兼并或重组，并且只要受让方或继承实体具有履行甲方在本合同项下义务的能力，并接受对履行甲方在本合同项下的权利和义务承担全面责任，不得妨碍甲方将其权利和义务移交给上述机构和公司。

第三十条 为安排供水工程项目融资，乙方有权依适用法律以其在本合同项下的权利给贷款人提供担保，并且为贷款人的权利和利益在供水工程用地的土地使用权、供水工程设施或供水工程和服务所需的乙方的任何其他资产和权利上设抵押、质押、留置权或担保权益。但此类抵押、质押、担保权益设置（包括此类权益设置的变更）均须取得甲方书面同意，甲方不得无正当理由拒绝同意。

第七章 特许经营权终止后的移交

第三十一条 在第二十四条所述情况下，乙方在移交日应向甲方或其指定机构移交其全部固定资产、权利、文件、材料和档案，并确保该等固定资产、权利符合规定的功能标准要求。乙方在未正式完成交接前，应善意履行看守职责，保障正常生产和服务。

如合同第二十五条和二十六条终止，甲方应在乙方完成移交后 30 日内按照乙方在融资文件项下尚未偿还的贷款人的本金、利息、罚息和其他债务的金额补偿乙方。在任何情况下，该补偿金额应不超过按照甲方、乙方共同委托的资产评估机构对乙方移交的全部固定资产、预期收益所做评估的评估值。

根据第二十七条、二十八条终止，甲方应在乙方完成移交后30日内按照甲方、乙方共同委托的资产评估机构对乙方移交的全部固定资产、权利所做评估的评估值和乙方从移交日起剩余年限的预期利润补偿乙方。

第三十二条 因法律变更或不可抗力导致任何一方提前终止本合同，甲方协调乙方进行移交，双方共同承担因法律变更或不可抗力风险造成的损失。

第三十三条 乙方在未正式完成交接前，应善意履行看守职责，保障正常生产和服务。

第八章 违约与赔偿

第三十四条 除本合同另有规定外，当合同一方发生违反本合同的行为而使非违约方遭受任何损害、损失、增加支出或承担额外责任，非违约方有权获得赔偿，该项赔偿由违约方支付。

上款所述赔偿不应超过违约方在签订本合同时预见或应当预见到的损害、损失、支出或责任。

第三十五条 对于是否发生违反本合同的情况有争议，应按照在补偿与争议解决程序中规定的争议解决程序解决。

第三十六条 如果损失是部分由于非违约方的作为或不作为造成的，或产生于应由非违约方承担风险的另一事件，则应从赔偿的数额中扣除这些因素造成的损失。

第三十七条 每季度末倒数第二周为支付期，如甲方延迟支付，则乙方每日收取拖欠金额万分之五，作为延期支付补偿金。

第三十八条 因运营公司过错造成的违约行为，由运营公司承担赔偿，不影响甲乙双方的合同支付关系。

第九章 通 知

第三十九条 本合同的任何通知应以中文书面形式给予，应派人送达或挂号邮寄、电传或传真发送，地址如下：甲方地址：____________，电话：____________，

传真：______________，收件人：____________；乙方地址：____________，电话：__________，传真：__________，收件人：__________。

任何一方如需改变上述通信方式应提前 15 天书面通知另一方，另一方收到这种通知后这种改变即生效。

第十章 争议解决

第四十条 对于甲方可能在任何司法管辖区主张的其自身、其资产或其收益对诉讼、执行、扣押或其他法律程序享有的主权豁免，甲方同意不主张该等豁免并且在法律允许的最大限度内不可撤销地放弃该等豁免。

第四十一条 双方同意，如在执行本合同时产生争议或歧义，双方应通过协商努力解决这种争议，如不能解决，双方同意按下述第 2 种方式解决：（注：只能选择一种方式）

（1）任何一方应将该争议提交中国国际经济贸易仲裁委员会由其根据其届时有效的仲裁规则在（注：可在北京、上海、深圳中选择）进行仲裁；

（2）任何一方应就该争议向人民法院提起诉讼。

第十一章 适用法律及标准语言

第四十二条 本合同用中文书写，一式 肆 份，双方各执 两 份。所有合同附件与本合同具有同等效力。

第四十三条 本合同受中华人民共和国法律管辖，并根据中华人民共和国法律解释。

第十二章 附 件

附件 1. 人大通过的还款决议（略）。

附件 2. 审计报告与评估报告（略）。

附件 3. 项目和企业相关批准文件（略）。

双方各自授权代表于　　年　　月　　日签署本合同，以兹为证。

甲方：	乙方：
______________________	______________________
签字：	签字：
法定代表人 / 授权代表	法定代表人 / 授权代表
（公章）	（公章）

附录三：
某县道路工程 PPP 项目物有所值评价报告

1 项目基础信息

1.1 区域概况（略）

1.1.1 地理位置

1.1.2 历史沿革

1.1.3 地形地貌

1.1.4 工程地质

1.1.5 水文地质

1.1.6 气候气象

1.1.7 地震

1.1.8 经济状况

1.1.9 城市定位与城市发展

1.2 项目概况（略）

1.2.1 项目名称

某县道路工程 PPP 项目。

1.2.2 项目位置

1.2.3 项目背景

1.2.4 建设原则

1.2.5 建设意义

1.2.6 项目工程建设规模

项目总投资约 7500 万元，设计道路规模为次干路，道路全长 2100m。

本项目投资预算 **表 1**

项目名称	建设投资（万元）	建设期利息（万元）	铺底流动资金（万元）	总投资（万元）
本项目	7000	330	170	7500

1.2.7　建设内容

1.2.8　建设进程

1.2.9　投资估算及资金筹措

项目总投资估算 7500 万元人民币。拟采用 PPP 模式下的 BOT 模式建设，由政府和社会资本方共同成立项目公司负责筹集资金完成建设，并负责项目的整体运营与管理。

项目公司注册资金 2000 万元，其中政府投资 200 万（股权比例为 10%），社会资本方投资 1800 万（股权比例为 90%）。项目完成验收后由政府方按照 PPP 项目协议根据项目的可用性及运维绩效服务向项目公司支付服务费；政府方将服务费的支付纳入跨年度的县级财政预算。

1.3　项目产出说明

1.3.1　项目需求

1.3.2　项目可行性分析

1.3.3　项目必要性分析

1.3.4　项目作用

通过本项目的实施，可有效带动新区产业的发展，促进生产、扩大市场，提升土地利用价值；同时，新建道路工程将同步完善雨、污水管道，有利于保护环境，道路配套的绿化建设也有利于改善道路周边景观环境。

1.3.5　设计标准

本项目依据《城市道路工程设计规范》，按照本项目路网中的级别及性质定位，确定设计主要技术标准如下：

1. 道路性质：根据《某县道路专项规划》，确定道路等级为次干路；

2. 计算行车速度：40km/h；

3. 道路红线：道路红线宽 24m；

4. 道路荷载标准：BZZ-100；

5. 桥涵设计荷载：城市—A 级；

6. 地震基本烈度：为 6 度，设计基本地震加速度值为 0.05g；

7. 回弹模式：路槽底面土基设计回弹模量不得小于 40MPa；

8. 路面抗滑指标：根据某县年降雨量为 400mm，摆值仪测定值：$F_0 \geqslant 45$、石

料磨光值：$PSV \geqslant 35$，构造深度：TD：0.2 ~ 0.4mm。

1.3.6　道路设计技术指标

道路设计技术指标　　表 2

序号	项目名称		本项目
1	道路等级		次干路
2	设计年限	交通量达到饱和时	15 年
		路面结构达到临界状态	15 年
3	设计行车速度（km/h）		40km/h
4	缓和曲线最小长度（m）		25
5	不设超高最小半径（m）		150
6	道路最小坡度（%）		0.3
7	道路最大坡度（%）		7
8	最小凸形竖曲线半径（m）		400
9	最小凹形竖曲线半径（m）		400
10	停车视距（m）		30
11	路面结构设计荷载		BZZ-100 型标准车

1.4　效益分析

1.4.1　经济效益分析

1.4.2　环境效益分析

1.5　项目运作模式

1.5.1　运作方式

1.5.2　项目公司

1.5.3　回报机制

1.5.4　全生命周期成本

1.5.5　调价机制

1.6　风险识别及分配

1.6.1　项目风险识别及控制

1.6.1.1　征地、拆迁风险

1.6.1.2　政策风险

1.6.1.3 人为风险

1.6.1.4 投资风险

1.6.1.5 工程风险

1.6.1.6 不可抗力风险

1.6.2 风险分配原则

1.6.3 风险分配基本框架

2 物有所值定性分析

2.1 政策依据

本项目物有所值评价的主要政策依据有：

《中华人民共和国预算法》；

《中华人民共和国政府采购法》；

《国务院关于政府向社会力量购买服务的指导意见》（国办发 [2013]96 号）；

《国务院关于加强地方政府性债务管理的意见》（国发 [2014]43 号）；

关于创新重点领域投融资机制鼓励社会投资的指导意见（国发 [2014]60 号）；

关于推广运用政府和社会资本合作模式有关问题的通知（财金 [2014]76 号）；

《财政部关于印发政府和社会资本合作模式操作指南（试行）的通知》（财金 [2014]113 号）；

财政部关于印发《政府和社会资本合作项目政府采购管理办法》的通知（财库 [2014]215 号）；

国家发展改革委关于开展政府和社会资本合作的指导意见（发改投资 [2014]2724 号）；

财政部关于印发《政府和社会资本合作项目财政承受能力论证指引》的通知（财金 [2015]21 号）；

关于印发《PPP 物有所值评价指引（试行）》的通知（财建 [2015]167 号）。

2.2 基本分析指标

分析重点关注项目采用 PPP 模式与采用政府传统投资和采购模式相比能否增加公共供给、优化风险识别与分配、提高效率、促进创新、潜在竞争程度、政

府机构 PPP 能力、政府采购政策落实潜力等。

2.2.1　全生命周期整合能力

主要通过察看项目计划整合全生命周期各环节的情况来评分。采用 PPP 模式，将项目的设计、建造、融资、运营和维护等全生命周期环节整合起来，通过一个长期合同全部交由社会资本合作方实施，是实现物有所值的重要机理。

2.2.2　风险识别与分配

主要通过察看项目识别阶段对项目风险的认识情况来评分。清晰识别和优化分配风险，是物有所值的一个主要驱动因素。在项目识别阶段的物有所值评价工作开始前，着手风险识别工作，有利于在后续工作实现风险分配优化。本项目主要存在 6 方面风险，分别是征地拆迁风险、政策风险、人为风险、投资风险、工程风险、不可抗力风险。

按照风险分配优化、风险收益对等和风险可控等原则，综合考虑政府风险管理能力、市场风险管理能力等要素，在政府和社会资本间合理分配项目风险。

分配风险分配原则是：

1. 最优风险分配原则。在受制于法律约束和公共利益考虑的前提下，风险应分配给能够以最小成本（对政府而言）、最有效管理它的一方承担，并且给予风险承担方选择如何处理和最小化该等风险的权利。

2. 风险收益对等原则。既关注社会资本对于风险管理成本和风险损失的承担，又尊重其获得与承担风险相匹配的收益水平的权利。

3. 风险可控原则。应按项目参与方的财务实力、技术能力、管理能力等因素设定风险损失承担上限，不宜由任何一方承担超过其承受能力的风险，以保证双方合作关系的长期持续稳定。

项目风险分配基本框架表　　**表 3**

编号	风险种类	风险承担方
1	征地、拆迁风险	项目公司
2	政策风险	政府
3	人为风险	政府和项目公司共担
4	投资风险	项目公司

续表

编号	风险种类	风险承担方
5	工程风险	项目公司
6	不可抗力风险	政府和项目公司共担

2.2.3 提高效率

规范的政府和社会资本合作模式能够将政府的发展规划、市场监管、公共服务职能，与社会资本的管理效率、技术创新动力有机结合，减少政府对微观事务的过度参与，提高公共服务的效率与质量。

一是对政府来讲，可以减轻政府债务负担，减缓地方融资平台压力，有效促进政府职能转变，较少对微观事务的干预，腾出更多的精力放到规划和监管上。

二是对企业来讲，可以降低参与公共领域项目的门槛，拓宽私人部门的发展空间，进一步激发非公有制经济的活力。

三是对社会来讲，通过“让专业的人做专业的事”，高低效益相配置，产生宏观效益，提高公共产品供给效率。

2.2.4 鼓励创新

要通过察看项目产出说明来评分。一般来讲，产出说明应主要规定社会资本合作方应付产出的规格要求，尽可能不对项目的投入和社会资本合作方具体实施等如何交付问题提出要求，从而为社会资本合作方提供创新机会。

项目建成后要求 ×× 路规模达到某县次干路道路标准要求。

2.2.5 潜在竞争程度

主要通过察看项目将引起社会资本（或其联合体）之间竞争的潜力，以及预计在随后的项目准备、采购等阶段是否能够采取促进竞争的措施等来评分。

本项目采用 BOT 模式建设，采用政府采购的方式择优选用社会资本方，项目验收后由政府付费完成社会资本方费用回收，政府方将根据 PPP 项目协议的约定按期支付建设成本、运营服务费及合理利润等费用。

2.2.6 政府机构 PPP 能力

主要通过察看政府的 PPP 理念，以及结合项目具体情况查看相关政府部门及机构的 PPP 能力等来评分。PPP 理念主要包括依法依合同平等合作、风险分担、

全生命周期绩效管理等，以及 PPP 不仅是基础设施及公共服务融资手段，更是转变政府职能、建立现代财政制度等的重要手段。政府的 PPP 能力主要包括知识、技能和经验等，包括可通过购买服务获得的能力。

为拓宽城市建设融资渠道，促进政府职能加快转变，完善财政投入及管理方式，形成政府和社会资本合作模式发展的制度体系，国家发改委和财政部相继出台了指导意见和问题通知，以推广运用 PPP 模式。

本项目为市政道路建设项目，由政府付费，满足适宜采用 PPP 模式的特点要求，符合现行的法律法规规章和政策要求。

某县政府各职能部门及管理机构具有 PPP 理念，项目实施过程中要依法依合同平等合作、风险分担、全生命周期绩效管理，PPP 不仅是基础设施及公共服务融资手段，更是转变政府职能、建立现代财政制度的重要手段。

2.2.7 政府采购政策落实潜力

主要通过预计有效落实政府采购政策的潜力，以及预计在随后的项目准备、采购等阶段是否能够进一步采取落实措施等来评分。物有所值是政府采购的价值取向，不仅指提高公共资金的使用效率和效益，还包括有效落实促进内资企业和中小企业发展、国外技术转让、节能环保、绿色低碳，以及必要时限制外资参与项目等方面的政府采购政策。

物有所值是政府采购的价值取向，不仅指提高公共资金的使用效率和效益，还包括有效落实政府采购政策。项目采购应根据《中华人民共和国政府采购法》及相关规章制度执行，采购方式包括公开招标、竞争性谈判、邀请招标、竞争性磋商和单一来源采购。某县住建局应根据项目采购需求特点，依法选择适当采购方式。

2.3 附加分析指标

2.3.1 项目规模

主要依据项目的投资额或资产价值来评分。PPP 项目的准备、论证、采购等前期环节的费用较大，只有项目规模足够大，才能使这些前期费用占项目全生命周期成本的比例处于合理和较低水平。此外，一般情况下，基础设施及公共服务项目的规模越大，才能够采用 PPP 模式吸引社会资本参与。

本项目总投资 7500 万元，项目前期勘察费、设计费、可行性研究费、招投标费等工程建设其他费用，共投资估算 200 万元，占总投资比重为 2.67%，处于项目全生命周期成本较低比例。

2.3.2　项目资产寿命

主要依据项目的资产预期使用寿命来评分。项目的资产使用寿命长，为利用PPP模式提高效率和降低全生命周期成本提供了基础条件。

本项目属于市政道路建设项目，项目所用设备技术、执行标准可以保证8年处于行业前沿，预期使用寿命为20年。

2.3.3　融资可行

主要通过预计项目对金融机构（贷款和债券市场）的吸引力来评分。吸引力越大，项目越具有融资可行性，越能够顺利完成融资交割和较快进入建设、运营阶段，实现较快增加基础设施及公共服务供给的可能性就越大。

融资可行性分析一般按照项目投资的30%自有资金和70%的信贷资金考虑一个平均利率，这个平均利息率与基准贷款利率相比较，并结合企业信用、融资渠道等综合因素进行方案分析。

本项目社会资本投资总额7500万元，资本性投资为2000万元，占比26.67%。其中：建设投资7000万元，自有资金1500万元，这部分不计算财务成本利息，信贷融资为5500万元，分年均衡贷款（第一年贷款3500万元，第二年贷款2000万元）；建设期利息按照现行商业银行贷款基准利率5.65%计算年财务资金利息329.66万元，全部由自由资金解决，综合资金利率为4.39%，略高于存款利率，低于基准贷款利率；铺底流动资金为170万元。本项目实行政府付费模式，具有一定的盈利能力和偿债能力，收益稳定，并能抵抗一定的风险，因此项目对社会资本投资具有一定吸引力，项目具有融资可行性。

2.3.4　法律和政策环境（略）

2.4　分析方法

物有所值定性分析采用专家评分法，根据本项目实际情况，邀请财务、工程技术、项目管理、财政金融、法律等物有所值评价专家组成7人专家组，在专家们分析判断的基础上，通过评分表形成专家意见。

2.5　分析意见

该项目物有所值定性分析结果如下：

1）专家小组定性分析加权平均得分为：________

2）专家小组是否同意项目通过物有所值定性分析：________（是/否）

3）专家小组是否同意本项目采用 PPP 模式：________（是/否）

3 物有所值定量分析

3.1 定量分析步骤

物有所值定量分析是在假定采用 PPP 模式与政府传统投资和采购模式的产出绩效相同的前期下，通过对 PPP 项目全生命周期内政府支出成本的净现值（*PPP* 值）与公共部门比较值（*PSC* 值）进行比较，判断 PPP 模式能否降低项目全生命周期成本。

物有所值定量分析的主要步骤包括：

1. 根据参照项目计算 *PSC* 值；

2. 根据影子报价和实际报价计算 *PPP* 值；

3. 比较 *PSC* 值和 *PPP* 值，计算物有所值量值和指数，得出定量分析结论。

3.2 *PSC* 值计算

PSC 值是指政府采用传统采购模式提供与 PPP 项目产出说明要求相同的基础设施及公共服务的全生命周期成本的净现值。

PSC 值 = 初始 *PSC* 值 + 竞争性中立调整值 + 可转移风险承担成本 + 自留风险承担成本

3.2.1 设定参照项目

设定参照项目遵循如下原则：

（1）参照项目与 PPP 项目产出说明要求的产出范围和标准相同；

（2）参照项目与 PPP 项目财务模型中的数据口径保持一致，项目采用政府付费模式，财务收入参照项目可行性研究报告中数据并结合实际适当调整；

（3）参照项目采用基于政府现行最佳时间、最有效和可行的采购模式；

（4）参照项目的各项假设和特征在计算全过程中保持不变。

3.2.2 参数指标选择

1. 资本结构：政府资本和社会资本的建设成本、资本性收益、运营维护成本、第三方收入、其他成本等计算，应按照出资比例计算，本项目采用 BOT 模式建设，可相应降低项目在运营期内的支付责任。

2. 资本性收益：是指参照项目全生命周期内产生的转让、租赁或处置资产所获的收益。资本性收益应从建设成本中抵减。

3. 折现率选择：依据财政部《政府和社会资本合作项目财政承受能力论证指引》（财金 [2015]21 号）第十七条："年度折现率应考虑财政补贴支出发生年份，并参照同期地方政府债券收益率合理确定"，结合本项目实际，折现系数参考国债收益率确定，经查询，2016 年 4 月 27 日中国国债收益率：3 年期收盘价格为 4.017%，8 年期的收盘价格为 5.19%，考虑市场因素和经济增长因素，结合市政公用行业情况，本项目折现率选定为 4.6%。

4. 利润率选择：依据财政部《政府和社会资本合作项目财政承受能力论证指引》（财金 [2015]21 号）第十八条"合理利润率应以商业银行中长期贷款利率水平为基准，充分考虑可用性付费、使用量付费、绩效付费的不同情景，结合风险等因素确定"，我国现阶段商业银行长期贷款利率约为 7.17%= 基准利率（5.65%）×[下限（0.7）+ 上限（1.84）]/2=5.65%×1.27=7.17%，根据项目实际，经测试选定项目投资合理利润率为 7%。

5. 项目建设期 2 年，建设完成后社会资本方特许经营期 10 年。

6. 政府自留风险承担成本包括政府按比例承担的法律、政策等所支出的成本。

3.2.3　计算初始 *PSC* 值

初始 *PSC* 值 =（建设成本 − 资本性收益）+（运营成本 − 第三方收入）+ 其他成本

（1）建设成本：本项目建设成本 7000 万元。

（2）资本性收益：本项目按照 95% 固定资产形成率测算，并参照会计折旧规定项目残值为 投资金额的 5% 计算为 332.5（7000×95%×5%）万元。

（3）运营成本：项目运营期内的管理费用、人工费用、检测维护费用等。项目运营成本参考其他城市同类项目，并根据项目可行性研究报告数据，本项目 10 年运营期内运营成本合计为 300 万元。

（4）第三方收入：本项目为市政道路工程，属于公益项目，为完全政府付费项目，故无第三方收入。

（5）其他成本：包括建设期利息、铺底流动资金等，共投资估算 500 万元。

初始 *PSC* 值 =（建设成本 − 资本性收益）+（运营成本 − 第三方收入）+ 其他成本 =（7000−332.5）+（300−0）+500=7467.5 万元。

3.2.4 竞争性中立调整值

竞争性中立调整值是为了消除政府传统采购模式下公共部门相对社会资本所具有的竞争优势，主要包括政府比社会资本少支出的土地费用、行政审批费用、所得税等有关税费。

本项目属于无收益的市政道路建设项目，且土地拆迁费用全部折合现值计算在建设成本中，因此本项目不涉及竞争性中立调整值。

3.2.5 风险承担成本

风险承担支出责任是指由政府承担风险带来的财政或有支出责算。由于项目的风险概率和风险后果值难以预测，因此风险承担成本结合本项目实际，按照自留风险、可转移分担风险进行分类，采用比例法进行测算。

第一类自留风险包括：项目建设期间可能发生的组织机构、施工技术、工程、投资估算、资金、市场、财务等风险，项目公司通过参加商业保险后，大部分风险可以有效转移，风险承担成本按项目建设成本的 5% 考虑，即 350 万元，其中自留风险占 20% 为 70 万元。

第二类可转移风险包括：通常风险承担成本不超过项目建设运营成本的 20%，可转移风险承担成本占项目全部风险承担成本的比例一般为 70% ~ 85%，为 1168 万元。

3.2.6 折现率

参照市政公用行业实际情况，经分析本项目折现率选定为 4.6%。

3.2.7 测算结果

经测算，本项目初始 *PSC* 值、*PSC* 值计算如下：

初始 *PSC* 值 =7467.5 万元。

PSC 值 = 初始 *PSC* 值 + 竞争性中立调整值 + 可转移风险承担成本 + 自留风险承担成本 =7467.5+0+1168+70 = 8705.5 万元。

3.3 PPP_s 值计算

3.3.1 影子报价政府建设运营成本

影子报价中政府应承担的建设运营成本包括政府建设成本、政府运营维护成

本和政府其他成本。

政府建设运营成本 =（政府建设成本 - 资本性收益）+（政府运营维护成本 - 第三方收入）+ 其他成本。

（1）政府建设成本。包括政府以现金、固定资产或土地使用权等方式对项目设计、建设进行的投资补助。本项目政府投入建设成本为 150 万元。

（2）资本性收益。政府建设成本按照 95% 的固定资产形成率测算，资本性收益按照残值率 5% 估算为 7.125 万元。

（3）政府运营维护成本。包括政府向社会资本支付的运营维护费、财政补贴等。政府运营维护成本可根据社会资本的投资回报预期等进行测算，具体公式如下：

政府运营维护成本 =（社会资本建设成本 - 社会资本额资本性收益 + 社会资本运营维护成本 - 第三方收入 + 社会资本其他成本）×（1+ 合理利润率）

=（6850－325.38+300－0+450）×（1+7%）

=7783.85 万元

社会资本运营维护采用专业运营公司，费用估算为 300 万元。

（4）第三方收入。是指项目全生命周期内，因提供项目基础设施及公共服务而从第三方获得的收入（如使用者付费）。本项目为市政道路工程项目，无第三方收入。

（5）政府其他成本。通常包括政府承担的未纳入建设成本的建设期利息、铺底流动资金等成本。按照政府 10% 的股权比例，估算 50 万元。

政府建设运营成本 =（150 － 7.13）+（7783.85 － 0）+50

=7976.72 万元

3.3.2 政府自留风险承担成本

政府自留风险承担成本一般包括项目建设期间可能发生的组织机构、施工技术、工程、投资估算、资金、市场、财务等风险，项目公司通过参加商业保险后，大部分风险可以有效转移，风险承担成本按项目建设成本的 5% 考虑，即 7.5 万元，其中自留风险占 20% 为 1.5 万元。

3.3.3 测算结果

经测算本项目 PPP_s 值如下：

PPP_s 值 = 影子报价政府建设运营资本 + 政府自留风险承担成本

=（政府建设成本 - 资本性收益）+（政府运营维护成本 – 第三方收入）

+ 其他成本

=7976.72+1.5

=7978.22 万元

3.4 计算结果

综合上述 PSC 值和 PPP_s 值的分析，计算得到项目全生命周期 PSC 值和 PPP_s 值，并进行分析比较。具体计算结果见下表：

物有所值指标分析表 表 4

指标	单位	数值
PSC	万元	8705.50
PPP_s	万元	7978.22
物有所值量值	万元	727.28
物有所值指数	%	8.35

3.5 物有所值评价结论

根据物有所值评价要求，当物有所值评价量值和指数为正的，说明项目适宜采用 PPP 模式，否则不宜采用 PPP 模式。物有所值量值和指数越大，说明 PPP 模式替代传统采购模式实现的价值越大。

本项目为全额政府付费项目，费价机制透明合理，物有所值量值和指数均为正，适宜采用 PPP 模式。

附表 1：PPP 项目物有所值定性分析专家评分表

指标		权重	评分
基本指标	①全生命周期整合能力	15%	
	②风险识别与分配	15%	
	③提高效率	15%	
	④鼓励创新	5%	
	⑤潜在竞争程度	15%	

续表

指标		权重	评分
基本指标	⑥政府机构 PPP 能力	5%	
	⑦政府采购政策落实潜力	10%	
	基本指标小计	80%	——
附加指标	①项目规模	5%	
	②项目资产寿命	5%	
	③融资可行	5%	
	④法律和政策环境	5%	
	附加指标小计	20%	——
合计		100%	

专家签字

年　　月　　日

附表 2：PPP 项目物有所值定性分析评分标准

PPP 项目物有所值定性分析评分标准

编号	指标	评分参考标准
1	生命周期整合能力	● 81 ~ 100= 项目资料表明，设计、融资、建造和全部运营、维护到将整合到一个合同中；对于存量项目采用 PPP 模式，至少有融资和全部运营、维护整合到一个合同中。 ● 61 ~ 80= 项目资料表明，设计、融资和建造以及核心服务或大部分非核心服务的运营、维护将整合到一个合同中；对于存量项目采用 PPP 模式，至少有融资和核心服务到大部分非核心服务的运营、维护将整合到一个合同中。 ● 41 ~ 60= 项目资料表明，设计、融资、建造和维护等将整合到一个合同中，但不包括运营；或融资、建造、运营和维护等将整合到一个合同中，但不包括设计；对于存量项目采用 PPP 模式，仅运营和维护将整合到一个合同中。 ● 21 ~ 40= 项目资料表明，融资、建造和维护等将整合到一个合同中，但不包括设计和运营。 ● 0 ~ 20= 项目资料表明，设计、融资、建造等三个或其中更少的环节将整合到一个合同中

续表

编号	指标	评分参考标准
2	风险识别与分配	● 81 ~ 100= 项目资料表明，已进行较为深入的风险识别工作，预计其中的绝大部分风险或全部主要风险将在政府与社会资本合作方之间明确和合理分配。 ● 61 ~ 80= 项目资料表明，已进行较为深入的风险识别工作，预计其中的大部分主要风险可以在政府与社会资本合作方之间明确和合理分配。 ● 41 ~ 60= 项目资料表明，已进行初步的风险识别工作，预计这些风险可以在政府与社会资本合作方之间明确和合理分配。 ● 21 ~ 40= 项目资料表明，已进行初步的风险识别工作，预计这些风险难以在政府与社会资本合作方之间明确和合理分配。 ● 0 ~ 20= 项目资料表明，尚未开展风险识别工作，或没有清晰识别风险
3	提高效率	● 61 ~ 100= 项目资料表明，肯定提高工程效率。 ● 41 ~ 60= 项目资料表明，可能提高工程效率。 ● 0 ~ 40= 项目资料表明，不确定提高工程效率
4	鼓励创新	● 81 ~ 100= 项目产出说明提出了较为全面、清晰和可测量的产出规格要求，没有对如何交付提出要求。 ● 61 ~ 80= 项目的产出规格要求较为全面、清晰和可测量，并对如何交付提出了少量要求。 ● 41 ~ 60= 项目的产出规格要求不够全面、清晰和可测量，并对如何交付提出了少量要求。 ● 21 ~ 40= 项目的产出规格要求不够全面、清晰和可测量，并对如何交付提出了较多要求。 ● 0 ~ 20= 项目的产出说明基本上没有明确产出规格要求，或主要对如何交付进行了要求
5	潜在竞争度	● 81 ~ 100= 项目将引起社会资本（或其联合体）间竞争的潜力大且已存在明显的证据或迹象，如参与项目推介会行业领先的国内外企业数量较多。 ● 61 ~ 80= 项目将引起社会资本（或其联合体）之间竞争的潜力较大，预期后续通过采取措施可进一步提高竞争程度。 ● 41 ~ 60= 项目将引起社会资本（或其联合体）之间竞争的潜力一般，预期后续通过采取措施可提高竞争程度。 ● 21 ~ 40= 项目将引起社会资本（或其联合体）之间竞争的潜力较小，预期后续通过采取措施有可能提高竞争程度。 ● 0 ~ 20= 项目将引起社会资本（或其联合体）之间竞争的潜力小，预期后续不大可能提高竞争程度
6	政府机构 PPP 能力	● 81 ~ 100= 政府具备较为全面、清晰的 PPP 理念，且本项目相关政府部门及机构具有较强的 PPP 能力。 ● 61 ~ 80= 政府的 PPP 理念一般，但本项目相关政府部门及机构具有较强的 PPP 能力。 ● 41 ~ 60= 政府的 PPP 理念一般，且本项目相关政府部门及机构的 PPP 能力一般。 ● 21 ~ 40= 政府的 PPP 理念较欠缺，且本项目相关政府部门及机构的 PPP 能力较欠缺且不易较快获得。 ● 0 ~ 20= 政府的 PPP 理念欠缺，且本项目相关政府部门及机构的 PPP 能力欠缺且难以获得

续表

编号	指标	评分参考标准
7	政府采购政策落实潜力	● 81 ~ 100= 项目有效落实政府采购政策的潜力很大，预计后续通过进一步采取措施确定能够实现。 ● 61 ~ 80= 项目有效落实政府采购政策的潜力较大，预计后续通过进一步采取措施可增强落实性。 ● 41 ~ 60= 项目有效落实政府采购政策的潜力一般，预计后续通过采取措施可增强落实性。 ● 21 ~ 40= 项目有效落实政府采购政策的潜力较小，预计后续通过采取措施有可能提高落实性。 ● 0 ~ 20= 项目有效落实政府采购政策的潜力小 （注：此处的政府采购政策主要是指，促进内资企业和中小企业发展、国外技术转让、节能环保、绿色低碳，以及必要时限制外资参与项目等）
8	项目规模	● 81 ~ 100= 新建项目的投资或存量项目的资产公允价值在 10 亿元以上。 ● 61 ~ 80= 新建项目的投资或存量项目的资产公允价值介于 2 亿到 10 亿元之间。 ● 41 ~ 60= 新建项目投资或存量项目资产公允价值介于 1 亿 ~ 2 亿元之间。 ● 21 ~ 40= 新建项目的投资或存量项目的资产公允价值介于 5000 万元到 1 亿元之间。 ● 0 ~ 20= 新建项目的投资或存量项目的资产公允价值小于 5000 万元 （注：可根据具体项目的类型、所在地区等因素重新设定金额大小）
9	项目资产寿命	● 81 ~ 100= 资产的预期使用寿命大于 40 年。 ● 61 ~ 80= 资产的预期使用寿命为 31 ~ 40 年。 ● 41 ~ 60= 资产的预期使用寿命为 21 ~ 30 年。 ● 21 ~ 40= 资产的预期使用寿命为 11 ~ 20 年。 ● 0 ~ 20= 资产的预期使用寿命小于 10 年 （注：可根据具体项目的类型、所在地区等因素重新设定年限长短）
10	融资可行性	● 81 ~ 100= 预计项目对金融机构的吸引力很高，或已有具备强劲实力的金融机构明确表达了对项目的兴趣。 ● 61 ~ 80= 预计项目对金融机构的吸引力较高。 ● 41 ~ 60= 预计项目对金融机构的吸引力一般，通过后续进一步准备，可提高吸引力。 ● 21 ~ 40= 预计项目对金融机构的吸引力较差，通过后续进一步准备，可提高吸引力。 ● 0 ~ 20= 预计项目对金融机构的吸引力很差
11	法律和政策环境	● 81 ~ 100= 项目采用 PPP 模式符合现行法律法规规章和政策等的要求，甚至存在鼓励政策。 ● 61 ~ 80= 项目采用 PPP 模式受到现行法律法规规章和政策等的个别限制，并且可以较为容易地解决。 ● 41 ~ 60= 项目采用 PPP 模式受到现行法律法规规章和政策等的个别限制，并且解决的可能性很大。 ● 21 ~ 40= 项目采用 PPP 模式受到现行法律法规规章和政策等的少量限制，但解决的可能性很大。 ● 0 ~ 20= 项目采用 PPP 模式受到现行法律法规规章和政策等的严格限制

附表 3: PPP 项目物有所值定性分析评分结果计算表

PPP 项目物有所值定性分析评分结果计算表

指标		权重 A	总分 B	最高分 C	最低分 D	平均分 $E=(B-C-D)\div$(专家数 -2)	加权分 $F=E\times A$
基本指标	① 全生命周期整合能力	15%					
	②风险识别与分配	15%					
	③提高效率	15%					
	④鼓励创新	5%					
	⑤潜在竞争程度	15%					
	⑥政府机构 PPP 能力	5%					
	⑦政府采购政策落实潜力	10%					
	基本指标小计	80%	—	—	—	——	—
附加指标(不少于三项)	①项目规模	5%					
	②项目资产寿命	5%					
	③融资可行	5%					
	④法律和政策环境	5%					
	附加值指标小计	20%	—	—	—	——	—
评分结果		100%	—	—	—	——	—

附表 4：PPP 项目物有所值定性分析专家意见表

PPP 项目物有所值定性分析专家意见表

项目名称	某县道路 PPP 项目
委托单位	某县住房保障和城乡建设管理局
评分结果	

专家小组意见：

组长签名

年　　月　　日

	姓名	单位	专业领域	签名
组长				
专家				
专家				
专家				
专家				
专家				
专家				

附录四：
某县道路工程PPP项目财政承受能力论证

1 项目基础信息（同附录三，1 项目基础信息）

2 财政能力论证依据

2.1 财政能力论证的政策依据

本项目财政承受能力论证的主要政策依据有：

《中华人民共和国预算法》；

《中华人民共和国政府采购法》；

《国务院关于政府向社会力量购买服务的指导意见》（国办发 [2013]96 号）；

《国务院关于加强地方政府性债务管理的意见》（国发 [2014] 43 号）；

关于创新重点领域投融资机制鼓励社会投资的指导意见（国发 [2014]60 号）；

关于推广运用政府和社会资本合作模式有关问题的通知（财金 [2014]76 号）；

《财政部关于印发政府和社会资本合作模式操作指南（试行）的通知》（财金 [2014]113 号）；

财政部关于印发《政府和社会资本合作项目政府采购管理办法》的通知（财库 [2014]215 号）；

国家发展改革委关于开展政府和社会资本合作的指导意见（发改投资 [2014]2724 号）；

财政部关于印发《政府和社会资本合作项目财政承受能力论证指引》的通知（财金 [2015]21 号）；

关于印发《PPP 物有所值评价指引（试行）》的通知（财建 [2015]167 号）。

2.2 财政能力论证的方法论依据

依据财政部《政府和社会资本合作项目财政承受能力论证指引》。

2.3 财政能力论证的目的

测算 PPP 项目的各项财政支出责任，科学评估项目实施对当前和今后年度财政收支平衡状况的影响，评估 PPP 项目的财政责任支出预算对财政的承受能力，规范 PPP 项目的各项财政支出管理，有序推进项目的投资管理，防范和控制财政风险。

3 责任识别

在 PPP 项目全生命周期的不同阶段，对应政府承担不同的义务，财政支出责任主要包括股权投资、运营补贴、风险承担、配套投入等。

3.1 股权投资支出责任

股权投资支出责任是指在政府与社会资本共同组建项目公司的情况下，政府承担的股权投资责任。如果社会资本单独组建项目公司，政府不承担股权投资支出责任。

本项目总投资额 7500 万元。项目公司注册资金 2000 万元，其中政府投资 200 万元，社会资本方投资 1800 万元，社会资本方控股。

3.2 政府承担运营补贴支出责任

运营补贴支出责任是指在项目运营期间，政府承担的直接付费责任。不同付费模式下，政府承担的运营补贴支出责任不同。

政府付费模式下，政府承担全部运营补贴支出责任；可行性缺口补助模式下，政府承担部分运营补贴支出责任；使用者付费模式下，政府不承担运营补贴支出责任。

本项目采用政府付费模式，项目运营期间，政府承担全付费责任，政府每年直接付费数额包括：社会资本方承担的年均建设成本（折算成各年度现值）、年运营成本、合理利润。

3.3 风险承担支出责任

风险承担支出责任是指项目实施方案中政府承担风险带来的财政或有支出责任。通常由政府承担的法律风险、政策风险、最低需求风险以及因政府方原因导致项目合同终止等突发情况，会产生财政或有支出责任。由于项目

的风险概率和风险后果值难以预测，因此风险承担成本结合本项目实际，按照可转移分担风险、可分担风险、不可转移风险进行分类，采用分类比例法进行测算。自留风险包括：项目建设期间可能发生的组织机构、施工技术、工程、投资估算、资金、市场、财务等风险，项目公司通过参加商业保险后，大部分风险可以有效转移，风险承担成本按项目建设成本的 5% 考虑，其中自留风险占 20%。

可分担风险包括：项目建设和运营期间可能发生的法规政治风 险、自然灾害等不可抗力风险等，需要政府和项目公司共担的风险，按照项目建设投资的 1% 考虑，项目公司和政府各分担 50%；

不可转移风险包括：主要项目运营期间受消费物价指数、劳动力市场指数等影响可能发生的价格调整和利润率对运营补贴支出风险责任，不可转移和分担，由政府承担风险支出。按照项目运营成本 5% 考虑，经测算为 1.5 万元，鉴于本项目运营维护简单的特点，项目运营期内不再考虑每年增长变化因素进行调价，影响成本增长超过 5% 时，可以按照程序申请调整服务费价格，具体调价方式在项目管理合同中双方协商确定。

3.4　配套投入支出责任

配套投入支出责任是指政府承诺将提供的配套工程等其他投入责任，包括土地征收和整理、建设部分项目配套设施、完成项目与现有相关基础设施和公用事业的对接、投资补助、贷款贴息。本项目中涉及到拆迁、土地征收等都折合费用算入成本中，不再另行列出。

4　支出测算

4.1　股权投资支出测算

股权投资支出应当依据项目资本金要求以及项目公司股权结构合理确定。股权投资支出责任中的土地等实物投入或无形资产投入，应依法进行评估，合理确定价值。

股权投资支出 = 项目资本金 × 政府占项目公司股权比例。

本项目总投资额 7500 万元，项目公司注册资金 2000 万元，其中政府占股

10%，为 200 万元。

4.2　风险承担支出测算

由于项目风险支出数额和概率难以准确测算，按照项目的全部建设成本和全生命周期内的运营成本的一定比例确定风险承担支出。

（1）自留风险成本 = 项目建设投资 × 政府股权比例 × 风险比例 × 自留风险比例

=7000 × 10% × 5% × 20%

=7 万元；

（2）可分担风险成本 = 项目建设投资 × 风险比例 × 政府分担比例

=7000 × 1% × 50%

=35 万元；

（3）不可分担转移风险 = 运营成本 × 风险比例

=300 × 5%

=15 万元

由政府风险承担成本 = 承担的自留风险成本 + 可分担风险成本 + 不可分担转移风险成本

=7+35+15

=57 万元

故项目运营期 10 年内风险承担支出现值合计 57 万元，平均每年支出 5.7 万元。

4.3　政府承担运营补贴支出测算

运营补贴支出应当根据项目建设成本、运营成本及利润水平合理确定，并按照不同付费模式分别测算。

本项目采用政府付费模式，项目运营期间，政府承担全付费责任，政府每年支付的项目运营成本为 30 万元。

计算公式如下：

$$\text{当年运营补贴支出额} = \frac{\text{项目全部建设成本} \times (1+\text{合理利润率}) \times (1+\text{年度折现率})^{n}}{\text{财政运营补贴周期（年）}} + \text{年度运营成本} \times (1+\text{合理利润率})$$

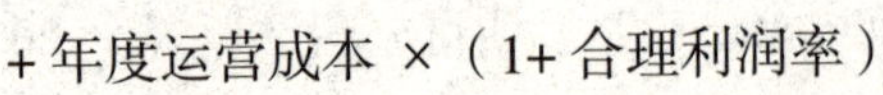

（1）折现率选择：依据财政部《政府和社会资本合作项目财政承受能力论证指引》（财金 [2015]21 号）第十七条："年度折现率应考虑财政补贴支出发生年份，并参照同期地方政府债券收益率合理确定"，结合本项目实际，折现系数参考国债收益率确定，经查询，2016 年 4 月 27 日中国国债收益率：3 年期收盘价格为 4.017%，8 年期的收盘价格为 5.19%，考虑市场因素和经济增长因素，结合市政公用行业情况，本项目折现率选定为 4.6%。

（2）利润率选择：依据财政部《政府和社会资本合作项目财政承受能力论证指引》（财金 [2015]21 号）第十八条"合理利润率应以商业银行中长期贷款利率水平为基准，充分考虑可用性付费、使用量付费、绩效付费的不同情景，结合风险等因素确定"，我国现阶段商业银行长期贷款利率 = 基准利率 5.65% × [（下限 0.7+ 上限 1.84）/2]=5.65% × 1.27=7.17% 约为 7.17%，根据项目实际，经测试选定项目投资合理利润率为 7%。

（3）当年运营补贴支出额（不含风险支出）

$$=\{[7000\times(1+7\%)\times(1+4.6\%)^{n}]/10\}+30\times(1+7\%)$$

$$=\left\{\frac{7000\times(1+7\%)\times(1+4.6\%)+7000\times(1+7\%)\times(1+4.6\%)^{2}+\cdots}{10}\right.$$

$$\left.\frac{+7000\times(1+7\%)\times(1+4.6\%)^{10}}{10}\right\}+30\times(1+7\%)$$

=999.32 万元（平均值）

经测算，项目运营期 10 年内各年度运营补贴支出现值合计 9993.16 万元，平均每年支出 999.32 万元。

（4）价格调整机制对政府补贴支出的影响

主要指价格调整和利润率对运营补贴支出责任影响，受消费物价指数、劳动力市场指数等因素影响，按照项目运营成本 5% 考虑测算为 1.5 万元，由政府承担风险支出，鉴于本项目运营维护简单的特点，项目运营期内不再考虑每年增长变化因素进行调价。如果运营期 内受消费物价指数、劳动力市场指数等因素影响成本增长超过 5% 时，可以按照程序申请调整服务费价格，具体调价方式在项目管理合同中双方协商确定。

5 能力评估

5.1 财政支出总数

政府财政支出总数 = 股权投资支出 + 风险承担支出 + 运营补贴支出

=200+57+9993.16

=10250.16 万元

（详见附表 1：政府承担财政支出情况表）

5.2 财政支出基数

经测算，该县在特许经营合作期的未来 12 年预算收入平均为 64656 万元 / 年，预算支出平均为 185299 万元 / 年，收支比例为 36%。（详见附表 2：某县本级财政预算收支分析表。）

5.3 该县 PPP 项目财政支出比例

该县道路建设项目共支出金额 10250.16 万元，一般公共预算支出总额 2223588.01 万元，占公共预算支出比例 0.46%。（详见附表 3：政府承担的财政支出占比情况。）

5.4 行业和领域均衡性分析评估

该项目属于城市公用基础建设，是公共服务领域的 PPP 项目，是国家鼓励采用 PPP 模式的行业和领域范围。随着经济社会发展需要和公众对公共服务的需求提高，市政道路工程可适应 PPP 模式建设，而本项目是该县首次采用 PPP 模式建设，整个公共服务领域还有很大的发展空间。

6 论证结论

本项目政府支出责任主要包括建设期股权支出、运营期付费支出和风险承担支出，从上述表列数据可以看出，该县已经实施和拟实施的 PPP 项目总支出 10250.16 万元，占一般公共预算支出 2223588 万元的 0.46 %，在财政承受能力范围内，项目适宜采用 PPP 模式。

附表 1：政府承担财政支出情况表

政府承担财政支出情况表　　单位：万元

补贴期 n	年份	财政股权投资支出	运营补贴支出	财政承担风险支出	配套投入支出	总计
	2016	100.00		21.00		121.00
	2017	100.00		21.00		121.00
1	2018		815.55	1.50		817.05
2	2019		851.59	1.50		853.09
3	2020		889.29	1.50		890.79
4	2021		928.72	1.50		930.22
5	2022		969.96	1.50		971.46
6	2023		1013.11	1.50		1014.61
7	2024		1058.23	1.50		1059.73
8	2025		1105.44	1.50		1106.94
9	2026		1154.81	1.50		1156.31
10	2027		1206.45	1.50		1207.95
合计		200.00	9993.16	57.00	0.00	10250.16
合计平均			999.32	5.70	0.00	1025.02

附表 2：某县本级财政预算收支分析表

某县本级财政预算收支分析表　　单位：万元

补贴期 n	年份	一般预算收入	一般预算支出	收支比例	增长比例	
					收入	支出
	2011 实际	47546.00	87383.00	54%	21%	6%
	2012 实际	54691.00	109122.00	50%	15%	25%
	2013 实际	58339.00	117345.00	50%	7%	8%
	2014 实际	60582.00	111486.00	54%	4%	-5%
	2015 实际	41878.00	117127.00	36%	-31%	5%
	合计平均	52607.20	108492.60	48%	3%	8%
	2016 预计	54255.77	117172.01	46%	30%	0%

续表

补贴期 n	年份	一般预算收入	一般预算支出	收支比例	增长比例	
					收入	支出
	2017 预计	55956.00	126545.77	44%	3%	8%
1	2018 预计	57709.51	136669.43	42%	3%	8%
2	2019 预计	59517.97	147602.98	40%	3%	8%
3	2020 预计	61383.11	159411.22	39%	3%	8%
4	2021 预计	63306.69	172164.12	37%	3%	8%
5	2022 预计	65290.55	185937.25	35%	3%	8%
6	2023 预计	67336.59	200812.23	34%	3%	8%
7	2024 预计	69446.74	216877.21	32%	3%	8%
8	2025 预计	71623.01	234227.39	31%	3%	8%
9	2026 预计	73867.49	252965.58	29%	3%	8%
10	2027 预计	76182.30	273202.82	28%	3%	8%
	合计平均	64656.31	185299.00	36%	5%	7%

附表 3：某县本级财政预算收支分析表

政府承担的财政支出占比情况　　单位：万元

补贴期 n	年份	一般公共预算支出预测值	项目由一般公共预算支付额	占比
	2016	117172.01	121.00	0.10%
	2017	126545.77	121.00	0.10%
1	2018	136669.43	817.05	0.60%
2	2019	147602.98	853.09	0.58%
3	2020	159411.22	890.79	0.56%
4	2021	172164.12	930.22	0.54%
5	2022	185937.25	971.46	0.52%
6	2023	200812.23	1014.61	0.51%
7	2024	216877.21	1059.73	0.49%
8	2025	234227.39	1106.94	0.47%
9	2026	252965.58	1156.31	0.46%
10	2027	273202.82	1207.95	0.44%
合计		2223588.01	10250.16	0.46%

附录五：

某县道路 PPP 项目合同

（节选）

前　言

本合同由以下甲乙双方于______（时间）______在该县签订：

甲方：

乙方：__________系甲方为实施__________ PPP 项目通过公开招标确定的社会资本方________________与政府指定单位联合组建的项目公司，其办公地址为__________，法定代表人为__________。

甲、乙双方根据《中华人民共和国合同法》及相关法律法规、标准与规范，遵循自愿、平等、诚实信用的原则，经友好协商签订本合同，达成协议如下。

1　总　则

第 1 条　术语定义和解释

1.1　定义

为避免歧义，根据项目具体情况，本条款对本合同中涉及的重要术语加以定义。除非本合同另有规定，本合同中出现的下列词语具有如下含义：

本合同：指甲乙双方签署的《__________PPP 项目特许经营合同》和按本合同 5.1 款包含的其他要件的总和，还包括以任何方式对本合同正文及附件不时所作的补充、修改、合并、更替或替代，以及日后可能签订的任何本合同之补充协议和附件。

本项目：指符合第 8.1 款所确定的__________PPP 项目，采取 PPP 模式实施。

PPP：即“政府和社会资本合作模式”，指政府为增强公共产品和服务供给能力、提高供给效率，通过特许经营、购买服务、股权合作等方式，与社会资本建立的利益共享、风险分担及长期合作关系。

实施方案：即经批准的《____________PPP 项目实施方案》。

《股东协议》：即某县________公司与________签订的《工程 PPP 项目股东协议》（本合同中简称《股东协议》），用以约定公司及针对乙方的出资方式、治理结构、决策机制、收益分配等事项，以及双方在本项目中的权利义务。生效日指本合同产生法律效力的日期。

政府方：即作为本合同实际的、完整的履约主体的该县人民政府或其下属有关部门、机构。

特许经营权具有第 8.2 款规定的含义。

项目前期资产本合同中专指甲方在本合同生效前已完成的本项目部分前期工作所形成的资产。

建设期：指本项目约定的建设期间，即开工日到竣工日期间。

运营期：指本项目建设验收结束后第一个自然日起 10 年。

缺陷责任期：即本项目依照国家法律法规在工程竣工验收合格后乙方（及其施工方）承担保修责任的期限。

特许经营期：即乙方依据本合同第 9 条所获得特许经营权的期限。

开工日：指本项目甲、乙双方约定的动工日期。

竣工日：指本项目完成的工程建设满足设计要求、并经甲方组织建设各方进行竣工验收合格的日期。

绩效评估：根据国家发改委及财政部有关政策，由政府方或其委托相关机构对本项目的产出、成本效益、监管成效、可持续性等进行的评价。

中长期财政规划：指财政部门根据国家有关政策会同有关部门编制的 10 ~ 15 年财政规划。

本合同有效期具有第 9 条规定的含义。

设计文件：指本项目包括初步设计文件、施工图设计文件及其变更等文件的统称。

融资文件：指乙方所签订的长期、短期融资或再融资相关的贷款协议、票据、债券融资工具发行文件、契约、担保协议和其他文件。前期工作即第 17 条所

述包含的本项目建设所必要完成的工作内容。不可抗力事件具有第 48 条规定的含义。

已投入资金:指乙方建设本项目过程中实际投入的建设投资，不含利息、收益等。

法律变更具有第 49 条规定的含义。

项目资产移交本项目经营期满或提前终止时， 项目公司将该项目资产移交给政府指定部门机构。适用法律及规范标准:指所有适用的中国法律、法规、规章和政府部门颁布的所有技术标准、技术规范以及所有其他适用的强制性要求。

1.2　其他术语及定义

在本合同中，除非上下文另有规定:

1.2.1　除本合同上下文另有规定外，本合同中提到的条款和附件均为本合同的条款和附件。

1.2.2　除本合同上下文另有规定外,“一方”或“各方”应为本合同的一方或各方，且均包括其各自的继任者和获准的受让人。

1.2.3　所指的日（天)、星期、月份、和年均指公历的日、星期、月份和年。

1.2.4　工作日指中国法定节假日、公休日以外的公历日。

1.2.5　若要求支付之日为非工作日，则应视要求支付之日为下一个工作日。

1.2.6　除上下文另有规定,“包括”一词在任何时候应被视为与“但不限于”连用。

1.2.7　表示单数的词语亦包括该词语的复数，反之亦然。

1.2.8　条款标题仅作为参考，不应用于本合同的解释。

1.2.9　凡提及任何一项适用法律应解释为包括对该项适用法律不时做出的修改、综合、补充或替代。

1.2.10　如果国家、行业或地方颁布了新的政策、法规、标准致使本合同所引用的政策、法规、标准不再适用，甲乙双方应进行协商确保本合同各条款符合新的政策、法规、标准;各政策、法规、标准之间如有矛盾，以颁布时间最近的政策、法规、标准或甲方的要求为准。

1.2.11　在本合同中，无论何处及由任何人发出或颁发任何通知、同意、批准、证明或决定，除另有说明外，均指其书面形式;书面形式指电传、传真、电子数据交换和电子邮件等可有形表现所载内容的形式。

1.2.12　本合同将取代甲、乙双方所有在本合同签字前达成的合同、谅解、安排、陈述、保证、任何形式或任何性质的承诺，不论是口头的、书面的，还是明示的或暗示的。

第 2 条　合同背景和目的

2.1　合同背景

2.1.1　___改造工程 PPP 项目，包含道路工程、排水工程、电力管线土建工程及交通工程中的道路标线施划等建设内容，由项目公司负责投资建设。项目建设投资额为人民币______元。计划开工日期为______年______月______日；计划竣工日期为______年______月______日；

2.1.2　为有效解决本项目建设资金需求，提高建设工程质量和效率，该县人民政府决定采用 PPP 模式完成本项目建设运营。《______工程 PPP 项目实施方案》已获得政府方批准。

2.1.3　本项目向上级政府报备。

2.2　合同目的

该县政府授权甲方与乙方签订本合同，用以确定政府方对乙方在特许经营期内投资、融资、建设、运营本项目设施的授权，并约定政府方与乙方在此过程中的各项权利和义务、特许经营范围和期限、项目建设和运营、项目付费、终止和补偿等事项。

第 3 条　声明和保证

3.1　甲方的声明与保证

甲方保证，甲方以下陈述和保证都是真实、完整、准确、有效的：

3.1.1　甲方已充分理解本合同的背景和目的。

3.1.2　甲方已经取得该县人民政府的授权及其他必要的同意和批准，代表政府方签订本合同；除非另有约定，甲方代表政府方履行本合同项下政府方的权利和义务。

3.1.3　甲方已与该县政府就本项目所必需的相关支持政策达成一致。

3.1.4　本合同一经签订，即对甲方具有完全的法律约束力，签订和履行本合同的义务、条款和条件不会导致甲方违反法律、法规、行政规章、行政决定、生

效判决和诉讼裁决的强制性规定，违反其与第三方合同的条款、条件和承诺，也不会引致任何利益冲突。

3.1.5　如果甲方在此所作的声明被证实在作出时存在实质方面的不属实，并且该等不属实声明严重影响本合同项下的项目的顺利进行，乙方有权终止本合同。

3.2　乙方的声明与保证

乙方确认，乙方以下陈述和保证都是真实、完整、准确、有效的：

3.2.1　乙方已充分理解本合同的背景和目的。

3.2.2　乙方已根据法律法规和公司章程的规定从股东方或其他上级管理机构取得从事本合同项下的一切同意与批准。

3.2.3　本合同一经签订，即对乙方具有完全的法律约束力，签订和履行本合同的义务、条款和条件不会导致乙方违反法律、法规、行政规章、行政决定、生效判决和诉讼裁决的强制性规定，也不会导致乙方违反公司章程的约定和董事会决议，违反其与第三方合同的条款、条件和承诺，也不会引致任何利益冲突。

3.2.4　乙方具有从事本项目下投资、融资、建设、运营的能力，在资金实力、技术力量、人力资源、经营管理能力等方面均能够满足实施本项目的需求。

3.2.5　乙方将遵守国家法律、法规、行政规章的规定，履行本合同项下义务，接受政府方对本项目实施的各类监管。

3.2.6　如果乙方在此所作的声明被证实在作出时存在实质方面的不属实，并且该等不属实声明严重影响本合同项下的项目的顺利进行，甲方有权终止本合同。

第 4 条　合同生效条件

4.1　本合同生效的先决条件

4.1.1　股东协议已正式签订；

4.1.2　乙方已完成注册成立，公司章程已订立并签署；

4.1.3　本合同经甲、乙双方法定代表人或其委托代理人签字并加盖公章；

4.1.4　该合同已经该县人民政府批准。

4.2　合同的生效日期

全部满足上述 4.1 款所述生效条件之日即为本合同生效日期。

第 5 条　合同构成及优先次序

5.1　合同的构成

组成本合同的文件如下：

5.1.1 本合同正文及全部附件；

5.1.2 中标通知书；

5.1.3 投标文件及投标文件的澄清、投标承诺书；

5.1.4 技术规范及有关技术资料；

5.1.5 政府方提供的图纸及设计文件变更；

5.1.6 甲方与乙方股东约定的组成本合同的其他文件；

5.1.7 甲、乙双方在履行本合同过程中形成的、经双方书面确认的会议纪要、备忘录、变更和洽商等书面形式的文件。

上述合同组成文件在本合同签署时如未完成或产生的，则自其完成或产生时即自动成为本合同的组成部分。

5.2 合同解释的优先次序

5.1 款所约定的本合同各组成部分形成一个整体，互为补充和解释；其内容若有歧义，以第 5.1 款所列顺序在前者为准，甲、乙双方另有书面约定的除外。

5.3 合同的可分割性

如果本合同任何条款不合法、无效或不能执行，则其他条款仍然有效和可执行，且甲、乙双方应商定对不合法、无效或不能执行的条款进行修改或更换，使之合法、有效并可执行，并且这些修改或更改均不应改变本合同作为一个整体所本应赋予它的含义。

2 合同主体

第 6 条 政府主体（甲方）

6.1 政府主体资格

6.1.1 合同签订主体的资格甲方经政府方委托，代表政府方签订本合同。本合同约定的义务，如甲方自身无法履行的，则政府方其他部门机构将承担履约责任。

6.1.2 政府主体及其承继

甲方经该县政府的同意可以将其在本合同项下全部或部分权利或义务，转让

给政府指定的其他机构，条件是承继实体：

（1）具有承揽本项目相关义务的财务实力；

（2）具有与政府方同样的承担所有权利、义务的能力和授权；

（3）接受履行政府方在本合同项下的全部义务。

6.2 政府主体的一般权利

除本合同其他条款规定的权利外，政府方在本合同有效期内的一般权利包括：

6.2.1 对乙方遵守有关法律、法规、规章和履行本合同的情况进行监管，包括项目融资及资金到位和使用情况、项目建设进度、工程质量、安全防范措施等；要求乙方进行项目交付和项目缺陷责任期内的维修；如发现存在违约情况，有权根据本合同进行违约处罚和兑取履约保函。

6.2.2 根据法律、法规、行政规章的规定和本合同的约定依法查处乙方的违法违规行为。

6.2.3 本项目建设期内，对乙方的投资建设实施过程在进度、质量、安全生产及安全防范措施、环境保护等方面，进行全程监管。

6.2.4 在项目进度严重延迟、发生重大安全事故或严重工程质量问题等严重影响公众利益的情况下，有权终止该项目，指定机构接管该项目。

6.2.5 依法对乙方及本项目进行审计。

6.2.6 乙方发生违约行为时，有权按本合同约定要求乙方承担违约责任和兑取履约保函。

6.2.7 乙方严重违约时，有权提前终止本项目合作及本合同。

6.2.8 法律、法规规定及本合同约定的其他权利。

6.3 政府主体的一般义务

除本合同其他条款规定的义务外，政府方在本合同有效期内的一般义务包括：

6.3.1 甲方应始终遵守并促使甲方遵守所有适用法律及本合同规定的相关义务；

6.3.2 授予乙方本项目特许经营权，保持乙方的特许经营权在特许经营期内始终有效，维持其完整性和独占性；

6.3.3 在特许经营期内，协助乙方办理政府有关部门要求的各种与本项目有关的批准；

6.3.4 为本项目建设施工提供必要条件与其他支持；

6.3.5 履行本合同约定的政府购买服务支付义务；

6.3.6 法律、法规规定及本合同约定的其他义务。

第 7 条 项目公司主体

7.1 项目公司主体资格

乙方作为本项目之项目公司，依据本合同第 3.2 款之声明，拥有完整的履行本合同权利和义务的主体资格。乙方在本合同有效期内应保持其主体资格，不得转让其在本合同项下的权利和义务。

7.2 项目公司（即乙方）的一般权利除本合同其他条款规定的权利外，乙方在本合同有效期内的一般权利包括：

7.2.1 在特许经营期内，独家享有本项目特许经营权；

7.2.2 按照《中华人民共和国公司法》及相关法律、法规的规定和本合同约定，自主开展涉及本项目投资、融资、建设等方面的各项经营活动；

7.2.3 按照本合同约定的方式获得政府购买服务的费用，作为偿债和投资回收的资金来源；

7.2.4 甲方严重违约时，有权提前终止本项目合作及本合同；

7.2.5 法律、法规规定及本合同约定的其他权利。

7.3 项目公司的一般义务除本合同其他条款规定的义务外，乙方在本合同有效期内的一般义务包括：

7.3.1 遵守所有适用法律、法规及本合同约定的相关义务。

7.3.2 接受和配合政府方相关部门对本项目的监管。

7.3.3 接受政府方对本项目实施的临时接管或征用。

7.3.4 按照本合同的约定，承担本项目投资、融资、建设、运营等的责任和风险。

7.3.5 接受国家和政府方按国家有关法律及法规规定对本项目进行的审计；及时实施竣工验收、决算等工作。

7.3.6 负责投资计划执行、项目建设方案及进度计划、工程决算报告、统计报表、项目汇报材料及政府方要求的其他材料的编制编写，按规定负责上报政府方及相关部门。

7.3.7 应按照国家有关规定建立健全的质量和安全保证体系，落实质量和安全生产责任制，建设期应加强对承包人的监督和管理，确保项目的工程质量和财产、人员安全。

7.3.8 将乙方高级管理人员的确定或变更情况，以及对本项目有重大影响的事项及时报告政府主管部门。

7.3.9 按照本合同约定的投资计划，完成本项目投资建设任务。

7.3.10 根据项目需求完善公司机构设置及人员配备，聘用在投融资、工程建设管理等方面具备足够专业能力的人员，关键岗位人员需拥有相应资格资质。

7.3.11 确保融资文件、项目公司股东之间的任何协议、公司章程、本合同项下要求的保险单以及其他由项目公司签订的与本项目有关的任何其他协议符合本合同的规定。

7.3.12 本项目建设期内，乙方正在使用的任何土地上发现具有考古学、地质学和历史意义的任何物品，乙方应及时通知政府方，并采取适用法律要求的措施。

7.3.13 项目建设期内，根据适用的法律法规要求，购买必要的保险，并报甲方备案。

7.3.14 项目运营期结束后，按约定向甲方移交项目资产及相关资料。

7.3.15 法律、法规规定及本合同约定的其他义务。

7.4 对项目公司的其他规定

7.4.1 乙方作为项目公司的组织形式、注册资金、住所、出资方式、股权结构、治理结构、决策机制、分配机制等事项，在《股东协议》作出约定。

7.4.2 乙方在出现股权结构变动、股权质押、高级管理人员变动等重大事项，或作出重大决策事项，或变更名称、地址、法定代表人之情形，应及时将相关书面说明文件及材料报甲方备案。

3 合作关系

第 8 条 合作内容

8.1 项目范围

8.1.1 项目范围具体详见本项目的设计文件。

8.1.2　建设范围以政府相关部门批准认可的本项目施工图为准。具体内容包括：本项目涉及的道路工程、排水工程、电力管线土建工程及交通工程中的道路标线施划等，由项目公司负责投资建设。

8.1.3　运营维护范围包括：本项目涉及的道路工程、排水工程、电力管道土建工程、交通标线以及路面卫生保洁等，由项目公司负责运营维护及管理。

8.2　特许经营权

根据政府方授权批准，甲方授予乙方在特许经营期内独家的权利：

（1）投资、融资、建设和运营本项目；

（2）获得政府方支付的购买服务费用；

（3）本项目在运营期满时无偿移交政府指定机构。

8.3　回报方式

8.3.1　乙方通过在经营期内获得政府购买服务费用，取得相应回报。包括可用性服务费及运维绩效服务费。

8.3.2　政府购买服务费用由县财政逐年向项目公司支付。县政府及时安排县财政将支付可用性服务费及运维绩效服务费纳入年度预算和中期财政规划，并通过县人大对预算的审批，保障项目服务费用的及时支付。

8.4　项目资产管理

8.4.1　除非本项目提前终止，乙方在本合同生效日至本项目经营期满之日止享有本项目的特许经营权，经营期到期后，乙方按本合同之约定将本项目资产无偿移交给政府指定机构。

8.4.2　未经甲方书面批准，乙方不得出让、转让、抵押、质押本项目设施资产，也不得在上述资产上设置任何留置权或担保权益或者以其他方式处置这些资产。

8.5　土地使用权

特许经营期内，政府方保证乙方以零租金的方式租用本项目土地使用权（双方另行签署土地租赁协议）直至根据第 42 条之约定完成向甲方或政府方指定机构移交本项目为止。

第 9 条　特许经营期

9.1　本项目特许经营期起始日为本合同生效日期，特许经营期限为______年，除非：

9.1.1 依据本合同第十二章发生合同提前解除；

9.1.2 在本项目经营期到期后，双方协商一致后可以续期。

第 10 条 排他性约定

甲方授予乙方的特许经营权利具排他性，除本合同终止情形外，未征得乙方书面同意，甲方不得以本项目为标的与任何其他方建立与本合同合作内容相同或相似的合作关系。

第 11 条 履约担保

11.1 履约保函的提交

本合同签署前，乙方应向甲方提交双方都能接受的信誉良好的金融机构出具的见索即付的履约保函，以保证乙方履行本合同项下各项义务。该履约保函金额为项目投资额的 10%。甲方不负担履约保函的一切费用及利息。

如本合同生效日期后 3 个月（含），乙方未按本款要求提交履约保函，则甲方有权提前终止本合同。

11.2 履约保函的兑取

如甲方根据本合同约定兑取部分或全部履约保函，乙方应在甲方通知其兑取之后 5 个工作日内将履约保函的数额恢复至第 11.1 款约定的金额，并向甲方出示其已经恢复履约保函数额的证据，否则甲方有权提前终止本合同。若乙方需要更替履约保函以延续履约保证义务，应提前 10 个工作日通知甲方，并在遵守第 11.1 款规定的数额的前提下，始终保持履约保函至根据第 11.3 款的规定解除之时之前一直有效。

11.3 履约保函的撤销

本项目工程竣工验收后 10 个工作日内，甲方应向乙方退还履约保函。

4 投资计划及融资方案

第 12 条 项目总投资

12.1 本项目总投资构成

本项目的总投资为项目建设所发生的、按本合同条件经有关部门审核确认的建筑安装工程费用、工程建设其他费用和建设期利息。

项目总投资 = 建筑安装工程费用 + 工程建设其他费用 + 建设期利息

建筑安装工程费用须按某县现行评审体制审定。根据中标人投标文件，本合同签订时建筑安装工程费为人民币________万元。工程建设其他费用暂定为人民币________万元（届时按市场化方式经财政评审部门评审后据实结算）。建设期利息以现行银行 5 年以上贷款基准利率为标准，根据工程进度，按流动资金即社会投资人到账资金计算。

12.2 项目投资主要计价原则

12.2.1 项目建筑安装工程费以乙方的社会投资人股东的投标报价为准，在工程建设中，除非出现本合同约定的变更事由，该投标报价不做调整。其中招标文件规定采用暂估价的专业工程费用，按照确认的设计图纸及合同约定的工程变更计价原则据实结算，并经财政评审部门评审签认后做出相应调整。

12.2.2 工程建设其他费用暂定为人民币________万元（届时按市场化方式经财政评审部门评审后据实结算）。

12.2.3 建设期利息以乙方实际到位资金金额和实际占用时间分笔计算。建设期利息 =∑（乙方到位资金金额 × 实际占用天数 ×（银行现行 5 年期以上贷款基准利率 /360）；建设期利息计算的实际占用天数只计算到运营期的前一天止。

12.2.4 工程变更

（1）工程变更需经监理方、甲方审核同意后方可实施。

（2）工程变更计价原则：

中标人投标文件中已有适用于变更工程的综合单价价格时，执行该综合单价价格；合同中没有适用或类似于变更工程的综合单价价格，按下述规定执行：

根据工程内容执行相应建设工程计价依据，取费按照相应的建设工程计价依据，规费取费按照定额主管部门核定的规费费率执行，其余取费除组织措施费中的不可竞争费（安全施工费、文明施工费、生活性临时设施费三项为不可竞争费）按国家规定计取外，按照国家规定费率的一半计取。

除沥青外的主要材料材差执行《某市建设工程造价管理信息》2016 第四期。沥青按市场价计算材差。

工程实施时如遇钢材价格大幅度波动，根据国家有关规定调整。人工单价调

整按晋建标字 [2014]89 号规定执行。

第 13 条　投资控制责任

乙方应严格按照董事会年度预算的相关费用进行控制。

第 14 条　融资方案

14.1　乙方的初始注册资本为______万元。

14.2　在股东投入的注册资本不足以满足项目建设和运营情况下，乙方有责任及时进行融资（具体约定见《__________PPP 项目股东协议》），保证本项目及时完工和安全运营）。

第 15 条　政府提供的其他融资支持

本项目特许经营期内，甲方对乙方的债务融资不提供任何形式的担保，可对项目公司的融资提供信息支持。

第 16 条　投融资监管

16.1　外部投融资监管

本项目特许经营期内，甲方有权了解乙方的投资计划执行和资金筹措情况，并要求乙方书面提供相关文字说明及数据信息，乙方应对此积极配合。

16.2　公司内部投融资监管

本项目经营期内，甲方有权了解乙方的融资情况，并要求乙方书面提供相关文字说明及数据信息，乙方应对此积极配合。

16.3　融资文件的条款约束

本项目特许经营期内，乙方应确保下述条款包含在融资文件中。

16.3.1　由融资方向政府方作出的有约束力并可由政府方得以合法执行的承诺，即只要本合同有效，融资方不得采取任何行动干扰、影响或损害政府方在本合同项下的权利，并且在政府方能够按照下述第 16.3.2 款（2）项获得纠正的权利之前，不得采取可能导致本合同终止的任何行动，或以其他方式对本合同造成不利影响。

16.3.2　融资方有约束力的承诺：

（1）关于乙方在融资文件项下的任何违约情况以书面通知政府方；

（2）给予政府方在收到上述通知后 90 天内纠正该违约的权利；

（3）在上述纠正期间内不行使融资方可以行使的对违约的任何权利或补救。

5 项目前期工作

第17条 前期工作内容及要求

17.1 甲方作为本项目授权机构，统筹政府方其他单位完成全部前期工作。甲方前期工作内容主要包括：

17.1.1 完成立项阶段各项行政报批工作；

17.1.2 本项目涉及的征地拆迁；

17.1.3 项目可行性研究报告编制；

17.1.4 取得建设用地规划许可和建设工程规划许可；

17.1.5 编制完成初步设计文件（含概算）和施工图设计文件（含预算），并取得政府方建设行政主管部门审查通过；

17.1.6 完成施工许可阶段的各项行政审批、备案工作；

17.1.7 完成勘察、测绘、咨询、评估等其他必要的前期工作。

17.1.8 除上述前期工作外，乙方应依照适用法律、法规、行政规章、规范、标准等，按本合同投资计划，实施其他各项前期工作，确保本项目按计划开工。

第18条 前期工作经费

本项目《股东协议》签订之前已签订的前期工作合同，按照原合同关系继续执行。由政府方完成的工程建设其他费用以实际票据为准，金额为________万元，届时由乙方承担。

第19条 政府方提供的前期工作支持

19.1 政府方协调相关职能部门积极配合本项目前期工作。

19.2 乙方向政府方提交的有关本项目的申请、要求和文件，在符合适用法律或本合同规定的情况下，政府方给予（仅限于政府方根据适用法律和本合同有行政管理审批权/有权批准的事项）或尽力协助乙方获得所需的批准（含未完成的审批和融资及建设所必需的证明文件等），并在适用法律允许的情况下加快批准程序。

第20条 前期工作监管

20.1 行政监管

政府方作为行政审批机构，对项目的前期工作，特别是招标文件、设计文件

和工程造价等，实施行政性审批、审计和审查。

20.2 合同履行监管

本项目特许经营期内，政府方有权了解前期工作进展情况，并要求乙方书面提供相关文字说明及数据信息，乙方应对此积极配合。

6 工程建设

第 21 条 政府提供的建设条件

建设期内，为确保乙方履行其在本合同项下义务，甲方协调有关部门：

21.1 确保乙方取得进入本项目设施场地的地上通行权；

21.2 将本项目建设施工所需水、电、气、电信线、道路等配套设施从施工场地外部接通至与乙方约定的地点；

21.3 协助乙方根据适用法律法规取得必要的批准。

第 22 条 工程建设

22.1 建设期和工期

该县______项目计划开工日期为______月______日，计划竣工日期为______年______月______日。建设期计划为______个日历日。

乙方应确保本项目于计划竣工日建设完工。

22.2 质量标准

本项目应符合建设部有关市政道路工程相关质量验收规范的合格标准及项目相关技术标准和要求、设计文件要求。具体以国家最新颁布的标准及项目相关技术标准和要求为准。

22.3 工程施工总承包单位、专业分包单位的选择

鉴于特许经营项目投资人是通过招标方式产生：

22.3.1 本项目工程施工总承包由具备符合工程建设要求、实施能力、企业资质的社会投资人________承担。由乙方与该社会投资人________签署《施工承包合同》。对于未达到施工图设计深度，如果社会投资人不具备建设资质，项目公司应按国家有关规定另行招标，确定施工单位。

22.3.2 专业分包单位必须通过合法程序选择有相应资质的、有经验的单位。

第23条 进度、质量、安全及管理要求

23.1 工程建设管理

23.1.1 乙方为项目建设责任单位。

23.1.2 乙方应与监理单位签订《监理合同》，由监理机构负责管理。

23.2 进度管理

23.2.1 乙方应严格依据本项目的约定工期实施项目建设。

23.2.2 项目建设期内，乙方应按月向甲方提交工程建设进度报告，详细说明项目工程进度情况和对甲方合理要求的其他事项处理情况。

23.2.3 特许经营期内，甲、乙双方中，如果一方合理地预计项目下一个关键工期将延误，该方应及时通知另一方并合理地详细描述以下情况：

（1）预计无法达到的关键工期。

（2）预计延误的原因，包括对声明为不可抗力事件的情况的描述。

（3）所预计的可能超出关键工期的天数和其他可合理预见的对项目不利的影响。

（4）该方已经采取或建议采取的解决或减少延误及其影响的措施。甲、乙双方中，如果一方未向另一方发出上述通知，该方应承担另一方因此而可能直接发生的任何费用。发出上述通知不应解除各方在本合同项下的任何义务。

23.2.4 如果出现根据第25条由甲方同意的重大工程变更或出现不可抗力事件，影响到项目关键工期的实现，则甲、乙双方可经协商对项目关键工期进行调整。

23.2.5 如违约造成关键工期延误，则按本合同第56条约定处理。

23.2.6 乙方提前完成建设任务的，按每天3万元的标准获得奖励，但总额不超过300万元。

23.3 质量保证和质量控制

23.3.1 在项目工程建设开始之前，乙方应制定和执行工程质量保证和质量控制计划，并在工程建设进度月报中同时反映工程质量监控情况，同时提供完整的反映工程建设质量控制结果的文件。

23.3.2 在不影响乙方正常履行本合同义务的情况下，政府方有权采取定期检查或不定期抽查等方式，对乙方及任何承包商的质量控制过程及方法进行监督，

以确保工程的建设符合有关的质量要求。乙方对该等检查应予以协助并提供必要的便利。

23.4 施工组织与环境保护

23.4.1 乙方应要求承包商提交经工程监理方审定的现场施工组织计划。该施工组织计划应包括详细的施工进度表、关键路线图、人员组织、技术力量和施工机械的配备情况等。同时乙方应将施工组织计划报甲方备案。

23.4.2 项目施工期间，乙方应根据适用法律所规定的环保标准，采取措施，避免或最大限度地减少对周边设施和周围环境的损害。

23.5 安全生产

23.5.1 乙方应建立健全安全生产制度，落实安全措施，完善安全应急预案，实行安全责任法人负责制。

23.5.2 政府方有权定期和不定期对本项目安全生产情况进行检查。

第 24 条 建设期的审查和审批事项

24.1 审计审查事项

政府方依照适用法律、法规及行政规章，对乙方项目建设实施以下审计审查事项：

24.1.1 对乙方所签订的各类合同进行审计审查；

24.1.2 对工程设计变更的审计审查；

24.1.3 对竣工验收报告等备案文件、竣工决算等进行审计审查；

24.1.4 其他政府方认为必要的事项。

24.2 政府方为完成建设期内各项审计审查工作，有权对本项目的建设情况进行现场检查，乙方应积极配合。

甲方检查和接受建设工程的全部或任何部分及颁发相关证书的行为均不得解除乙方对建设的缺陷或延误应负的任何责任。

第 25 条 工程变更管理

本项目建设期内的工程变更，应按政府相关审批制度流程报批。

第 26 条 实际工程结算确定

26.1 乙方应根据第 13 条投资控制责任和要求做好工程结算工作。

26.2 工程结算和竣工财务决算应符合该县政府投资项目评审（审计）现行体制规定。

第 27 条　项目验收

27.1　乙方责任

依据适用法律、法规及行政规章等对项目工程组织竣工验收，乙方按要求及时完成竣工验收备案工作。

27.2　政府方责任

政府方依照国家及地方关于建设工程竣工验收管理的相关规定，对本项目执行竣工验收工作。

第 28 条　工程建设保险

乙方应为本项目建设工程购买建筑工程一切险、安装工程一切险、建筑施工人员团体意外伤害保险，及其他通常的、合理的或者中国法律、法规要求所必需的保险。

第 29 条　工程质量

29.1　乙方应按照国务院颁布的《建设工程质量管理条例》的要求，建立与落实工程质量领导责任制，严格执行建设程序，强化施工管理，加大施工监督与物料设备质量验收力度，并承担《建设工程质量管理条例》规定的责任，确保本工程达到本合同约定的质量标准。

29.2　甲方按照本协议第 24.2 条的约定检查和接受建设工程。

29.3　因乙方及其签约施工方所引起的工程质量问题，乙方应按国家相关规定的期限无偿修复至满足验收标准，并承担相应费用。因修复工程导致工期拖延的，乙方无权主张拖延期间的费用及其收益

第 30 条　工程保修

30.1　乙方为本项目工程保修的第一责任方。

30.2　乙方依照适用法律、法规、行政规章，与施工方约定其承担工程质量保修责任，项目缺陷责任期不得低于法定最低年限。项目缺陷责任期间，因施工方造成的项目工程缺陷、损坏等工程质量问题，由乙方追索施工方按约定进行修复至满足验收标准，并承担相应费用；其余原因造成的工程缺陷、损坏，以及由此造成的人身财产损失，由乙方承担。

第 31 条　建设期监管

除第 23、24 条所述及监管及审查事项外，政府方有权在项目建设期内对建设工程其他实施情况进行监督，政府方应确保该等监督和检查不影响本项目进度

计划，并承担监督和检查的费用。但若检查质量不合格，政府方委托第三方检测的费用由施工单位承担。乙方应对政府方的监督检查提供必要的支持、便利和协助。如果项目建设工程严重不符合本合同相关要求，政府方有权就此给予乙方通知，并要求乙方采取措施补救或修正。

31.1 项目建设总体进度监管：项目建设进度由监理机构实施监管，监理机构监控资金筹措、项目执行情况等，及时发现问题，及时统筹协调采取应对、补救措施。

31.2 项目特许经营期内，政府方依照发改投资[2014]2724号文和财金[2014]113号文等政策要求，指定有关部门对本项目 PPP 合作情况进行 1～2 次中期评估。

7 项目前期资产交接

第 32 条 交接前准备

32.1 甲方应完成工作

甲方为完成项目前期资产交接，应在本合同生效后，完成对本项目前期资产的清理核查，并编制完成交接清单。

32.2 甲、乙双方在本合同生效后，应及时协商项目前期资产交接工作。

第 33 条 资产交接

33.1 交接范围

甲方应向乙方交接下列项目前期资产所涉及的资料信息：

33.1.1 本项目已完成的行政审批文件资料，包括但不限于：项目立项及可行性研究报批阶段的资料与批复，建设用地、建设工程规划许可文件及资料，初步设计文件及审查意见、建设用地批准文件及资料，施工图设计及预算审批文件及资料，施工许可阶段审查登记文件及资料等。

33.1.2 本项目已签订的合同、协议。

33.1.3 本项目已支出的前期工作费用的财务凭证及明细表格等；甲方垫付的前期工作费用在本协议签署后由乙方支付到甲方指定账户。

33.1.4 其他必要的交接资料。

33.2 交接标准

甲方向乙方移交的项目前期资产所涉及资料信息，应符合下列标准：

33.2.1 项目资料均真实、完整，并且均为资料原件；不能提供原件的，在确保乙方能够正常接续项目前期工作及开工建设的前提下，说明原因并提供清晰复印件。

33.2.2 不附带任何债务和抵押、质押、留置以及担保。

33.3 交接进度及工作安排

33.3.1 本合同生效后，甲、乙双方完成项目前期资产交接工作；

33.3.2 甲、乙双方应就所交接资产及文档资料，按交接清单逐一核对，确认无误签署交接确认书，以确认项目前期资产完成移交。

33.4 其他重要事项

33.4.1 甲、乙双方自行完成与项目前期资产交接相关财务处理工作；

33.4.2 项目前期资产交接过程中所形成的费用，由甲、乙双方各自承担。

8 项目运营及维护

第 34 条 项目运营维护期限

项目的运营期限自项目竣工验收后次日开始计算，至特许经营期限期满时止。

第 35 条 项目运营维护范围

本项目的运营维护范围：包括本项目涉及的道路工程、排水工程、电力管道土建工程、交通标线以及路面卫生保洁等，由项目公司负责运营维护及管理。

第 36 条 项目竣工后档案资料移交

乙方应在本项目竣工验收完毕后 20 个工作日内，将本项目工程相关档案资料文本原件一并移交给政府方指定的档案管理部门备案。相关档案资料文本，均需满足真实、完整、清晰的标准。

第 37 条 乙方运营期责任

37.1 本项目运营期内，乙方在按本合同第 42 条约定向政府方指定机构移交资产之前，在其运营维护范围内承担施工方所履行保险责任（指本合同第 28 条规定的工程建设保险）之外的本项目的全部维修维护责任，以确保本项目充分

满足使用功能。

37.2 在乙方向政府方指定机构移交实物资产之前，应根据项目工程类别，按照国家法律法规规章、适用的技术标准规范对本项目进行维护。

37.3 在实物资产移交前，乙方为项目维护的第一责任人。乙方可以通过委托协议委托其他单位进行项目维修维护。

第 38 条 运营期政府监管

政府方有权按该县现行市政维护管理的相关规定、内部考核细则及合同约定由甲方与政府市政维护管理部门共同进行监管。监管方可单独委托（告知乙方）具备资质的第三方对主要设备和道路等质量进行检测，若不合格，由乙方承担检测修复和更新费用。若乙方未在规定时间内完成修复和更新，监管方可自行修复和更新，其费用从政府支付的可用性服务费中扣除。

第 39 条 运营期维护支出

乙方因履行本合同第 37 条所约定义务而形成的维修、养护支出，由乙方自行筹集所需资金并承担费用。

第 40 条 运营维护绩效考核标准

40.1 本项目运营期内，乙方的运营维护标准应符合《城镇道路养护技术规范》CJJ36—2006 及相关国家、地方标准、规范要求，并遵守相关标准、规范升级版的要求。

40.2 运维绩效服务费用计算运维绩效服务费在项目缺陷责任期后开始支付，由县财政根据绩效评价结果按年向项目公司支付。运维绩效服务费包括维护成本、税费、其他支出及必要的合理回报，支付上限共计为________万元。运维费按年度考核支付，实际支付按照投标人报价的运维绩效服务费优惠率 0% 及运维绩效考核结果进行支付（1 年缺陷责任期）。各年运维绩效服务费支付上限费用详见表 1：

运维绩效服务费上限费用表（单位：万元 / 年） **表 1**

年份	运维绩效服务费	备注
1		
2		
3		
4		

续表

年份	运维绩效服务费	备注
5		
6		
7		
8		
9		
10		
合计		

备注：

（1）运维绩效服务费优惠 0% 为运维绩效服务费上限费用的下浮百分比；

（2）各年实际运维绩效服务费支付上限费用 = 各年运维绩效服务费上限费用 ×（1- 运维绩效服务费优惠率）；

（3）甲方每年实际支付乙方阶段运维绩效服务费用 = 各年实际运维绩效服务费支付上限费用 ×（年度评价总分 /95）。

9　项目公司移交项目

第 41 条　项目移交过渡期

41.1　移交过渡期的设定

本项目设置经营期满前移交过渡期，即经营期满前 60 天，用于有关各方筹备本项目有关资料向甲方（或政府方指定机构）移交工作。

41.2　移交工作委员会

本项目运营期满后移交过渡期初，甲方与乙方各派 3 名代表设立项目运营期满后移交工作委员会，专事推进移交相关工作。

第 42 条　项目移交

42.1　项目运营期满后移交

42.1.1　乙方应在本项目运营期结束之后 20 个工作日内，将本项目无偿移交给甲方，本项目前期工作、设计施工、竣工验收、审计决算、保修责任履行、运营维护等相关档案资料文本原件一并移交。

42.1.2　乙方向甲方移交的项目相关档案资料文本，均需满足真实、完整、清晰的标准。

42.1.3 甲方与乙方按下述程序落实本项目运营期满后移交工作：

（1）乙方整理核对相关运营维护设备及文档资料，编制交接清单。

（2）甲方与乙方就所交接文档资料，按交接清单逐一核对，确认无误签署项目文档资料移交确认书。

（3）甲方与乙方根据运维绩效考核标准，共同组织开展项目工程实体终期验收，经确认无误后签署工程实体移交确认书。

10 付费机制

第 43 条 政府购买服务费用

43.1 政府购买服务费用组成

政府购买服务费由项目可用性服务费及运维绩效服务费组成。

可用性服务费在运营期内由甲方逐年向乙方支付。可用性服务费包括项目建设总投资、融资成本、税费、其他支出及必要的合理回报。

运维绩效服务费在项目缺陷责任期满后开始支付，由甲方根据绩效评价结果按年向项目公司支付。运维绩效服务费包括维护成本、税费、其他及合理的回报。

经营期内各年的购买服务费用见表 2。

经营期内各年的购买服务费用表（单位：万元） 表 2

	年度服务费合计	年度可用性服务费	年度运维绩效服务费
第 1 经营年			
第 2 经营年			
第 3 经营年			
第 4 经营年			
第 5 经营年			
第 6 经营年			
第 7 经营年			
第 8 经营年			
第 9 经营年			
第 10 经营年			
合计			

（1）购买服务费为可用性服务费与运维绩效服务费之和。

（2）本项目年度可用性服务费在运营期内由县财政逐年向项目公司支付。本项目年度可用性服务费综合考虑约定项目公司承担的投资、建设期及运营期年限、税费等边界条件，分别进行测算。

（3）运维绩效服务费在运营期第一年完后开始支付，由县财政根据绩效评价结果按年向项目公司支付。运维绩效服务费包括维护成本、税费、其他及合理的回报。运维费按年度考核支付。具体每年支付费用计算方式见第 40.9 款。

43.2 支付时间在本项目的运营期内，自支付期限起始日起，每一年内安排一次支付，具体时点由甲、乙双方协商确定。

43.3 支付金额及方式

43.3.1 实际支付政府购买服务费用结合甲方的绩效评价及考核结果进行确认。每次支付金额 = 年度可用性服务费用 + 绩效考核确认的年度运维绩效服务费。

43.3.2 每次支付时，由乙方向甲方提交付款申请，经甲方审核后方可支付。甲方在接到乙方提交的付款申请十个工作日内应完成审核工作。乙方应根据审核的付款申请向甲方开具合法票据。甲方在收到票据后，应在十个工作日内完成付款程序。

每次支付金额由甲方直接支付到乙方在该县的开户银行及账户。

43.4 服务费用调价机制

本项目不设调价机制。经营期内运营维护成本的增加由乙方自行消化和承担。

第 44 条 财务监管

乙方应于每年 4 月 30 日前按中国法律和合理的商业标准及惯例向甲方提交全面反映项目公司经营情况各个方面的下列财务报表：

44.1 项目公司第一个财务年度应自项目公司营业执照领取之日起至同年 12 月 31 日。项目公司最后一个财务年度应自当年的 1 月 1 日至项目公司经营期限提前终止或期满日。

44.2 按普遍认可的中国会计惯例和中国法律编制的审计报告、年度财务报表，包括资产负债表、利润表、股东权益变动表和现金流量表，提交的财务报表须经过有资格的独立的会计师审核。

44.3 甲方为监督乙方遵守中国法律和本合同，可能不定时地合理要求乙方提供有关财务状况、项目运营及其他资料。

11 不可抗力和法律变更

第 45 条 不可抗力事件

本合同所指的“不可抗力事件”是指生效日期之后我国法律规定的不可抗力事件，使得甲、乙双方中任何一方不能履行或部分履行本合同的所有事件，而且该事件是本合同双方不能预见、不能避免并不能克服的客观情况。

第 46 条 不可抗力事件的认定和评估

不可抗力事件的认定与评估由负责管理此类事件的政府部门或具有学术权威的专业部门或者相关联部门出具证明文件。

第 47 条 不可抗力事件发生期间各方权利和义务

47.1 如果甲、乙双方中任何一方发生不可抗力事件，该方应：

47.1.1 尽快向对方通告事件或情况的发生，对事件或情况的预计持续时间和对其在本合同下履行义务的可能影响作出估计；

47.1.2 尽快采取行动纠正或补救造成免于履行义务的事件或情况；

47.1.3 做出一切合理努力以减轻或限制给对方造成的损害。

47.2 将其根据第 47.1.2 、47.1.3 款采取的行动和行动计划定期通告对方，并在导致其免于履行义务的事件或情况不再存在时，立即通知对方。

47.3 甲、乙双方中，受到不可抗力事件影响的一方应尽一切合理努力和采取合理措施以继续履行其在本合同下的义务，减少不可抗力事件对其造成的影响。甲、乙双方应协商制定并实施补救计划及合理的替代措施以消除不可抗力事件的影响。

第 48 条 不可抗力事件的处理

48.1 不可抗力事件的处理

如果不可抗力事件导致设施损坏，但损坏部分经修复后不影响乙方履行本合同项下义务，且甲、乙双方在不可抗力事件发生后 90 日内就继续履行达成了一致意见，则乙方应使用保险赔付资金对设施进行修复，并继续履行本合同。如果甲、乙双方在不可抗力事件发生后 90 日内未能就继续履行本合同达成一致意见，则甲、乙双方可按照第 12 章的相关规定终止本合同。

48.2 导致不能履行合同的不可抗力事件

如果因不可抗力事件造成项目设施严重毁损，使乙方不能履行本合同项下义务或项目设施被保险公司宣告为全损，则本合同提前终止，乙方没有义务重建或修复项目设施，甲、乙双方不承担本合同下的违约责任并各自承担损失。

48.3 不可抗力事件的通知

甲、乙双方中，声称受到不可抗力事件影响的一方应在知道不可抗力事件之后及时并不迟于 15 天内书面通知另一方并详细描述不可抗力事件的发生情况和可能导致的后果，包括该不可抗力事件发生的日期和预计停止的时间，以及对该方履行在本合同项下义务的影响，并在另一方合理要求时提供证明。

48.4 费用及时间表的修改

如果声称遭受不可抗力事件影响的甲、乙双方中任一方已履行了第 48.3 款的通知程序，本合同中规定的履行该项义务包括进度日期的任何期限应根据不可抗力事件对履行该项义务产生影响的相同时间相应顺延。

受到不可抗力事件影响的甲、乙双方中任一方未按第 48.3 款规定的程序通知对方和 / 或未提交适当的证据，则该方应向对方支付与因其未通知或未提交证据给对方造成的损失等额的赔偿。

第 49 条 法律变更

49.1 法律变更的含义

本合同所指的“法律变更”是指生效日期之后，省级以上人民政府或部门颁布、实施新的适用法律或对在生效日期之前的适用法律进行任何修改、废除或重新解释。

49.2 法律变更评估与报告

49.2.1 除本合同另有约定外，在发生法律变更使乙方不能全部或部分履行其本合同项下的义务时，乙方应对该影响或情况进行评估，并向政府方提出报告（报告应列明法律变更对项目公司履行本合同项下义务产生的影响），政府方应对该报告出具审核意见（该意见不得被乙方不合理拒绝或延迟给予答复，如果拒绝则应提供合理理由），经政府方审核同意后，乙方可在法律变更对该项义务的履行产生影响的期间内根据政府合理做出的审核意见中止或免除履行受法律变更

影响而不能履行的相关义务，并执行审核意见中确定的其他内容。

49.2.2　在发生法律变更使甲方不能全部或部分履行其本合同项下的义务时，由甲、乙双方对法律变更的影响进行协商，经甲、乙双方协商一致后，甲方可在法律变更对其义务的履行产生影响的期间内根据甲、乙 双方协商一致的意见中止或免除履行受法律变更影响而不能履行的相关义务，并执行甲、乙双方协商一致的意见中所确定的其他内容。

49.3　法律变更对本项目可行性造成严重不利影响的情况下，可根据第 12 章相关约定执行解除合同。

12　合同终止和补偿

第 50 条　项目终止事件

本合同应在下述任一事件最先发生之时终止，包括：

（1）发生不可抗力事件，导致合同履行不能或甲、乙双方不能就合同变更达成一致。

（2）发生法律变更，甲、乙双方不能就合同变更达成一致。

（3）甲、乙双方中一方严重违约，导致合同目的无法实现。

（4）甲、乙双方就提前终止本合同协商一致。

（5）法律规定或甲、乙双方约定的其他事由。经甲、乙双方达成一致，本合同可以因上述原因终止。

第 51 条　项目终止的财务安排

51.1　因不可抗力事件、不可预见因素、法律变更等原因引起终止因不可抗力事件、不可预见因素、法律变更等原因引起乙方无法继续建设时，政府对乙方的补偿为已完成投资金额。

51.2　甲方原因导致提前终止

甲方在双方约定的支付时间后 12 个月内，未向乙方支付政府购买服务费，乙方可以向政府方提出提前终止项目，政府方须一次性支付乙方全部费用余款及全部费用余款的中标人报价的年投资回报率加 2% 作为补偿。

51.3　乙方原因提前终止

51.3.1 本合同签订后的约定时间后 3 个月内，中标人未向政府方提交履约保函，政府方可以提出提前终止项目，政府将没收中标人提交的投标保证金。

51.3.2 乙方未在计划时间完成项目开工，超过 3 个月以上的，政府方可以提出提前终止该项目，乙方须给予政府方该项目建安费用 1% 的一次性补偿金。

51.3.3 乙方未在计划时间实现项目完工，超过 6 个月以上的，政府方可以提出提前终止该项目，政府方指定机构接管该项目，给予项目公司经审计部门认定的该项目已投入资金的 50% 作为补偿金。

51.3.4 乙方在建设过程中发生重大安全事故、严重工程质量问题，引起工程无法继续进行的，政府方指定机构接管该项目，对于经第三方鉴定和质安部门确认符合质量要求的，给予项目公司按审计部门认定的已投入资金的 50% 作为补偿金。

51.3.5 乙方已完工的项目因质量问题引起重大安全事故的，政府方可提出提前终止该项目，相关经济损失和法律损失由乙方全部承担。政府方不再承担本合同约定的相关费用支付责任。

第 52 条 补偿金确认

项目终止补偿金须按该县现行评审体制审定。

第 53 条 项目终止程序

53.1 终止通知

发生终止事件时，甲、乙双方有终止意向的一方须向另一方发出终止通知，表述违约事件或不可抗力事件等的详细情况并给出必要的协商期，协商期最长不超过 90 日。在协商期届满之时，如果甲、乙双方没有达成一致，则终止合同自动生效。按合同约定完成移交之前，甲、乙双方应继续履行本合同下的权利和义务。

第 54 条 项目终止后的项目移交

54.1 乙方应于提前终止日立即开始向甲方移交项目设施的权益，包括项目前期工作、设计施工、竣工验收（如有）等相关档案资料文本原件一并移交。

54.2 乙方应在项目终止后 5 年内按本合同第 61 条的要求做好本项目的保密工作。

54.3 甲方和乙方应于提前终止日起 30 日内按照第 52 条的规定确定终止补

偿金额。甲方应在确定终止补偿金额后 30 日内将终止补偿金全部支付。乙方在收到最后一笔终止补偿金当日，将项目设施全部移交给甲方，并保证项目设施移交之时无任何抵押或担保。

54.4 乙方在完成移交后，须承担项目由于乙方建设施工原因引起缺陷的维修养护责任。

54.5 如有其他情况甲、乙双方协商解决。

13 违约责任

第 55 条 违约行为认定

特许经营期内，一方出现违约情形（不足以触发提前终止），则违约方有责任及时承担违约责任。乙方项目建设质量不合格的认定以监理的意见为准，项目竣工验收质量以验收结果为准。

第 56 条 违约责任承担方式

56.1 甲方违约责任

56.1.1 支付延误违约责任：支付机构若未按本合同约定支付乙方购买服务费，视为甲方违约事件，按未支付金额的每日万分之二点五的利率计算支付乙方违约金。

56.2 乙方违约责任

56.2.1 工期、移交等延误违约责任由于乙方原因导致该项目未按本合同中约定的截止时间建设完成，或因乙方原因导致移交等工作延误，则由乙方承担违约责任。由乙方向甲方支付 3 万元每日的延误违约金，最高不超过 300 万元。

56.2.2 工程质量违约责任由于乙方原因导致项目未按本合同中约定的建设标准建设完成，则要求乙方按照建设标准重新建设，相关费用由乙方承担。

56.2.3 运营期违约事项和处理

乙方未能履行本合同第 34 条所述维护责任的，政府方有权安排指定机构代为完成相关维修养护责任，相应形成的支出金额将在本项目运营期的政府购买服务费中扣除，并加扣实际维修养护支出金额的 5% 作为违约金。

56.3 不可抗力违约责任

如果甲、乙双方一方证明违约是由于不可抗力事件引起的，则该方不对另一方承担违约责任。

14 争议解决（略）

15 其他约定（略）

附录六：
某县城市污水处理厂 BOT 特许经营协议

（节选）

1　总则

某县水务局（以下简称甲方）、某污水处理有限责任公司（以下简称乙方）。

甲、乙双方经过充分协商，就某县城市污水处理厂项目投资、建设、运营等相关事宜达成如下合同条款：

2　特许经营权

第1条　特许经营权

1.1　特许经营权

某县污水处理厂由乙方承建，甲方依据国家《市政公用事业特许经营管理办法》及某县人民政府的授权授予乙方特许经营权。

授予乙方的特许经营权在整个特许经营期内始终持续有效。

1.2　特许经营期

特许经营期应为____年，自污水处理厂开始运营日起计算。

第2条　甲方的权利和义务

2.1　甲方的权利和义务

2.1.1　授予乙方特许经营权。

2.1.2　按时向乙方支付污水处理运营费。

2.1.3　特许经营期内，协助乙方办理有关政府部门要求的各种与本项目有关的批准文件和保持批准有效。

2.1.4　乙方无偿提供特许经营年限内污水处理厂规划的70亩土地使用权给

乙方（仅供污水处理项目使用）。

2.2 乙方的权利和义务

2.2.1 乙方在特许经营期内享有特许经营权。

2.2.2 在特许经营期内自行承担费用、责任和风险，负责进行项目的全部投资、融资、建设，以及项目设施的运营与维护。

2.2.3 按照规定，中水经营收入归乙方所有。

2.2.4 接受政府部门的行业监管，服从社会公共利益，履行对社会公益性事业所应尽的义务。

2.2.5 乙方应确保在特许经营期内的任何时候污水处理设施按照双方约定达标排放，如不达标造成排污罚款全部由乙方承担。

3 进出水指标要求

第 3 条 进水标准

根据某县的规划原则，污水大部分为生活污水，另有少量工业污水。重污染企业废水排放首先必须进入企业内污水处理站预处理，达到标准后方可排入市政排水管网。

为使建成后的污水处理厂运行正常，出水水质稳定、合格，甲方和当地环保部门应严格要求并监督各企业排放的工业废水，超标部分必须先经预处理，使其达到《污水综合排放标准》GB 18918—2002 和《污水排入城市下水道水质标准》CJ 3082—1999 中规定的允许值，再排入城市排水管网，并严禁有毒有害重金属的超标排放。

如污水处理厂的进水水质超出以上标准，乙方有权拒绝处理该污水。甲方有义务监督相关部门解决污水处理厂进水水质，否则出现影响污水厂运行，出水超标的问题与乙方无关。

第 4 条 出水指标

设计出水水质，根据污水处理厂的环境影响报告和环保部门要求，按《城镇污水厂污染物排放标准》GB 18918—2002 规定，对排入Ⅲ类水域的污水厂应执行一级 A 排放标准。在排污口安装在线监测设施，并与省、市、县环保部门联网。

4　项目的运营及维护

第 5 条　运营与维护

5.1　运营和维护的基本原则

在整个运营期内，乙方应根据本协议的规定，自行承担费用和风险，管理、运营和维护污水处理设施。乙方应确保在整个运营期内，始终根据下列规定运营并维护污水处理项目实施：

（1）国家和地方现行的企业运行的有关法律法规，污水处理的有关法律法规；

（2）协议中规定的质量保证、质量控制和安全生产的要求；

（3）运行维护手册以及污水处理项目内设备制造商提供的说明手册和指导。

乙方应确保污水处理项目管网及厂区所有设备始终处于良好营运状态，并能够安全稳定地处理污水和污泥，使其达到排放标准。

在特许经营期内，乙方应只对甲方收集的污水提供处理。未经甲方事先书面同意，不得接受任何第三方的污水进行处理。

5.2　甲方的主要责任

甲方应如期达到本协议规定的基本水量和进水水质，即每一个运营日内平均日污水量为 2.5 万 m^3 以内和控制污水进水水质在本协议中规定的进水水质标准以内。

在整个特许经营期内，应督促乙方认真执行国家行业标准《城市污水处理厂运行、维护及其安全技术规程》及本协议规定的出水质量标准。

5.3　乙方的主要责任

从开始商业运营之日起，乙方应连续接受和处理污水（除本协议另有规定外），将从接收点排入的进水经处理达到出水质量标准后，达标排放。

如果进水水量超过本协议规定的污水处理项目设计处理能力，乙方应及时通知甲方，同时提出拟采取的对超量污水进行处理的措施。通知发出 7 个工作日内甲方没有表示意见，则被视为同意乙方的措施建议。

乙方应按使用法律法规和合理的商业标准以及谨慎运行惯例认真而有效地处理其业务与事务。

乙方应对污水处理设施的状况及性能建立定期检修保养制度，对各项设施的图纸资料进行收集、归类和整理，完善公用设施信息化管理系统，保持水处理设施处于良好使用状态，并在甲方的要求下将设施运行情况报告给甲方。

乙方在日常生产经营活动中，应充分考虑环境影响，维护生态环境。

乙方应建立完善安全生产制度和意外事故的应急机制，并按要求定期进行应急预案演练；乙方应保障生产和服务的稳定和安全，防止事故发生。如发生重大意外事故，乙方应及时通报甲方，并尽最大人力、物力进行抢救，尽快恢复生产与服务；在事故影响期间，乙方应采取各种应急措施进行补救，尽量减少事故对公众的影响。

5.4 运行及维护手册

在开始商业运营之前，乙方应编制运行及维护手册，该手册应包括生产运行、日常维护、设备检修内容和频率等。

5.5 暂停服务

发生计划内暂停服务，乙方应提交下一年度维护计划，其重大维护和更新内容上报甲方。甲方应在预计的计划内暂停服务开始之前给予书面答复，乙方应尽最大努力使计划内暂停服务的影响降低到最小以使设施的处理能力在计划内暂停服务期间维持不少于 50% 的设计处理能力。每次暂停服务不得多于 14 天，如暂停运营超过 14 天，每超过一天扣除当天运营费的 50%。

5.6 环境保护

乙方应始终遵守有关公共卫生和安全的适用法律法规及本协议的规定。不应因项目设施的建设、运营和维护而造成污水处理厂场地周围环境的污染。在项目设施的建设、运营和维护期间应采取一切合理措施来避免或减少对项目设施周围建筑物和居民区的干扰。

第 6 条 污水处理运营费

6.1 污水处理运营费

本合同生效后，甲方在污水处理项目启动同时，按日支付乙方污水处理运行费用，财政将全年的污水运营费用列入本年度财政预算。

在运营期内，运营费用实行动态管理，根据《建设项目经济评价方法与参数》有关财务内部收益率，投资回收期的要求，暂确定污水处理厂正常运行的基本费

用为____元 /m^3。

6.2 污水处理运营费单价调整

每隔 3 年，根据国家物价综合指数的上涨幅度，甲、乙双方共同协商并确定运营费的上调比例。

6.3 污水处理运营费的支付

污水处理运营费甲方按月向乙方支付。

甲方每月 10 日以前（非工作日除外），将上月污水运营费（______元 /m^3 × 25000m^3/d × 当月天数）划拨到乙方账号上。

本协议项下的任何费用一律以人民币支付。

6.4 污水进水水质超标

如果污水进水水质超过本协议规定的标准致使乙方不能履行其在本协议中要求的，乙方应立即通知甲方，按下列方法处理。

如果由于甲方责任造成进水水质超标，甲方应向乙方给予适当补偿。

（1）如果污水处理项目有能力处理，则甲方应补偿乙方增加的处理成本。

（2）如果污水处理项目没有能力处理，并持续 15 天，由甲乙双方共同协商处理办法，制定改造方案，经甲方同意后实施，改造费用由甲方承担。在新的改造方案完成前，按本协议中的规定调整出水指标，并豁免由此造成乙方的出水水质超标责任。

6.5 更改出水排放标准

因执行甲方要求改变的污水处理出水水质标准，造成运行成本的增加或资本性支出，乙方有权获得相应的赔偿。

5 项目设施的移交

第 7 条 特许经营期满时污水处理项目设施的移交

7.1 移交委员会

特许经营期结束 1 个月前，由甲乙双方各自派员组成移交委员会，具体负责和办理移交工作，甲乙双方代表人数应当相同。移交委员会主任委员由甲方指派有关部门担任，组织必要的会议会谈并商定设施移交的详尽程序，确定移交仪式，最后将移交信息在省级报上刊登，向社会公告。

7.2　移交范围

在特许经营期结束当日即移交日，乙方应向甲方无偿移交：

（1）乙方对污水处理项目设施的所有权利和利益，包括：

1）污水处理项目设施的建筑物和构筑物；

2）与污水处理项目设施使用有关的所有机械和设备；

3）所有零备件和配件、化学药品以及其他动产；

4）运营和维护项目设施所要求的所有技术和技术诀窍、知识产权等无形资产（包括以许可方式取得的）。

（2）在用的各类管理章程和运营手册包括专有技术、生产档案、技术档案、文秘档案、图书资料、设计图纸、文件和其他资料，能使污水处理项目平稳正常继续运营。

（3）土地使用权及与污水处理项目场地有关的其他权利。

乙方在向甲方移交时不存在任何留置权、债权、抵押、担保物权或任何种类的其他请求权。污水处理项目场地在移交时应不存在任何环境问题和环境遗留问题（如存在上述问题乙方应承担一切责任）。

甲乙双方在办理移交工作的同时，应明确特许经营期结束后妥善安置污水处理项目雇员的办法。

7.3　最后恢复性大修和性能测试

7.3.1　最后恢复性大修

（1）在移交日之前不早于 3 个月，乙方应按照移交委员会商定的最后恢复性大修计划对污水处理项目设施进行大修，此大修必须于移交日 1 个月之前完成。

（2）通过最后恢复性大修，乙方应确保污水处理厂关键设备的整体完好率达到 95%，其他设备的整体完好率达到 90%、污水处理厂厂内构筑物不存在重大破损。

7.4　保证期

乙方应在移交日后 12 个月的保证期内，承担全厂设备和设施质量缺陷的保修责任（因接受移交的单位使用不当造成的损坏除外），乙方在收到该通知后，应尽快进行保修。

7.5 承包商保证的转让

在移交时，乙方有义务将所有承包商、制造商和供应商的尚未期满的担保和保证在可转让的范围内分别无偿转让给甲方，并促成供应商以过去同样优惠的价格供应设备。

7.6 移交效力

乙方在本协议项下的权利和义务随移交的完成而终止，甲方应接管污水处理项目的运营及享有污水处理项目的一切权利和义务。

7.7 风险转移

甲方承担移交日以后污水处理项目的风险。

第8条 保险

8.1 保险

特许经营期内，乙方按照国家规定自费购买保险。

6 违约赔偿

第9条 违约赔偿

9.1 赔偿

任何一方有权获得因违约方违约而使己方遭受的任何损失、支出和费用的赔偿，该项赔偿由违约方支付。

7 解释和争议的解决

第10条 解释规则

10.1 修改

本协议任何修改、补充或变更只有以书面形式并由双方授权代表签字，同时加盖公章方可生效并具约束力。

第11条 争议的解决

11.1 双方友好协商解决

若双方对本协议条款的解释（包括关于其存在、有效或终止的任何问题）产

生任何争议、分歧或索赔，应尽量通过友好协商解决该争议、分歧或索赔。

11.2　仲裁

有关本协议的所有争议将由某市仲裁委员会根据仲裁规则进行仲裁。此仲裁的最终裁决并对双方具有约束力。

本协议一式四份，甲乙双方代表法定代表人或代理人签字盖章生效，各执两份，共同遵照执行。

甲方：某县水务局（印章）

法定代表人：

日期：

乙方：某污水处理有限责任公司（印章）

法定代表人：

日期：

附录七：

某省某高速公路 PPP 项目投资协议

甲方：贵州省交通运输厅

乙方：某 PPP 项目公司

鉴于甲方为修建该省 A 市到 B 市高速公路项目，并通过招标方式选择乙方担当该项目的投资人，现由甲方和乙方于______年______月______日共同达成并签订本协议如下：

1. 甲方的权利和义务

1.1 甲方有权自行或委托专业机构对乙方出资情况、资金的使用、设立项目公司以及对项目的设计、建设、运营、养护和维修进行监督管理。

1.2 甲方应按照中华人民共和国的法律、行政法规、部门规章和贵州省的地方性法规、规章及其他规范性文件，在其权限和管辖范围内协助本项目投资人获得设立项目公司、投资以及项目公司进行项目融资贷款、设计、建设、运营、养护及管理所必需的批文；协助项目公司协调审批程序以获得本项目所需的其他批准。甲方上述协助不构成甲方的强制性义务。

1.3 在下列各项条件完成后 30 日内，甲方协调特许机关应与乙方出资设立的项目公司签订特许权协议，授予项目公司关于本项目的特许权：1）乙方按第二条第 2 款的要求组建成立项目公司；2）项目公司已按照约定提交建设期履约保函；3）完成项目核准手续。

1.4 除非为保护社会公共利益和安全所必需或是法律、法规、规章所要求的以外，甲方不应干预乙方对项目公司的正常管理。

1.5 由于政府提前收回本项目致使本协议无法继续履行的，甲方应根据特

许权协议的有关约定给予项目公司适当补偿。

1.6 本协议约定的其他权利与义务。

2. 乙方的权利和义务

2.1 乙方有权依法组建项目公司，作为贵州省 A 市到 B 市高速公路项目的项目法人。

2.2 乙方应在本协议签订之日起 90 日内，按照下列规定组建项目公司，在报请甲方审批后在项目所在地工商部门进行注册登记获得法人资格。

（1）项目公司的注册资本应不低于项目资本金的 50%；项目公司设立时，首期注册资本应不低于项目公司注册资本的 20%，且自项目公司成立之日起 2 年内达到项目公司注册资本的全部金额；建设期内投资人应在确保项目建设进度的前提下增加项目公司的实收资本，在项目交工证书颁发前，使项目公司的实收资本达到项目资本金的全额。项目公司注册资本的增加、减少、股东变更、股权转让，应按国家有关规定执行并需经甲方批准；在同等条件下，甲方指定机构有权优先受让项目公司股权。

（2）项目公司机构设置和技术、管理、财务人员素质，必须满足乙方投标时所提交的项目实施计划中所承诺的条件，同时应满足项目建设管理、经营管理的需要，符合国家规定的公路建设市场准入条件。

（3）项目公司应为具有独立法人资格的有限责任公司；项目公司以其全部资产对外承担债务，乙方以其出资额为限对公司债务承担责任。

项目公司获得工商登记机关核发的《企业法人营业执照》之日起，除依法律、法规的规定或本协议的约定专属乙方的权利、义务外，乙方在本协议项下的其他所有权利、义务，均转移给项目公司继受。

2.3 乙方设立项目公司的出资协议、项目公司章程应在签署前获得甲方认可。正式签署的出资协议（原件）、工商管理部门颁发的企业法人营业执照及登记备案的章程（复本）应交甲方存档一份。

2.4 乙方将出资项目投资总额的 25%，即人民币（大写）______万元作为本项目的资本金。乙方应采取有限措施确保项目资本金按其中标方案注入。乙方承

诺出资的项目资本金必须全部为其自有资金（不得为银行贷款或其他拆借资金）。乙方不得以任何方式通过项目公司筹措应由乙方出资项目的资本金。

2.5 项目负债性资金为项目投资总额的75%，即人民币______万元，项目公司应采取多种渠道合法地筹集本项目资本金以外的其他建设资金，如果项目公司无法在规定的期限内全额获得本项目其他建设资金，乙方有义务作为担保人筹措相应的建设资金。

2.6 在项目建设期间，由于物价上涨、征地拆迁费用上涨等原因造成项目总投资增加的，乙方应相应按比例增加项目资本金。

2.7 乙方在本项目建设期内不得抽回项目资本金、侵占和挪用项目其他建设资金，也不得将本项目的股权转让给他人，本项目资本金及其余建设资金应按计划分期足额到位，乙方及项目公司应采取有效措施防止资金筹措不力，造成项目建设资金链中断。

2.8 如项目公司经营发生困难，乙方有义务进行融资或注资，如乙方不能足额投入项目资本金或为项目公司筹措足够的项目建设资金达90日以上的，在严重影响到项目建设工期时甲方有权指定相关机构向项目公司注资，以弥补建设资金缺口，原则上，甲方指定机构与乙方按各自实际投入资金比例享有项目公司股权，但在甲方指定机构注资之前，项目公司有不合理的支出或不合理的超额支付、承担不必要的费用或责任等情形，导致项目公司所有者权益减损的，应相应扣减乙方在项目公司中的权益与股权比例，乙方应协助办理项目公司变更登记手续。本条约定不影响甲方根据本协议追究乙方的违约责任。在项目公司盈利前，乙方不得从项目公司提取任何费用；如项目公司破产，乙方应负责项目公司经济纠纷的解决。

2.9 乙方应提交投资人履约担保，并应确保项目公司按招标文件规定按时提交建设期的履约担保、与甲方签订特许权协议及资金监管协议等合同文件，用以约束本项目在建设、运营、移交全过程中双方各项权利与义务。项目公司未与甲方签订特许权协议前不得行使对本项目的任何权力。项目公司与甲方签订特许权协议后，乙方应对项目公司的履约行为承担连带保证责任。

2.10 乙方应自觉接受甲方的监督管理，并按照要求提供相关的资料。

2.11 乙方应自行承担项目未被核准的风险。

3. 项目质量目标、运营管理目标和服务质量目标

3.1 交工验收的工程质量目标：工程质量评定为合格。

3.2 竣工验收的工程质量目标：工程质量评定为优良。

3.3 运营养护目标：

（1）公路养护质量指数 $MQI \geqslant 80$；路面养护质量指数 $PQI \geqslant 75$；路基养护状况指数 $SCI \geqslant 75$；桥涵构造物养护状况的指数 $BCI \geqslant 75$；沿线设施养护状况指数 $TCI \geqslant 75$；

（2）树木、花草的成活率 ≥ 98%，保存率 ≥ 95%。

3.4 服务质量标准：

《公路工程技术标准》JTG B01—2003 规定的二级服务水平。

4. 投资人履约担保

乙方在收到中标通知书后 30 个工作日内，并在签订投资协议之前，应向甲方提交投资人履约担保。投资人履约担保应采用银行保函或现金形式，金额为项目资本金的 5%。项目交工验收合格之日起 30 日内，甲方应当向乙方退还履约担保（如履约担保为现金形式，还应包含按中国人民银行公布的同期活期存款利率标准支付利息）。

5. 违约条款

5.1 如因乙方原因未能在本协议规定时间内注册项目公司，或虽已遵守上述规定但甲方认为其尚无实施本项目的足够能力时，乙方应按甲方的指示完善项目公司的机构设置、人员配备、资金筹措等方面工作；直至甲方批准为止。项目公司的注册每延期 1 天乙方应向甲方支付____万元的违约金。如在本协议签订后 90 天内，项目公司仍未进行注册，或虽已注册但不满足甲方的要求，则甲方有权与乙方解除协议，并没收其履约担保。

5.2 乙方在项目建设期内抽回、侵占或挪用项目资本金及其他建设资金，或者项目资本金未能按期足额到位，经甲方责令限期改正后仍无效的，甲方有权与乙方解除协议，并没收履约担保。如项目资本金未能在项目公司成立之日起 2 年内按计划全部到位，经甲方责令限期改正后仍无效的，甲方有权与乙方解除协议，并没收其履约担保，项目建设资金链一次性持续中断超过 60 天，或多次中断累计超过 90 天，甲方有权与乙方解除协议，并没收其履约担保。

5.3 项目公司未能在规定的时间内提交建设期履约担保，或因项目公司原因未能签订特许权协议，每延期 1 天乙方应向甲方支付____万元的违约金。如期时间超过 30 天，则甲方有权与乙方解除协议，并没收其履约担保。

5.4 发生本款所述行为，致使本协议无法继续履行或协议目的无法实现的，乙方有权通过对甲方发出有效通知的方式随时终止或解除本协议，甲方应对乙方的损失进行补偿。

（1）由于甲方的原因，致使本协议无法继续履行或协议目的无法实现，并且乙方提供了充足的证据证明两者之间的因果联系；

（2）甲方违反本协议规定的主要义务，并且不能在自乙方发出要求甲方纠正其违约行为的书面通知起 30 天内改正此行为。

6. 免责条款

6.1 不可抗力事件是指战争、动乱、地震、飓风、台风、火山爆发或水灾等不能预见、不能克服的客观情况。

6.2 因不可抗力致使当事人一方不能履行本协议的，应及时采取补救措施并通知对方，并在 7 天内提供证明。

6.3 因不可抗力致使本协议无法按期履行或不能履行的，所造成的损失由各方自行承担，乙方未及时采取补救措施的，应就扩大的损失负赔偿责任。

7. 争议的解决

本协议在履行过程中发生的争议，各方本着友好、互利的原则协商解决；也

可由有关部门调解解决，协商或调解不成的，应提交中国国际经济贸易仲裁委员会进行仲裁或向约定的非双方所在地的法院提起诉讼。

8. 其他事项

8.1　本协议未尽事宜，由双方协商解决。

8.2　本协议由双方法定代表人或其授权的代理人签署、加盖单位章后生效，在特许经营期满 1 年后本协议失效。

8.3　本协议一式陆份，协议双方各执叁份。

甲方：该省交通运输厅

（盖章）：

住所：

邮编：

电话：

传真：

法定代表人：

职务：

姓名：

签字：

日期：

乙方：某 PPP 项目公司

（盖章）：

住所：

法定代表人或授权的代理人：

职务：

姓名：

签字：

日期：

附录八：

某出租汽车综合服务区 PPP 项目建设方案

1. 总平面布置原则

（1）总平面布置要合理利用地形，统筹考虑室内外空间，各功能分区要布置紧凑，合理利用土地，节约用地，节省投资。

（2）平面布置应以有利于高效有序地组织服务区内部人、车流为原则，并重点考虑以下因素进行多方案比选。

1）用地规模的限制；

2）功能区的划分与分布以及构筑形式；

3）服务区内外的出入道路条件、进出口位置；

4）消防安全及环保要求。

（3）符合城市规划、消防安全和环境保护的要求。在总体布局时，设计组合要因地制宜，并不断调整各部分的组合关系，使之逐渐完善，与周围环境构成一个协调、完整的统一体，以满足城市规划的总体布局要求，起到美化市容的作用。

（4）各功能分区划分明确，流线简捷，满足综合服务区的使用功能。

（5）综合服务楼建筑方案要力求大方、美观、线条力求简单、清晰，既要能反映综合服务区的特色，又要突出时代气息，以经济实用为主。

2. 总体布局

出租汽车综合服务区布局时，应作深入的调研，考虑各服务设施的合理衔接。车与人所使用的服务设施原则上应当是单独布置，尽量避免车流与人流线的交叉，尤其是在出入口附近，应保证驾驶员休息场所安全。停车场是提供出租汽车停车的场所，为使高峰时段去往停车场的驾驶员不致拥挤，在综合服务楼楼前要保证有足够的空间。开往综合服务楼内部洗车间和维修保养车间的车辆，应尽量避免经由停车场，最好直接由贯穿车道穿行而过。根据建筑的使用功能将综合服务区按照服务功能分为 2 个区：停车场和综合服务楼。

3. 综合服务区总平面布置

（1）总体布局方案

方案设计思路本着“人流和车流分离、方便车辆出入”的人性化设计理念，注重司机、车辆以及不同功能区的相对独立和有机联系，避免相互交叉和干扰。根据某市出租车综合服务区的功能和总平面布置的要求，确定某市出租车综合服务区总体布局如下：

某市出租车综合服务区位于河沿街南侧，属于某市第二汽车运输公司内部用地。根据实际情况，在综合服务区北侧偏东位置设置出入口，使其与国道 112 相连接。

综合办公楼位于综合服务区西侧，占地面积为 1000m^2，五层建筑，建筑面积 5000m^2，是站内主要建筑。一层主要包括：洗车间、修车间、业务大厅和展示大厅；二层为餐厅、大会议室、司机活动室和公共卫生间；三、四、五层为办公室及小会议室。

1）洗车间。为满足同时清洗车辆需要，并考虑清洗、座套储存及更换服务，洗车间面积约 300m^2。

2）修车间。维修保养车间应能解决 10 辆出租汽车同时维护保养，面积约为 300m^2。

3）业务大厅。出租汽车业务大厅约 200m^2。

4）展示大厅。出租汽车展示大厅约 100m^2。

5）餐厅。餐厅能满足 200 人同时就餐，面积为 300m^2。

6）会议室。大会议室 300m^2，满足 200 人例会。

7）司机活动室。出租司机活动室约 200m^2，可供司机休闲、娱乐。

8）公共卫生间。根据调查和有关资料，考虑盥洗间面积，公共卫生间总面

积约 100m²。

9）办公区。综合楼三层、四层、五层为办公区及小会议室。

停车场位于综合服务楼的东侧，包括停车位及进出通道。共设有 300 个车位，总占地面积 4300m²。

从总体平面布置来看，本方案功能布局合理、齐全、方便适用，各功能分区明确。

（2）交通组织

1）内部交通组织。某市出租汽车综合服务区主要为某市出租车辆提供便捷的休息、餐饮、维修保养、车辆清洗等服务。其功能决定了在特定时间段内，大量的出租车将会驶入服务区。服务区内部车辆流线组织应按照单一流线设计，尽量避免交通流线的交叉，同时保证车辆停车入位以及司机与工作人员的安全。

2）外部交通组织。项目选址紧邻国道，从整体来看，场内布置较为规整，功能划分清晰，交通流线顺畅。

4. 环境影响与保护

本项目对环境的影响，分为施工期对环境的影响和运营期对环境的影响，主要污染源来自汽车噪音及废水、废气、废渣“三废”的排放。

（1）噪声。噪声污染是本项目的一项主要污染。噪声会引起人身体和精神上的失调、疲倦和压力，噪声影响使人不能集中精力或疲劳而导致劳动生产率低下。

1）施工期噪声影响。由于项目需要经历一段时间的建设，施工机械噪声级别高，对施工现场的工作人员和周围的环境都会造成一定的影响。

为了保护施工人员的健康，依据《工业企业噪声卫生标准》（参见表 1），建议施工单位合理安排工作人员，分班轮流操作施工机械。减少接触高噪声的时间，或穿插安排高噪声和低噪声的工作，给工人恢复听力的时间。同时注意保养机械，合理操作，尽量使施工机械维持其最低声级水平。对在声源附近工作时间较长的工人，应根据国家劳卫标准，采取劳动保护措施。

工业企业噪声卫生标准 表 1

每个工作接触噪声时间（h）	允许噪声 db（A）
8	85
4	88
2	91
1	94

项目地址位于某市汽车运输公司自有场地内部，对周边相关单位的工作影响相对较大，在施工期间应采取响应措施，尽量降低对周边单位的影响。

2）运营期噪声影响。出租汽车综合服务区在运营期间，汽车是主要噪声来源。由于进入服务区内汽车行驶速度不允许过高，路面状况又较好，因此，汽车行驶产生的噪声，大大低于最大允许噪声。

（2）“三废”排放

1）废水排放。出租汽车综合服务区内废水主要包括清洁用水和生活污水。冲洗废水经排水沟收集后，接入汽车污水沉淀池隔油沉淀处理；厨房废水单独汇集至隔油池隔油处理；其他生活废水经管道汇集，最后均排入市政污水管道。

2）废气排放。废气主要来源于停车场的汽车尾气，餐厅厨房产生的一定量的油烟等。施工和营运生产排放的废气主要有 CO、挥发性有机化合物（VOC）、扬粉尘、超微粒子排放物、氧化氢、氮氧化物、SO_2、燃油添加剂排放物（如铅）等，都会对大气环境产生污染，对人体健康、植被、物质材料和地区的气候产生有害的影响。经初步测算，在无风自然扩散的最不利情况下，服务区内有害气体含量应满足《大气环境质量标准》的规定，管理上可采用定期检测的方法。

为防止车辆频繁加速或减速产生更多的尾气排放量，场内多种植花卉草木，并严格执行环境监测制度，由当地环保部门定期对服务区附近大气质量进行监测，根据实际污染情况及时采取必要的环保措施以减轻不利影响。

（3）废渣排放

废渣排放主要有施工期产生的弃土、运营期站内产生的生活垃圾及锅炉排出的炭渣。当排放废渣到达一定数量后，定期送往指定垃圾处理地点。

总的来说，某市出租汽车综合服务区无论在施工期还是在营运期，对环境的影响均有限。所以，只要采取有效的防护治理措施，是完全可以达到相关环境标准的。

参考文献

1. 孙晓强 朱信敏 .《江苏省徐州市骆马湖水源地及原水管线 PPP 项目案例分析》[DB/OL] . http://www.ccgp.gov.cn/dfcg/jingyan/201603/t20160318_6594880.htm. 2016-3-18.

2. 肖蔷 . 散煤治理难推进专家建议从源头加强民用煤质量管理，推广“好煤配好炉”治理模式 [N]. 中国能源报，2016-5-9（3）.

3. 车战斌 . 固体燃料清洁燃烧治霾作用被小视 [N]. 中国能源报，2015-3-9（6）.

4. 赵超霖 . 国内首个市政道路 PPP 安庆外环北路项目签约 [N]. 中国经济导报，2015-5-7（6）.

5. 张兰 . 北京城建签约安徽省安庆外环北路 PPP 项目 [N]. 第一财经日报，2015-5-7（4）.

6. 于丽 赵慧 . 北京兴延高速再创 PPP 新样板 [N]. 中国财经报，2016-1-12（6）.

7. 姜立晖 . 新农村建设因地制宜选择污水处理模式 [N]. 中国财经报，2006-8-15（3）.

8. 宋茜 周兰萍 .《政府还贷公路项目应用 PPP 模式存在的问题及应对建议》[DB/OL]. http://www.caigou2003.com/shouye/shouyeyaowen/2443671.html. 2016-9-21.

9. 程子彦 . 博山姚家峪生态养老中心 PPP 项目 [J]. 中国经济周刊，2016，35：45-47.

10. 杨芹芹 .《你不可不知的 PPP 项目公司十问十答》[DB/OL]. http://huanbao.bjx.com.cn/news/20160728/756151.shtml. 2016-7-28.

11. 王立彬 .《小雨不积水、大雨不内涝 我国明确海绵城市“时间表”》[DB/OL]. http://www.hsdcw.com/html/2015-10-10/741765.htm. 2015-10-10.

12. 应丽君 . 浅析 PPP 模式在旅游业的应用 [N]. 中国旅游报，2016-1-4（2）.